中國古代地理總志叢刊

太平寰宇記

五

〔宋〕樂史撰
王文楚等點校

中華書局

太平寰宇記卷之一百三

江南西道一

宣州　廣德軍

宣州

宣州，宣城郡。今理宣城縣。禹貢揚州之域。春秋時屬吴。後吴爲越滅，屬越，又爲楚所并。戰國又屬于楚。秦爲鄣郡之地，今湖州長城縣西南八十里鄣郡故城是。漢爲宛陵縣。地理志云「武帝元狩元年改鄣郡爲丹陽郡」，〔一〕屬揚州，理宛城，〔二〕即今郡是也。至順帝又改爲宣城郡。據吴書云：「孫皓以何植爲牛渚都督而禦晉軍。」後晉平吴後，武帝復移郡于此，郡城即晉桓彝所築。又桓玄傳云：「玄居南州，大築齋第，〔三〕以郡在國南，故曰南州。」宋如之。至齊改爲南豫州。郡志云：「梁承聖元年復江南南豫州。」郡不廢。歷梁、陳之代，亦爲重鎮。隋平陳，遂省宣城郡，仍改南豫州爲宣州，蓋取郡號以爲州名。煬帝初改州爲宣城郡。〔四〕唐武德三年，杜伏威歸順，置宣州總管府，分宣城置懷安、寧國二縣；六年陷輔公祏；七年賊平，改置宣州都督，督宣、潛、猷、池四州，廢桃州，以綏安來屬，省懷安、寧國二縣，宣州領宣城、綏安二縣；八年廢南豫州，〔五〕以當塗來屬，廢猷州，以涇縣來屬；九年移揚州于江都，以溧水、丹陽來屬。〔六〕貞觀元年罷都督府，廢池州，以秋浦、南陵二縣來屬，省丹陽入當塗縣。開元中析置青陽、太平、寧國三縣。天寶元年改爲宣城郡。寶應二年又析太平縣置旌德。乾元元年復爲宣州。永泰元年割秋浦、青陽、至德三縣置池州。〔七〕宣州自後爲寧國軍節度。皇朝因之。

元領縣十。今六：宣城，涇縣，南陵，寧國，旌德，太平。四縣割出：當塗，建太平州。廣德，置軍。溧水，入昇州。溧陽。入昇州。

州境：東西四百六十二里。〔八〕南北五百二十里。

四至八到：西北至東京二千里。西北至西京二千三百五十里。西北至長安取滁州路三千一十里。東至湖州三百八十里。南至歙州三百八十三里。西隔江至廬州六百四十三里。北至潤州四百五十里。東南至杭州四百九十六里。西南至池州三百四十里。西北至和州二百五十六里。東北至常州五百里。

户：唐開元户十萬九千七百九十。皇朝户主三萬四千九百二十七，客一萬二千二十五。

風俗：漢書云：「丹陽郡，本屬揚州。吴地，斗分野也。其失巧而少信，〔九〕多女而少男。江南卑濕，丈夫多夭。」大抵人性風俗與兩浙相類。

人物：紀隲，字子上，丹陽人。父亮爲尚書令，隲爲中書令，每入朝，以屏風隔座。甘卓，字季思，丹陽人。卓外如柔弱，内實堅正，不附王敦。瞿硎先生，隱文脊山，山中有瞿硎，因以自號。〔一〇〕唐劉太真，宣州人。〔一一〕汪遵。宣城人。〔一二〕

土産：職方氏：「其利金、錫、竹、箭，畜宜鳥獸，穀宜稻。」南陵利國山出銅。當塗縣界赤金山亦出好銅。紵布，五色線毯，綺，綾，熟線綾，栗紙，筆，綿，絹，黄連，雪梨，香貍。〔一三〕

宣城縣，舊二十四鄉，今一十五鄉。本漢舊縣也，屬丹陽郡。漢順帝時立宣城郡于宣城縣。〔一四〕按郡國志云：「故縣地名青弋。」

敬亭山。郡國志及宋永初山川記云：「宛陵北有敬亭山。山有神祠，即謝朓賽雨賦詩之所。〔一五〕其神云梓華府君，頗有靈驗。」

三天洞，東北去郡城五十里。

句溪，一名東溪，水源從寧國縣東鄉溪嶺，承天目山脚水源，合流連接，至此爲句溪，流向北，至郡門外過也。

北浦里橋。宣城記云：「元和中，丹陽太守馬稜坐事被徵，句容人李南善風角，賀稜云明日日中有吉問。明日，稜延望景斜，〔一六〕以爲無徵。至晡，俄有使至原停稜事，稜問何故遲留之狀，〔一七〕使者曰向渡宛陵浦里橋，馬蹶足，〔一八〕是以不得速。」

花姑廟，在郡北朝京門外東溪東岸，去城一十里。

涇縣，西南一百五里。元十七鄉。本漢舊縣，地理志屬丹陽郡，韋昭注云：「涇水出蕪湖。」蓋因水立名。唐武德三年置南徐州于此，〔一九〕其年又改爲猷州；〔二〇〕八年州廢，縣仍隸宣州焉。

陵陽山，在縣西南一百三十里。列仙傳云：「陵陽子明釣得白龍，放之。後五年，龍來迎子明上丹陽陵陽山，一百餘年乃得仙去，山高一千餘丈。又有子安者，仙人也，來就子明二十年，一旦忽死，葬山下，常有黄鶴棲其冢樹上，鳴聲呼：『子安！子安！』」

蓋山，在縣西南二百八十里。紀義宣城記云：「蓋山一百許步有舒姑泉。俗傳云昔有舒氏女，未適人，其父析薪于此，女忽坐泉處，牽挽不動，父遽歸告家。比來唯見清泉湛然，其母曰女性好音樂，乃作絃歌，即泉湧浪迴，復有赤鯉一雙，躍出嬉戲。至今作樂，泉水猶故沸涌。」

南陵縣，西一百里。舊二十三鄉，今八鄉。本漢春穀縣，〔二一〕屬丹陽郡。晉屬宣城郡，後省併于湖縣，尋又屬繁昌。梁武帝置南陵縣，屬南陵郡。唐武德以來，置縣在臨江，有城基見存，去今縣百三十里。復于仁義鄉析置法門、石録一作「埭」。〔二二〕兩場，以別徵攝。自後法門爲義安縣，〔二三〕又廢義安入銅官冶，爲銅官場。今銅官爲銅陵縣，石録爲繁昌縣，皆此邑之地也。

射的山。據古老相傳，上有玉石在壁內，〔二四〕南面遥見有白處，曾有人取上山，後遇風雨，不果。今遠望頗似射侯，故名射的山。

戰鳥山，在縣南十五里大江中。輿地志云：「赭圻下流十許里有戰鳥圻，孤在江中。本名孤圻山，昔桓温駐赭圻，恒懼掩襲，此圻宿鳥所棲，中宵鳴驚，温謂官軍之至，〔二五〕一時驚潰，既定，乃羣鳥驚噪，故相傳爲戰鳥山。」又按縣圖云：「孤圻山，又曰屢居山，在江心。上有寺，號靈山。」

赭圻屯，在縣西北。吴所置赭圻屯處也。晉哀帝以桓温入參朝政，自荆州還至赭圻，詔止之，遂城赭圻鎮是也。

寧國縣，東南一百二十里。舊二十二鄉，今十五鄉。本漢宛陵縣地，志云：「漢末分宛陵南鄉置焉。」〔二六〕初屬丹陽郡，吴景帝時改屬故鄣郡。晉太康元年屬宣城郡。按紀義宣城記云：

「周黄爲寧國長，〔二七〕後遷丞相，即其地也。」逮隋廢入宣城，大業十四年復置。唐武德六年復廢入宣城，天寶三年復置。

文脊山，一名曷山，在縣西三十里。按何法盛晉中興書云：「有瞿硎先生，不知姓名，住宣城文脊山。」即其山也。下有魯廟，〔二八〕邑人祀之，祈禱有靈。

鵶山，出茶，尤爲時貢。〔二九〕茶經云：「味與蘄州同。」

擊鼓山，在縣東南一百二十五里。以其飛泉迅湍，聲如擊鼓。

懷安故城，在縣東南一百里。地理志云：「吴大帝分宛陵之地置，屬丹陽郡。」至景帝時屬故鄣郡。晉太康二年屬宣城郡。梁承聖年中屬丹陽郡。至陳天嘉五年廢入宣城縣。今爲寧國界。

孔子井，在縣南一百一十里。按輿地志云：〔三〇〕「舊吴興郡安吉縣南界道旁有小井，乃是孔夫子入吴時鑿。」此井今屬寧國縣。〔三一〕

旌德縣，南二百三十里。元九鄉。本漢涇縣地，唐初爲太平縣地，永泰初以兵寇初平，尚儲戎器，此土征賦或有不供者，因聚而爲盜，以其山谷深邃，舟車莫通，不立城邑，〔三二〕無以鎮撫，遂割太平縣九鄉以置焉，冀其邑人從此被化，故以旌德爲縣名。又按續會要云：「旌德縣，即寶應二年析太平縣置。」

棲真山，在縣西五里。昔寶子明宰邑，于池州石埭上昇，曾居此山，其壇跡存焉。

太平縣，西南二百八十五里。元八鄉。本涇縣之地，唐天寶十一載以地居郡東南僻遠，遊民多結聚爲盜，邑人患之，因安撫使奏，非別立郡邑，無以遏此澆競，時以天下晏然，立爲太平縣。〔三三〕大曆中又廢。至永泰中分涇縣龍門三鄉復置縣。

上涇、下涇。邑圖云：「產茶，味與黃州同。」

廣德軍

廣德軍，今理廣德縣。本宣州廣德縣，僞唐保大八年改爲廣德制置。皇朝太平興國四年建爲軍，管廣德一縣。

軍境：東西一百五里。南北一百六十里。

四至八到：新置軍，未有至二京里數。東至湖州長興縣一百四十里。西至宣州宣城縣一百五十里。南至宣州寧國縣一百二十里。北至溧陽縣一百五十里。東南至湖州安吉縣一百三十里。西南至宣州寧國縣一百二十里。〔三四〕西北至溧陽縣二百三十里。東北至常州義興縣一百八十里。

户：皇朝户主九千七百六，客一千二十七。〔三五〕

風俗：同宣州。〔三六〕

人物：無。

土產：茶，絲紬，漆絹，綿，布，桐油。〔三七〕

廣德縣，舊二十二鄉，今十八鄉。本秦鄣郡之地，漢以爲故鄣縣，屬丹陽。〔三八〕宋永初三年分宣城之廣德、吳興之故鄣長城、義興之陽羨義鄉五縣，立綏安縣。梁末置大梁郡，尋又改爲陳留郡。隋廢。唐初復爲廣德縣，屬宣城郡。皇朝建廣德軍，此縣屬焉。

丹井山，在縣南十里。昔有徐真人于此燒丹，有井存焉。

荆山洞，在縣東北五十里。

桐源山，在縣南八十里。按左傳魯哀公十五年夏，「楚子西、子期伐吳，及桐汭」。杜注云：「廣德縣西南有桐水，出白石山，西北入丹陽湖也。」

祠山，在縣西五里。舊爲横山，有廣德王張公祠。天寶中封爲祠山。

桐水，在縣西北二十五里。源出白石山，北流入宣城縣白沙川，入丹陽湖。

廣德故城，漢爲縣之所也。

卷一百三校勘記

〔一〕元狩元年　按漢景帝三年正月，吴楚七國反，六月，七國之亂平，吴國除，以吴郡屬漢，以東陽、鄣二郡置江都國。漢武帝元狩二年，江都王建謀反，國除，地入于漢，鄣郡改名丹陽郡。此「元」爲「二」字之誤，漢書卷二八地理志上作「元封二年」，「元封」爲「元狩」之誤。

〔二〕理宛城　按漢書地理志上丹陽郡治宛陵，此「城」宜作「陵」。

〔三〕大築齋第　「齋第」，底本作「齊地」，庫本作「齊第」，萬本無此文，據中大本及太平御覽卷一七〇引桓玄傳改。

〔四〕煬帝初改州爲宣城郡　「郡」，底本作「縣」，萬本、庫本同。隋書卷三一地理志下：宣城縣，「大業初置郡。」輿地紀勝卷一九寧國府總序：「煬帝改宣州爲宣城郡。」此「縣」爲「郡」字之誤，據改。

〔五〕八年廢南豫州　「豫」，底本脱，萬本、庫本同。按舊唐書卷四〇地理志三、新唐書卷四一地理志五皆載：當塗縣，「武德三年置南豫州，八年省南豫州，縣屬宣州。」此「南」下脱「豫」字，據補。

〔六〕以溧水丹陽來屬　按舊唐書地理志三云「以溧陽、溧水、丹陽來屬」，此脱「溧陽」二字。

〔七〕永泰元年割秋浦青陽至德三縣置池州　原校：「按至德自饒州割隸池州，今至德上脱『饒州』

字，蓋承舊唐志之誤也。」按新唐書地理志五池州至德縣：「至德二載析鄱陽、秋浦置，隸尋陽郡，乾元元年隸饒州。」又池州總序云：「永泰元年復析宣州之秋浦、青陽，饒州之至德置。」元和郡縣圖志卷二八池州總序略同，唯「永泰元年」作「永泰二年」，則原校是。

〔八〕四百六十二 「二」，萬本、庫本無。

〔九〕吴地斗分野也其失巧而少信 底本「斗」下衍「宿」，「野」下脱「也」，「失」誤「人」，萬本、庫本同，並據宋版及漢書地理志下删改。

〔一〇〕瞿硎先生至因以自號 宋版、萬本、庫本皆無，蓋非樂史原文。

〔一一〕宣州人 「州」，底本作「城」，據宋版、萬本、中大本及舊唐書卷一三七、新唐書卷二〇三劉太真傳改。

〔一二〕汪遵宣城人 宋版、萬本、庫本皆無，蓋非樂史原文。

〔一三〕栗紙筆綿絹黄連雪梨香貍 「栗」、「雪梨」、「香貍」，宋版、萬本、庫本皆無，傅校删，非樂史原文，爲後世竄入。

〔一四〕漢順帝時立宣城郡于宣城縣 按晉書卷一五地理志下：「宣城郡，太康二年置。」郡治宛陵縣，領有宣城縣，此誤。

〔一五〕即謝朓賽雨賦詩之所 「雨」，底本作「神」，萬本、庫本同，據宋版及太平御覽卷四六引郡國志及宋永初山川記改。

〔一六〕延望景斜　宋版「斜」作「晏」；萬本、庫本作「望延景」，蓋誤。

〔一七〕稜問何故遲留之狀　「稜」，底本無，萬本、庫本同，據宋版補。

〔一八〕馬蹶足　「蹶」，萬本、庫本及嘉慶重修一統志卷一一五寧國府引本書同，宋版作「踠」。

〔一九〕唐武德二年　「二年」，新唐書地理志五、唐會要卷七一州縣改置下皆作「三年」，此「二」疑爲「三」字之誤。宋版「武德」作「至德」，誤。

〔二〇〕其年又改爲猷州　新唐書地理志五：涇縣，「武德三年以縣置南徐州，尋更名猷州。」與此略同。舊唐書地理志三：涇縣，「武德三年置猷州。」元和郡縣圖志宣州、輿地紀勝寧國府並載「武德七年於此置猷州」，皆與此異。

〔二一〕本漢春穀縣　「穀」，底本作「谷」，注：「一作穀」，據宋版、萬本、漢書地理志上及傅校改。庫本作「谷縣」，誤。

〔二二〕石録一作埭　「録」，宋版、萬本同，庫本作「埭」。宋版、萬本、庫本無「一作埭」三字，傅校删。按本書卷一〇五池州銅陵縣：梅根冶「元管法門、石埭兩場。」則「録」又作「埭」，則庫本作「石埭」，亦是。

〔二三〕自後法門爲義安縣　「爲」，底本作「屬」，萬本作「入於」，庫本作「於」，宋版作「爲」。按新唐書地理志五：南陵縣，「後析置義安縣，又廢義安爲銅官冶。」又本書池州銅陵縣：梅根冶，「元管法門、石埭兩場，隋升法門爲義安縣，又廢入銅官冶。」則義安縣爲法門場升置，云「隋」爲「唐」字之誤，此「屬」乃「爲」字之誤，據改。

〔二四〕上有玉石在壁内　「玉石在壁」，底本作「玉在石壁」，據宋版、萬本、中大本、庫本及嘉慶重修一統志寧國府引本書乙正。

〔二五〕温謂官軍之至　「之」，底本無，萬本同，據宋版、庫本及傅校補。

〔二六〕漢末分宛陵南鄉置焉　按元和郡縣圖志宣州寧國縣：「後漢末分宛陵南鄉置。」「後漢」，輿地紀勝寧國府引作「東漢」，此脱「後」或「東」字。

〔二七〕周黄　「黄」，底本作「貢」，據宋版、萬本、中大本、庫本及傅校改。

〔二八〕下有魯廟　「魯」，底本脱，萬本、庫本同，據宋版補；中大本作「曾」，乃「魯」字抄誤。

〔二九〕尤爲時貢　「貢」，底本作「貴」，萬本同，據宋版、中大本、庫本及嘉慶重修一統志寧國府引本書改。按輿地紀勝寧國府引本書云：「梅詢詩：『茶煮鵶山雪滿甌。』梅聖俞詩亦云：『茶詠鵶山佳。』鵶山即鴉山，底本、宋版、萬本、中大本、庫本皆無。

〔三〇〕輿地志　「輿」，底本作「吴」，據宋版、萬本、中大本、庫本改。

〔三一〕此井今屬寧國縣　按輿地紀勝寧國府銀山：在寧國縣東六十里，引本書云：「舊有銀冶，因名。」底本、宋版、萬本、庫本皆無。

〔三二〕不立城邑　「立」，底本作「坐」，據宋版、中大本改；萬本、庫本作「非城邑」，誤。

〔三三〕立爲太平縣　萬本、庫本同，宋版、中大本皆作「立太平爲縣」。

〔三四〕西南至宣州寧國縣二百二十里　「宣州」，底本脱，據宋版、萬本、中大本、庫本及傅校補。

〔三五〕客一千二十七　「十」，底本作「百」，據宋版、萬本、中大本、庫本及傅校改。

〔三六〕宣州　萬本同，宋版、庫本作「昇州」，此「宣」蓋爲「昇」字之誤。

〔三七〕茶絲紬漆絹綿布桐油　「絲」、「漆」、「桐油」，宋版、萬本、中大本、庫本及嘉慶重修一統志卷一三二廣德州引本書皆無，傅校删，蓋非樂史原文。

〔三八〕屬丹陽　按元和郡縣圖志宣州廣德縣：「後漢分故鄣縣置，屬丹陽郡。」此疑爲「後漢分置廣德縣，屬丹陽郡」之脱誤。

太平寰宇記卷之一百四

江南西道二

歙州

歙州，新安郡。今理歙縣。禹貢揚州之域。春秋時其地屬吴，後屬越。後越爲楚滅，即屬楚也。〔一〕秦併天下，以此屬鄣郡之地。漢隸丹陽郡，〔二〕後稍復封圻，分王子弟。成帝封其孫雲容爲廣德王，與之黟、音伊。歙，即其地也。〔三〕漢獻帝建安中，〔四〕歙率毛甘屯烏聊山，黟率陳僕屯林歷山，孫權遣賀齊平之，遂分歙置始新、新定、休陽、黎陽、黟凡六縣，立新都郡以領之，理始新。晉平吴，改新都郡爲新安郡，歷宋、齊、梁、陳，並因之。隋平陳，置歙州，以漢舊縣爲郡之名。至煬帝州廢，復爲新安郡。大業末，土人汪華以天下擾攘，遂據郡自保。唐武德四年討平汪華，置歙州總管，管歙、睦、衢三州。貞觀元年罷都督府。天寶元年改爲新安郡。乾元元年復爲歙州。

領縣六：歙，休寧，績溪，黟，祁門，婺源。

州境：東西四百一十九里。南北二百八十二里。

四至八到：西北至東京二千一百七十里。西北至西京二千二百二十五里，取宣州路二千五百九十里。西北至長安，睦州大路四千八百五里，取潤州路三千四百五十里。東至杭州四百七十九里。南至睦州遂安縣二百四十六里。西至池州四百九十六里。北至宣州，涇縣路二百九十三里。東南至睦州三百七十里。西南至饒州七百九十五里。西北至宣州涇縣二百八十五里。〔五〕正北微東至宣州三百八十三里。

户：唐開元户三萬八千三百二十。皇朝户主四萬八千五百六十，客三千二百三。

風俗：同宣州。

人物：程靈洗，字玄滌，休寧人。梁元帝授本郡太守，卒謚忠壯。唐吴少微，歙人。汪華，績溪人。汪臺符。歙人。〔六〕

土産：硾紙，茶，硯，〔七〕漆，墨，蜜，蠟，銀，鴮鳥。鴮，徒河切。郡國志云：「翎下有青紅相映若垂綬，狀如蜀雞，背如朱蛇。」〔八〕

歙縣，元十六鄉。本秦舊縣，縣有水口名歙，因浦以名。漢屬丹陽郡，吴分立郡焉。

靈山。新安記云：「靈村有山，生香草也，名曰靈香。又有黄精木。上有靈壇，道士祈請不燒香，自然芬馥。村人射獵，經踐此土，犯山神，終無所獲，或失火燒岡，〔九〕其人必有疾病，故曰靈山。」又輿地志云：「靈山高峻，有圓石，高數丈，上有石蓋也。」

九頓山。恒風，樹木摧拔，雖長成合抱而無大枝，存則多于南面。

北黟山，在宣、歙二州界，縣西北一百六十里。高一千一百七十丈，南屬歙州，〔一〇〕豐樂水出焉。舊名黄山，天寶六年勅改爲北黟山。浙之東西歙、池、饒等山，皆此山之支脈。

烏聊山，在縣東五步。按吴記：「歙率毛甘領萬人屯烏聊，孫權遣賀齊平之，分黟、歙爲六縣。」蓋歙縣已在此。其山爲泉水所凑，〔一一〕城西有四水合流，山下落星石。

深渡，在縣東一百一十里，與睦州分界。從新安江上，崇山峻流，爽秀尤異。〔一二〕欲到州界，峯巒掩映，狀若雲屏，實百城之襟帶。

飛布山，在縣北。布射水源出焉。舊名主簿山，天寶六年勅改飛布。又按新安記云：「昔因寇亂，有歙縣主簿率百姓保據此山，因名主簿山。」

城陽山，在縣南。環迴孔高，〔一三〕爲城郭之襟帶，居郡之南，故號爲城陽焉。即許宣平得道之所，亦爲李白所尋不遇，〔一四〕今山上有遺跡存。

揚之水。北從績溪縣東南流六十里至臨溪館，入歙縣界，至郡城西，與四水合流，東南入新安江，即今睦州界。

吉陽水。源從郡城西黟縣吉陽山下出，〔一五〕合大溪，入新安江。

苦溪，在縣東南。從揚之水東南下抵深渡，名曰八十里苦，其中亂石磋磋，洪港斗折，淙流騰激，其急如箭，雖三峽惡溪，不方其險也，〔一六〕故名苦溪。

釜底潭，在縣南二里。其面正圓，下則稍斂如釜底，〔一七〕有斜穴，潛與南市殷公井相通。〔一八〕

湯泉，在縣北北黟山東峯下香溪中，泉口大如碗，〔一九〕出于石澗，熱可燖雞。

黄墩湖，在縣西南四十五里。其湖有蜃，常爲吕湖蜃所鬭。程靈洗好勇而善射，夢蜃化爲道人，告之曰：「吾爲吕湖蜃所厄，明日又來，君能助吾，必厚報，束白練者，吾也。」明日，靈洗彎弧助之，中後蜃，水變爲血，不知所之。其傷蜃歸吕湖，未到而斃，後人名其死處爲蜃灘。居歲餘，靈洗偶出，有一道人詣靈洗母求食，曰：「勞母設食，今當爲求善墓地。」使母隨行至山，以白石識其地，曰：「葬此可以暴貴矣。」靈洗因移父葬其所。侯景亂，靈洗率鄉人萬餘衆保新安，因隨陳武帝有奇功，及陳武受梁禪，靈洗以佐命功臣，與周文育、侯安都爲三傑。按靈洗宅在湖東二里。

吕公灘，在縣東南。舊名車輪灘，以其亂石淙流，中無港道，行船環曲，有若車輪。

刺史呂季重募人鑿石爲港，百姓利之，因謂之呂公灘。

殷公井，在縣南羅城内。井底有二斜穴，一通縣北石壁潭，一通縣南釜底潭，〔二〇〕每石壁潭失物，則于此井得之，不以淘滓。〔二一〕水常清潔，初爲殷氏鑿焉，因此爲名。

石門，是黄山之一峯。兩山勢相逼，山之半壁有大石横架其上，通兩山焉，俗謂之石門。

桃花米。梁書：〔二二〕「任昉爲新安守，甚清廉。後卒，歸鄉船中，惟有桃花米二十石。」今休寧縣尤多，爲飯香軟。〔二三〕

孔靈村，在縣南二十五里。按晉書云：「孔愉，字敬康，會稽人。永嘉之亂，避地入新安山谷中，以稼穡讀書爲業，信著鄰里。後忽捨去，皆以爲神人，爲之立廟。愉官至尚書左僕射，封餘不亭侯。」按所居止在此，故謂之孔靈山，事具上。〔二四〕

昉村，在縣北四十里。俗説昔任昉爲新安太守，〔二五〕因行春至此，愛其雲溪，緣源尋幽，累日不返，百姓因名其溪爲昉溪。溪旁村爲昉村，村旁有山，近故北野縣，每山上石墜，則不利縣官，縣廢後，其事亦止。大中十年，刺史盧潘改曰任公村、任公溪。

廢北野城，在縣北三十五里。〔二六〕永徽五年，睦州清溪縣女子陳碩貞作亂，而縣人蔣寶舉兵應之，事平，遂置縣于合五山上以鎮之。至大曆五年廢。

廢歸德縣，在郡西南五十里。永泰元年，草賊方清陷郡城，而縣人自割據八鄉之地，保于此山，不屬賊。賊平，因請置縣，大曆五年廢。〔二七〕

休寧縣，西六十六里。元十一鄉。本吴孫權之所置也。按邑圖云：〔二八〕「吴割歙縣西川分置休陽縣，在此縣之西二里，楊村東三里靈烏山上。吴避孫休之名，改爲海陽縣，仍移于萬歲山上。」晉平吴之後，改爲海寧縣，隸新安郡，歷晉、宋、齊、梁、陳不改。隋平陳，并省黟、歙二縣，百姓總屬海陽，改隸東陽郡。〔二九〕開皇十年，東陽郡去邑遥遠，即于黟縣創置新安郡，〔三〇〕以黟、歙、海寧三縣屬焉，仍復改海寧爲休寧縣，以邑城因立郡，仍隸焉。唐武德初復移于萬歲山舊城理。天寶九載移于舊邑西十三里，即今理也。

鹿脾山，在縣城西北一百五十里。昔有採藥人入山，遇一老父，鬚眉皓然，指藥而示之，仍遺以鹿脾，既辭去回顧，遂失老父所在，因名之。

白岳山，在縣西四十里。山峯獨聳，有峻崖小道，憑梯而上。其三面並絶壁二百餘丈，不通攀緣。〔三一〕峯頂闊四十畝，有古堦跡、瓦器、池水、石室，亦嘗有道者居之。其東石壁五綵，狀若樓臺在空中，〔三二〕勢欲飛動。又如神仙五六人，憑欄觀望，久視之，乃知非耳。

五城水，源從縣城南北流。水旁有五城村，古之大鎮，有五城斜偶相對。城旁有二

大墳，〔三三〕有人發之，其墳上鐵厚二尺，鐵纔破即雷雨晦冥，人懼而止。〔三四〕

容嶺，在縣東。有木石糖出空樹石罅中，〔三五〕百姓每採得。〔三六〕梁書曰：「任昉爲新安守，郡界密容嶺出糖，昉以所處險遠，長吏每遣百姓就採之，昉至罷焉。」

率山，在縣東南四十里，率水出焉。山海經「三天子都在率東」，蓋此山也。

浙溪水，出浙嶺下，至縣西一百一十里。漢書地理志云「浙江北經黟縣下，東入海」，即此溪也。

廢北野縣。周禮「郊外曰野」，其地處州北，故曰北野縣。唐高祖七年置，大曆四年與隋置歸德縣地同廢入休寧縣。〔三七〕

隋廢休寧縣，在縣東南三十五里南當水口山上。

廢吴休陽縣，在今縣二里，〔三八〕故城基尚在。

廢海陽縣，在今縣東十三里。舊名休陽，在靈烏山上，避孫休之名，改爲海陽縣，仍移于萬歲山上。至晉武平吴，又改爲海寧也。

績溪縣，東北六十六里。舊七鄉，今九鄉。縣則歙之華陽古鎮，梁大同元年置爲梁安縣。唐武德年中廢，至永泰二年，宣州旌德縣賊王萬敵入寇其地，賊平置縣，〔三九〕以界内乳溪與徽溪相去一里，迴轉屈曲並流，離而復合，謂之績溪，縣因名焉。

臨溪石，在縣北三里。臨溪岸，方圓二丈，其平如砥。溪水甚宜浣紗，數里内婦人悉來浣紗。〔四〇〕去家既遠，遂于石上績而守之。每春花始布，花柳交映，多豔妝麗服，羣績于此。雖不浣紗者，亦有從而會績焉。又曰：「其縣名績溪，亦兼取績之義也。」

三天子都山，一名玉山，在縣東南八十里。山海經云：「三天子都山，在閩西海北。」郭璞注云：「在新安歙縣東。」今謂之玉山，浙江出其邊也。顧野王曰：「今永康縉雲山是。」三天子之都，今在績溪縣東九十里。吴于此山分界焉。

礱叢山，在縣北二十九里。其山四合交湊，中有大路，向宣州寧國縣路，又二郡分界焉。

郭𡾰山，〔四一〕在縣北一十五里。下有郎溪，〔四二〕而驛路在焉。兩邊有石壁長數百步，直下數百尺，不生草木，有類石洞焉。

梓山廟，在縣南一里。俗説初于山下置良安縣，城池將創，〔四三〕舊有雙白石，忽爲雙白鳥飛向山，遂于山上烏棲處立廟，邑人敬之，行立種植，皆不敢背。

黟縣，西一百五十二里。元領四鄉。本秦舊縣，置在黟川，因名之。漢地理志云黟屬丹陽郡。今縣南十八里有墨嶺山，嶺上有石特起十餘丈，峯若劍峙，時有靈鼓潛發，令長每以山鼓爲候，〔四四〕鳴則不利于縣長。又嶺旁實出墨石可書。〔四五〕又新安圖經云：〔四六〕「歲貢柿心墨木。」

黟之名縣，職此之由。」漢書韋昭音義：「黟音伊。」〔四七〕或從「黝」，二字相似，蓋寫而誤焉。〔四八〕隋廢爲海寧縣，屬東陽郡。其舊城，今在縣東五里。武德三年復爲黟縣。薛稷曾爲此邑尉，善畫鶴，今邑人時有畫者，蓋薛公之餘風耳。

牛泉山，在縣北五十七里。顧野王輿地志云：「牛泉嶠，通故廣陽縣，〔四九〕自下上至山頂，九里一頓，凡九頓。山常風，樹至合抱而高不至丈。當頂有泉，方闊丈餘，〔五〇〕俗云牛跑所致，亦猶虎跑泉也。」

魚亭山，在縣南三十五里，〔五一〕每歲西江魚船至祁門縣，捨舟登陸，止此東水次，淹留待船，故云魚亭焉。

嶺山，在縣南一十八里。嶺上有石如墨色。嶺有穴，中有墨石軟膩，土人取爲墨，色碧甚鮮明，可以記文字。

復山，扶又反。在縣城南三十六里。山甚孤峻，石壁四絶，亦謂之五硍礫。兩邊皆石壇，中央有溝，纔五六尺許。水甚懸迅，〔五二〕捫蘿挽葛，時有至者。山翠激流，爲羣峯之秀。其水東南流入休寧縣界。

林歷山，在縣南十里。吴大帝遣賀齊討黟山賊，賊屯林歷山，四面壁立，高數十丈，徑路危狹，不容刀楯。賊臨高下石，不可得攻。抱朴子云：「昔吴遣賀齊討山賊，賊中有善禁者，官軍刀劍不得拔，弓弩射矢皆還自向。賀曰：『吾聞金有刃者可禁，蟲有毒者可禁，其無刃之物，無毒之蟲，則不可禁。』乃作勁木白棓，選有力精卒爲先登，盡捉棓，〔五三〕彼山賊禁者，果不復行。」

戢兵山，舊名石鼓山，唐天寶中改爲戢兵，在縣城北。邑圖云：「有石如鼓，有石人、石驢，俗傳石鼓鳴則驢鳴人哭，而縣官不利，後鑿破，遂不復鳴。」

三姑山，一名吉陽山，在縣東一十五里。山有三峯，故名三姑山。三年一遇野火所燒，〔五四〕百姓燒之即雨降。有吉陽水出焉。又新安記云：「天將雨，此山先有鼓角之音。」人以爲準。

石墨井，在縣南一十六里。其嶺上出石墨，土人採之以書。又有石墨井，云是昔人採墨之所，今爲懸水所淙，〔五五〕其井轉深。

僕城里，在縣西一十八里。按顧野王輿地志：「黟帥陳僕屯林歷山，〔五六〕今山下有僕城里。俗説每社日，僕則遣人掠村社酒肉，人苦之，遂於社之明日爲社，至今以爲常式。」

獨母柴，在縣南一十五里。俗傳云：「昔有寡婦死于山野，無人葬埋，村人以薪覆之。後人行經其處者，皆以一枝草投之，至今不絶。」

譙貴谷。輿地志云：「黟縣北緣嶺行得譙貴谷。昔土人入山，行之七日，至一斜穴，廓然周三十里，地甚平沃，中有十餘家，云是秦時離亂，人入此避地。」又按邑圖有潛村，昔有十餘家，不知何許人避難至此。入石洞口，悉爲松蘿所翳。每求鹽米，晨出潛處，今見數十家，同爲一村。

祁門縣，西二百七十九里。元七鄉。本名閶門，著于秦漢之代。縣有巨石，夾流水兩相對，其狀似門，故號閶門焉。東北又有湧流，其山左右雲峯削成，其中坦陸，周迴數頃。唐永泰元年，土人方清作亂，屯石埭城，故取其城置邑，因權立閶門縣。其城拒險作固，以爲守備；至二年平方清，因其城邑定爲縣，分饒州浮梁縣及歙縣、黟縣六鄉廣焉，遂以所近祁山爲名，因曰祁門縣。

祁山，在縣東北一里。三面石壁，有石室，高五丈，闊二十丈，號青蘿巖。旁有湧泉，號乳泉，味甘。山西半壁有大石，〔五七〕方圓丈餘，墜于溪中，落處有龍骨存焉。

主簿山，在縣西北。昔有黟縣主簿巡鄉到此，愛其幽奇，遂解印隱居其中，終身不返。

三新婦山，在縣城東北。上有三石峯，狀如人形，春雨初晴，朝陽暉映，霞翠暖媚，〔五八〕其狀若彩服靚妝之飾，因名爲三新婦山。

閶門灘，在縣西南一十里。夾灘兩岸有大壇石，連至中流，對涌相向，號爲閶門。其閶門怪石叢峙，迅川奔注，溪險石蹙，跳波激射，摧艫碎舳，商旅經此，十敗七八。

范不妻廟，在縣西八十里。南朝鄱陽縣尉范不妻領百人斫明堂木于吴山中，〔五九〕長數百尺，川谷阻深，無計能出，懼而據山作亂，竟死于此。

婺源縣，西南二百九里。元六鄉。本晉休寧縣西南之迴王鄉，唐開元二十四年，鄉人洪貞叛，聚徒于此；至二十八年置縣以鎮之。有婺水繞縣城三面，故以爲名。又按東陽記云：「上應婺女。」舊與黟接境。隋文帝廢黟、歙，併入海寧而屬婺州，縣又爲婺女之津，蓋與今婺州同義。

婺水，源從縣西北大廉山下出，南流九十里，至縣繞城過，與斜水合，南流入樂平鄉界。〔六〇〕

石龍洞，在縣西北十七里。有石龍山，山東北面有石洞，洞兩畔有石，對聳爲門，有如鐫鑿所成。

吴村，在縣西七十五里。昔吴王爲越所滅，勾踐流其三子，而長子鴻處此死，因葬焉，遂名葬處爲吴山里，尋改爲婺女里。

善山，在縣南五十里。又有惡山，隔溪對聳，高下迴環一里。風俗號善山爲善王〔六一〕惡山爲惡婦，人因謂之妻壻山也。

石門灘，在縣西當溪兩岸，有石並入溪中，各踴起如雙闕，中間通流，險阻如瞿塘、灩澦焉。

卷一百四校勘記

〔一〕即屬楚也　「屬」，宋版作「爲」。按新安志卷一亦作「屬」。

〔二〕漢隸丹陽郡　「隸」，底本作「立」，萬本、庫本同，宋版作「隸」。按唐宋歙州治歙縣與所屬黟縣，二漢隸於丹陽郡，載於漢書卷二八地理志上，故輿地廣記卷二四歙州總序云「二漢屬丹陽郡」，宋版是，據改。

〔三〕音伊即其地也　「音伊」，宋版、萬本、庫本無，傅校删，蓋非樂史原文。「即其地也」，底本作「即此地」，據宋版、萬本、中大本、庫本改補。

〔四〕建安中　「中」，萬本、庫本同，宋版、中大本作「年」。按三國志卷六〇吳書賀齊傳載，齊平毛甘、陳僕，立新都郡，在建安十三年，與此「中」合。

〔五〕西北至宣州涇縣二百八十五里　萬本、庫本同，宋版「涇縣」下有「界」字。

〔六〕人物程靈洗至汪臺符歙人　宋版、萬本「人物」下注「無」，無程靈洗、唐吴少微、汪華、汪臺符諸傳略，蓋非樂史原文。陳書卷一〇程靈洗傳：「新安海寧人。」按西晉改海陽縣爲海寧縣，隋開皇十八年改名休寧縣，此以隋唐縣名爲晉南朝縣名，不妥。

〔七〕硯　宋版、萬本、中大本、庫本皆無，傅校删，蓋非樂史原文，爲後世竄入。

〔八〕背如朱蛇　「蛇」，底本脱，宋版、萬本、庫本同，據新安志卷一引郡國志補。

〔九〕或失火燒岡　「岡」，萬本同，宋版作「網」，新安志卷三同，此「岡」蓋爲「網」之誤。

〔一〇〕南屬歙州　「州」，萬本、庫本同，宋版作「縣」。按本書云「北黟山，在宣、歙二州界」，山「南屬歙州」，是。又新安志卷三：黄山，舊名黟山，在歙縣西北百二十八里，「東南則歙，西南爲休寧(縣)」，則「南屬歙縣」，亦是。

〔一一〕其山爲泉水所湊　「泉水」，底本作「泉山」，萬本同，宋版作「衆山」。庫本及嘉慶重修一統志卷一一二徽州府引本書作「泉水」，與本書下文云「城西有四水合流」相符，此「泉山」爲「泉水」之誤，據改。

〔一二〕爽秀尤異　「秀」，底本作「氣」，據宋版、傅校及新安志卷三改。萬本、庫本作「爽秀軒尤異」，衍「軒」字。

〔一三〕環迴孔高　「環迴」，底本作「迴環」，庫本同，據宋版乙正。

〔一四〕亦爲李白所尋不遇　底本「不遇」下衍「之處」二字，據宋版、萬本、庫本及嘉慶重修一統志徽州府引本書删。

〔一五〕源從郡城西黟縣吉陽山下出　「黟」，底本脱，萬本、庫本同，據宋版補。本書卷黟縣：「三姑山，一名吉陽山，在縣東一十五里，『有吉陽水出焉。』」

〔一六〕雖三峽惡溪不方其險也　宋版、萬本、庫本同，嘉慶重修一統志徽州府引本書「不」下有「足」字，此疑脱。新安志卷三引本書作「雖三峽不過」，引本書而變文。

〔一七〕下則稍斂如釜底　「斂」，底本作「歛」，宋版同，據新安志卷三改。嘉慶重修一統志徽州府引本書作「翕」。萬本作「殺」，誤。

〔一八〕南市　「市」，底本作「京」，據宋版、萬本、庫本改。

〔一九〕泉口大如碗　「如」，底本作「于」，據宋版、萬本、庫本及嘉慶重修一統志徽州府引本書改。

〔二〇〕釜底潭　「底」，底本脱，宋版同，據萬本、中大本、庫本、本書卷上叙釜底潭條、嘉慶重修一統志徽州府引本書及新安志卷三補。

〔二一〕不以淘滐　「滐」，底本作「淬」，據宋版、萬本、庫本、傅校及新安志卷三改。

〔二二〕梁書　「書」，底本作「初」，據宋版、萬本、中大本、庫本及太平御覽卷一七一引梁書改。按任昉爲新安太守，卒後「惟有桃花米二十石」，又載於南史卷五九任昉傳。

〔二三〕今休寧縣尤多爲飯香軟　「尤」，底本作「猶」，脱「多」字，皆據宋版、萬本、中大本、庫本及新安志卷二引本書改。

〔二四〕謂之孔靈山事具上　「事具」，底本作「祀其」，據宋版、中大本、庫本及傅校改。萬本作「謂之孔靈山廟，祀其上」，誤。

〔二五〕俗説昔任昉爲新安太守　「昔」，底本無，説郛一百二〇弓引本書同，據宋版、萬本、庫本及傅校補。

〔二六〕在縣北三十五里　「三」，底本作「二」，據宋版、萬本、中大本、庫本及輿地紀勝卷二〇徽州、嘉慶重修一統志徽州府引本書及新安志卷三改。

〔二七〕永泰元年至大曆五年廢　新安志卷三同，新唐書卷四一地理志五：「永泰二年賊平，因析置歸德縣，大曆四年省。」置廢年代與此別。

〔二八〕邑圖　「邑」，底本作「吴」，萬本同，據宋版、中大本、庫本及傅校改。

〔二九〕百姓總屬海陽改隸東陽郡　「總」，底本作「改」；「改」，底本作「并」，並據宋版、萬本、中大本、庫本及傅校改。

〔三〇〕即于黟縣創置新安郡　「創」，底本作「割」，萬本、庫本同，據宋版、中大本改。

〔三一〕不通攀緣　「緣」，底本作「援」，據宋版、萬本、庫本及新安志卷四引本書改。

〔三二〕狀若樓臺在空中　「空」，底本作「雲」，據宋版、萬本、庫本及新安志卷四引本書改。

〔三三〕城旁有二大墳　「二」，底本脱，萬本、庫本同，據宋版、中大本、新安志卷四引本書及傅校補。

〔三四〕人懼而止　「人」，底本作「大」，據宋版、萬本、中大本、庫本及新安志卷四、嘉慶重修一統志徽州府引本書改。

〔三五〕容嶺在縣東有木石糖出空樹石罅中　「容嶺」，宋版、萬本、庫本、輿地紀勝徽州、嘉慶重修一統志徽州府引本書同，新安志卷四引本書作「蜜嶺」。「東」，萬本、庫本及一統志引本書同，宋版作「南」，輿地紀勝引本書同，新安志云「密多巖在縣西七十里」，即指密嶺而言。「空樹」，萬本及一統志引本書同，宋版、庫本作「樹空」，輿地紀勝引本書同。新安志引本書作「有木蜜出木空石罅中」。

〔三六〕百姓每採得　「採」，底本作「探」，據宋版、萬本、庫本改。

〔三七〕廢北野縣至同廢入休寧縣　按廢北野縣已列述於歙縣，唐永徽五年置，大曆五年廢，此置廢年代誤。

〔三八〕在今縣二里　按本書休寧縣序云，吴置休陽縣於縣西二里靈鳥山上，此「縣」下脱「西」字。

〔三九〕永泰二年至賊平置縣　新安志卷五、輿地紀勝徽州同；元和郡縣圖志卷二八歙州績溪縣序：「大曆二年，刺史長孫全緒奏分歙縣置。」與此别。

〔四〇〕數里内婦人悉來浣紗　「人」，底本作「女」，萬本同，據宋版、庫本、新安志卷五及傅校改。

〔四一〕郭嶁山　底本作「新嶁山」，注：「一作郭嶁」，據宋版、萬本、中大本、庫本及傅校改。新安志卷五：郎山，在績溪縣東北十五里，「亦謂之郎嶸山，下有郎溪。」嘉慶重修一統志徽州府亦作「郎嶸山」，云「寰宇記作『郭嶸山』，又『郎溪』作『朗溪』，皆以形近致訛。」其説可信，則應作「郎嶸山」。

〔四二〕郎溪　「郎」，底本作「朗」，據宋版、萬本及新安志卷五、嘉慶重修一統志徽州府改。參見上條校勘記。

〔四三〕初于山下置良安縣城池將創　「縣」，底本作「鄉」，萬本同，據宋版、庫本及新安志卷五改。「城池」，底本作「地趾」，萬本、庫本同，中大本作「地池」，據宋版改。

〔四四〕令長每以山鼓爲候　「山」，底本作「上」，萬本、庫本同，據宋版改。

〔四五〕嶺旁竇出墨石可書　「出」，底本作「山」，萬本、庫本同，據宋版及新安志卷五引本書改。

〔四六〕新安圖經　「經」，宋版、萬本、中大本、庫本作「注」，按新安志卷五引本書作「經」，則是。

〔四七〕漢書韋昭音義黟音伊　按「黟音伊」，見於漢書地理志上丹揚郡黝顔師古注曰。

〔四八〕蓋寫而誤焉　「而」，底本作「有」，據宋版、萬本、庫本及傅校改。

〔四九〕通故廣陽縣　萬本及嘉慶重修一統志引本書同，宋版、中大本、庫本無「故」字，「廣」作「商」，傅校改同，此當有誤。

〔五〇〕方闊丈餘　「闊」，底本脱，據宋版、萬本、庫本補。

〔五一〕在縣南三十五里　「三」，底本作「二」，萬本、庫本同，據宋版及新安志卷五改。輿地紀勝徽州引本書作「在縣南三十里」。

〔五二〕水甚懸迅　「迅」，底本作「峻」，據宋版、萬本、庫本、傅校及新安志卷五改。

〔五三〕選有力精卒爲先登盡捉梧　「精」，底本作「軍」；「捉」底本作「提」，據宋版、庫本、三國志卷六〇吴書賀齊傳注引抱朴子及傅校改。

〔五四〕三年一遇野火所燒　宋版、庫本作「三年一遇野人火所燒」；萬本作「三年野火一燒」，嘉慶重修一統志徽州府引本書同。新安志卷五作「三年一遇野火自然燒盡」。

〔五五〕今爲懸水所淙　「淙」，底本作「漂」，據宋版、萬本、庫本及新安志卷五改。

〔五六〕黟帥陳僕屯林歷山　「林歷山」，底本作「歷山」，宋版、萬本、庫本同。按續漢書郡國志四黝劉昭注引魏氏春秋有林歷山，三國志吴書賀齊傳載「黟帥陳僕、祖山等二萬户屯林歷山」，新安志卷五：「僕城里，在林歷山下，以陳僕所屯爲名。」本書上列亦作「林歷山」，此脱「林」字，據補。

〔五七〕山西半壁有大石　萬本、庫本同，宋版「大」上有「一」字。

〔五八〕霞翠暖媚　「暖」，底本作「媛」，據宋版、萬本、庫本及傅校改。新安志卷四作「明」。

〔五九〕南朝　「南」，底本作「兩」，萬本、庫本作「昔」，據宋版及新安志卷四改。

〔六〇〕南流入樂平鄉界　「樂平鄉」，宋版同，嘉慶重修一統志徽州府引本書作「樂平縣」，萬本從改。

按唐婺源縣，屬歙州，即今婺源縣西北清華鎮，唐末移治今縣，婺水即今縣西北之古坦水，南流繞縣東，入於樂安江；婺源縣西與饒州樂平縣接境（唐樂平縣，即今樂平縣東之洺口，宋移治今縣），正爲婺水南流入樂平縣之東境，此「樂平鄉」疑爲「樂平縣」之誤。

〔六二〕風俗號善山爲善王　「號」、「王」，底本作「好」、「主」，萬本、庫本同，並據宋版、中大本改。新安志卷五引祥符圖經云：「善山神爲王，惡山爲夫人。」

太平寰宇記卷之一百五

江南西道三

太平州　池州

太平州

太平州，理當塗縣。本宣州當塗縣，周世宗畫江爲界之後，僞唐于縣立新和州，又爲雄遠軍。皇朝開寶八年平江南，〔一〕改爲平南軍。太平興國二年升爲太平州，割當塗、蕪湖、繁昌三縣以隸焉。

今領縣三：〔二〕當塗，蕪湖，繁昌。

州境：東西一百四十三里。南北二百五十七里。

四至八到：東至東京陸路一千七百里，水路二千三十里。西至西京陸路二千一百里，水路二千八百五十里。西至長安三千一百二十里。東至昇州二百九十七里。西至和州五十二里，江折二里。〔三〕南至宣州一百九十三里。北至揚州四百里，江折八十里。〔四〕東南至宣州丹陽湖口，與宣州分界一百五十里。西南至池州四百一十里。東北至溧水縣一百二十里。〔五〕西北至和州界，以采石江心爲界二十八里。〔六〕

户：舊户載宣州籍。皇朝管户主一萬一千二百一十九，〔七〕客二千八百四十一。

風俗：同宣州。

人物：陶回，當塗人。倡義兵，與陶侃併力攻蘇峻，封康樂伯。何琦。字萬倫，繁昌人。〔八〕

土產：鰣魚，烏昧草。〔九〕

當塗縣，舊二十四鄉，今十八鄉。〔一〇〕本漢丹陽縣地，漢已來爲侯國，即漢書劉聖公爲當塗侯是也。〔一一〕按漢書地理志當塗屬九江郡。應劭注云：「禹所娶塗山侯國也。有禹墟。」春秋左氏傳云「禹會諸侯于塗山」，在壽春，楚之分，隸揚州。晉太康二年分丹陽置于湖縣。成帝時以江北之當塗縣流人過江在于湖者，僑立當塗縣，屬淮南郡，故晉書郡國志云：「西晉愍、懷之後，胡寇仍侵，中原不守。琅邪王睿出鎮揚州，因渡江南，卜金陵，〔一二〕建大業，衣冠禮樂、州郡名號並隨渡江改制。則徙北地當塗來江南，自東晉之始也」。金陵記云：「姑孰之南，淮曲之陽，置南豫州，六代英雄迭居于此，以斯地爲上游，廣屯兵甲，建築墻壘，〔一三〕基址猶存。」至隋平陳，改南豫州爲宣州，因廢于湖縣，徙當塗于姑孰。大業二年以姑孰隸蔣州，至三年廢蔣州，屬丹陽。武德七年，趙郡王孝恭平輔公祏之後，百姓凋殘，萬中無一；至八年四月以當塗縣仍舊屬宣州。

牛渚山，在縣北三十五里。突出江中，謂爲牛渚圻，古津渡處也。江表傳云：「司馬徽論運命曆數云『黄旗紫蓋見于東南，終有天下者，荆、揚之君子』。又壽春謡言『天子當西上』。孫皓大喜，即載妻子及後宮數千，從牛渚陸道西上，云『青蓋入洛陽』。適遇大雪，寒凍殆死。」輿地志云：「牛渚山首有人潛行，云此處連洞庭，旁通無底，見有金牛狀異，乃驚怪而出。牛渚山北謂之采石。〔一四〕按今對采石渡口，上有謝將軍祠。」又按江源記云：「商旅于此取石至都，輸造石渚，因名采石。」淮南記：「吴初以周瑜屯牛渚。晉鎮西將軍謝尚亦鎮此城，袁宏時寄運船泊牛渚，尚乘月泛江，聞運船中諷詠，遣問之，即宏誦其自作咏史詩，于是大相歡賞。」

慈母山，在縣北七十里臨江，亦謂之慈姥山。丹陽記云「山生簫管竹」，王褒洞簫賦云：「原夫簫幹之所，生于江南之丘墟。」即此處是也。其竹圓緻，異于衆處。〔一五〕自伶倫採竹嶰谷已後，唯此簳見珍。歷代嘗給樂府，而俗呼爲鼓吹山。山有慈姥祠。

采石，戍名也，在縣西北牛渚山之上，最狹。亦侯景東渡，路由于此。隋平陳，置赭圻鎮。貞觀初于此置戍。

連磯山，山邊大江，磯石相連，謝朓常于此賦詩也。

琵琶山，以山形相似琵琶，故以名。

銅山，山在縣南。出好銅，古謂丹陽銅是也。

翰辟山。梁大同起居注云：「九年，鴻臚卿上表，傳詔往姑孰翰辟山採石墨，于大石之内獲錢四枚。」

蘇屯山。昔蘇峻屯于此山，因以名之。

蒲山，在縣東六里。按宋書：「孝武帝大明七年巡于湖縣，至蒲山，獨赦南豫州。」即此也。

九井山，在縣南十里。按伏滔北征記云：「九井山，在丹陽山南。有九井，五井乾，四井通大江。昔有人卸馬鞍，乃從牛渚得之，即知通江。」又姑孰記云「殷仲文九日從桓公遊九井賦詩」，即此山也。

黄山，在縣西北五里。上有宋凌歊臺，周迴五里一百步，高四十丈，石碑見存。

望夫山，在縣西四十七里。昔人往楚，累歲不還，其妻登此山望夫，乃化爲石。周迴五十里，高一百丈，臨江。

龍山，在縣南一十二里。昔桓温常以九月九日與僚佐登此。周迴一十五里。

天門山，在縣西南三十里。有二山夾大江，東曰博望，西曰天門。按郡國志云：「天門山亦云峨眉山，〔一六〕楚獲吴艅艎于此。」按其山相對，時人呼爲東梁西梁山，據縣圖爲天門山。輿地志云：「博望、梁山，東西隔江，相對如門，相去數里，謂之天門。」宋孝武詔曰：「梁山層岫雲峙，流間海岳，天表象魏，以旌國形，〔一七〕仍以二山爲立闕。」故云天門焉。

謝公山，〔一八〕在縣東三十五里。齊宣城太守謝朓築室及池于山南，其宅堦址見存，〔一九〕路南磚井二口。天寶十二年改爲謝公山。周迴八十里。

金牛渚，在縣西北十里。東方朔神異記云：「有銅，與金相似。」又云：「昔有金牛起于此山，入牛渚，坎穴猶存。」

白紵山，在縣東五里。本名楚山，桓温領妓遊山奏樂，好爲白紵歌，因改爲白紵山。

鼉浦，在縣南一里三百五十步。李聿任歙州刺史經此浦，〔二〇〕有鼉魅領聿妻子往新安郡就任，幽聿本身于潭中三年。聿從潭出，往尋妻子，妻子不復識，乃往山東學法，後斬其鼉魅，妻子乃識之。

姑孰溪，在縣南二里。姑孰即縣名。此水經縣市中過。按溪即因地以名之也。又按江源記：「姑浦口南岸立津，〔二一〕譏禁行旅。」

謝脁宅，在縣東南二十五里。

司馬井，在城南一十里九井北。晉司馬桓公所鑿。〔二二〕

彭城。昔吴、楚交軍于此，彭王所築，因名焉。

白紵亭。圖經云：「昔宋武帝與羣臣會于此山，〔二三〕遊唱白紵歌，因以爲名。」在縣東七十五里。

司馬陵。晉司馬桓玄篡立，僞尊爲陵。今俚人猶呼之，〔二四〕碑闕俱在。去縣一十一里青陽東北隅。又南史：「齊宜都王鏗爲南豫州刺史，鎮姑孰。于時人發桓温女冢，得金巾箱，織金篾爲簏音奩。器，又有金蠶銀繭等物甚多。條以啟聞。鬱林王勑以賜之。鏗曰：『今取往物，後取今物，如此循環，豈可熟念。』使長史蔡約自往修復，纖毫不犯。」

已上陵墓，並在邑界。

蕪湖縣，東北六十五里。〔二五〕元七鄉。本漢縣，地理志屬丹陽，在蕪湖側，以其地卑，畜水非深而生蕪藻，〔二六〕故曰蕪湖，因此名縣。晉爲重鎮，謝尚、王敦皆鎮于此。陳平，縣廢，地入當塗，其實爲江津之要。〔二七〕自唐武德已來爲鎮，隸姑孰。僞唐割宣城、當塗二邑之地復置，隸昇州。國破，還宣州。皇朝隸太平州。〔二八〕

蕪湖，長七里，在縣界。春秋：「楚子伐吴，克鳩兹。」杜注云：「在蕪湖，今謂之皋夷也。」

鼈洲。按江表記云：「江中有鼈洲，長三里，與蕪湖相接。」

楚干將墳，在縣東北九里。楚干將，鏌鎁之子，復父仇，三人以三人頭共葬在宜春縣，〔二九〕即蕪湖也。

繁昌縣，東北一百六十五里。〔三〇〕元七鄉。本宣州南陵縣地，在南陵之西南大江，〔三一〕西對廬州江口，以地出石緑兼鐵，由是置冶。自唐開元已來，立爲石緑場。其地理枕江，舟旅憧憧，實津要之地。以南陵地遠，民乞輸税于場，僞唐析南陵之五鄉，立爲繁昌縣。

靈山，在縣南十里。山半有龍池，泉水長流。有龍堂，每亢旱，禱祈有應。〔三二〕

磕山，在縣南大江中。有石，石上有寺。舊名孤圻山，亦曰屦居山，在顧冶山上，去縣一十五里。〔三三〕

池州

池州，池陽郡。今理貴池縣。禹貢揚州之域。春秋及秦、漢爲今宣州之西偏古鄣郡之地。三國志云「吴黄武三年封韓當爲石城侯」，〔三四〕乃置石城縣于此。輿地志云：「梁昭明太子以其水出魚美，故名爲貴池。〔三五〕隋開皇九年廢石城縣入南陵縣，至十九年于廢石城置秋浦縣，屬宣城郡。大業末爲賊汪華所守。唐武德四年，歙州總管左難當奏于秋浦別置池州，領南陵、秋浦二縣。貞觀元年廢池州，以秋浦屬宣州。永泰元年，侍御史李芃一作「九」。〔三六〕巡撫至此，時宣、饒二郡人陳莊、方清聚兵據烏石山并太平等古城爲亂，遂絶江路，劫掠行旅，日久，芃乃請以秋浦仍舊置州，守其要地，以破其謀。觀察使洪州都督李勉以聞，代宗嘉之，乃以宣州之秋浦青陽、饒州之至德三縣以隸之，兼徙宣、饒、歙三郡户以實之，又析三邑之地，復于東南置石埭縣，俾四邑以成郡。皇朝割銅陵、東流二縣來屬。

元領縣四。今六：貴池，青陽，建德，石埭，銅陵，宣州割到。東流。同上。

州境：東西三百三十里。南北二百四十二里。

四至八到：西北至東京二千一百一十里。西北至西京二千五百三十里。西北至長安三千四百一十里。〔三七〕東至宣州三百四十里。東至宣州南陵縣界一百五十里。西至江州五百里。東南至歙州四百六十里。西南至饒州五百八十里。西至古潭中流與江州彭澤縣爲界一百八十里。南至歙州黟縣界二百一十五里。正西微北渡江至舒州四百二十里。北至大江中流二十里與舒州桐城縣分界。〔三八〕

户：唐開元户二萬四千六百。皇朝户主一萬八千三百八十一，客一萬五千四百十三。

風俗：同宣州。

人物：唐費冠卿，池州人。及第歸，恨禄不及養，三徵拾遺，不起。杜荀鶴，字彦之，石埭人。官翰林學士。

湯悦。貴池人。〔三九〕

土産：銅，銀，鉛，鑛，茶，苧，鐵，紙。〔四〇〕

貴池縣，元十一鄉。本漢石城縣地，屬丹陽郡。後漢至陳不改。隋開皇十九年分南陵縣置秋浦縣，蓋以秋浦之水爲其名。至僞吴順義六年改爲貴池，因舊地名。

魚穴，〔四一〕在縣南五十里。山下有穴，穴有魚似鯢，二月出遊，八月復入。

城山，在縣西七十五里。其山周迴如城。有水，名待月溪，故此山獨秀異。〔四二〕又有桂柏森聳。〔四三〕

齊山，在縣東南六里。有齊山祠，復有九頂山洞。

大江，西自江州彭澤縣界與石水合，有連石入江，名石碑。又有大孤石，生于江中，俗謂羅刹洲，舟船上下爲之險艱。

貴池，在縣北七里。按顧野王輿地志云：「梁昭明太子食此水魚美，遂立名焉。」其水源出秀山。

南陵故城，在縣西南一十二里。按輿地志「南陵縣有舊地置戍」，即普通六年置南陵郡城也。隋平陳廢。

武林城，在縣東北二十五里。按輿地志：「吴大帝所築。」三國志：「孫權封子休爲琅邪王，鎮武林城。諸葛恪執政，不欲諸王在于江濱兵馬之地，徙于丹陽。」〔四四〕其後陸胤、孫休、何邈並爲武林城都督，〔四五〕即此地。

高獲墓，在縣西七十里。按范曄後漢書：「高獲，字敬公，汝南新息人也。遊學京師，與光武有舊。三公爭辟不起，遂遁江南，卒于石城。石城人思之，共爲立祠。」

孝娥廟，在縣西北四十里。〔四六〕吴大帝時，孝娥父爲鐵冶官，遇穢鐵不流，女憂父刑，遂投爐中，鐵乃湧溢，流注入江。娥所躡屨，浮出于罏，時人號曰聖姑，遂立廟焉。

廢南陵縣，在縣西南八十里。隋開皇十九年，刺史楊榮奏：南陵五鄉偏遠，乃遷在石城置。〔四七〕

楊葉洲，在縣西北二十里大江中。長五里，闊三里，狀如楊葉。

青陽縣，東九十五里。元十二鄉。本吴臨城縣地，赤烏中置。又按輿地志云「吴帝南渡之初，于古丹陽城置定陵縣」，屬淮南郡，即此地。隋平陳，廢臨城縣。唐地理志云：「天寶元年割秋浦、南陵、涇三縣置。」在青山之陽，故號曰青陽，屬宣州。永泰元年隸池州。

九華山，在縣南二十里。舊名九子山，李白以有九峯如蓮花削成，改爲九華山，因有詩云：「天河挂緑水，秀出九芙蓉。」今山中有李白書堂基址存焉。又費冠卿及第歸後，以不及榮養，遂絶跡不仕，隱此山中。長慶中，三徵拾遺，不起。又按顧野王輿地志云：「其山上有九峯，千仞壁立，周迴二百里，高一千丈，出碧雞之類。」

冠幘山，在縣北二十五里。〔四八〕山連接九華，其山層峯若冠幘之狀，因名。〔四九〕

五溪河，在縣西二十五里。源出九華山，合大江。

建德縣，西南二百九十里。元六鄉。本鄱陽、秋浦二邑地，唐至德二年，採訪使、宣城郡太守宋若思奏以此地山水遥遠，因置縣邑，以遏寇攘，仍以年號爲名，屬潯陽郡。至乾元元年隸饒州。永泰二年來隸池州。僞吴順義初改爲建德。今復舊名。〔五〇〕

雲母山，在縣北五十里。山上有石泉，深十餘丈，中有雲母可餌。

石門山，在縣東南八十里。雙壁聳峙，望之如門。

舜井城，在縣南四里。舊傳帝堯南巡至此城。〔五一〕梁武于此城立太原府。隋廢府。今城中有舜井焉。

印石，在縣西北五里歷水岸。石壁峻拔，舊傳許旌陽逐蛟至此，岸崩。其石崩處，屹然成壁，印石而去。其石印篆文，圓若馬蹄跡。

石埭縣，東南一百里。元五鄉。本吴石城縣地，吴志云：「韓當爲石城侯，遂置石埭場。」晉太康三年廢入宣城縣。梁又置。故輿地志云：「梁大同二年置石埭縣，因貴池原有兩小石埭堰溪水，遂以爲名。」陳滅，廢，遂以石埭併入南陵。至唐永泰元年復置池州，又析涇縣、貴池界五鄉以置之。

陵陽山，在縣北三里。〔五二〕按輿地志：「陵陽令竇子明于溪側釣魚，偶一日釣得白龍，子明憐而放之。後數年，又釣得二白魚，割其腹中乃有書，教子明燒煉服餌之術。三年後，白龍來迎，子明遂得上昇。其溪環繞山足，今有仙壇，醮祭不絕。」

澄池，在縣西一百六十里。其山四面險峻，上有澄水，澈如鏡，高五百尺。

石埭水，在縣西一百七十里。源從櫟山東北流，三里至管口，合流入石埭鄉，與大共嶺水合流。〔五三〕其水從石埭下流過，往來舟船至此，並載拽船于埭上過。〔五四〕

陵陽城，〔五五〕在縣東北二里。輿地記云：「吴大帝時屬丹陽，景帝時改爲古鄣郡。〔五六〕晉咸康四年置州城，時帝杜皇后諱『陵』，遂改爲廣陽縣，〔五七〕緣山爲名。」

□□，〔五八〕在縣西一百四十里。隋開皇九年廢。

銅陵縣，北一百里。元五鄉。本漢南陵縣，自齊、梁之代爲梅根冶，以烹銅鐵。庾子山枯樹賦云：「東南以梅根作冶地，元管法門、石埭兩場。」隋升法門爲義安縣，又廢入銅官冶。後改爲銅官縣，屬宣州。皇朝割屬池州。

梅根山，吴録地理志云：「晉立梅塘冶。今作鐵冶于臨城。」又太康地志云：「梅根鐵冶出空青，〔五九〕其色特妙于廣州。」

銅山，〔六〇〕在縣南十里。其山出銅，以供梅根監。兼出緑礬礦，逐年取掘送納。

□□，在縣西南，即古監之所。

東流縣，南一百里。〔六一〕三鄉。本彭澤縣之黄菊鄉，控帶江山，唐會昌初建爲東流場，在古廢和城縣側。大中四年移于今理。僞唐保大十一年升爲東流縣。至皇朝太平興國三年割屬池州。

歷山，在縣東三十里。〔六二〕西枕歷池。上有堯舜二廟。

卷一百五校勘記

〔一〕皇朝開寶八年　「皇朝」，底本作「迨至」，據宋版、萬本、庫本及傅校改。

〔二〕今領縣三　「今」，底本脱，據宋版、萬本、中大本、庫本及傅校補。

〔三〕江折二里　「江折」，底本作「江浙」，萬本作「浙江」，庫本同，據宋版改。又「二里」下底本注：「浙當作淛」，據宋版、萬本、庫本及傅校删。

〔四〕江折八十里　「江折」，底本作「江浙」，萬本作「浙江」，庫本同，據宋版改。

〔五〕溧水縣　「縣」，底本無，萬本、庫本同，據宋版補。

〔六〕西北至和州界以采石江心爲界二十八里　「界以」，底本脱，據宋版、萬本、中大本、庫本補。

〔七〕管户　「管」，底本無，據宋版、萬本、庫本補。

〔八〕人物陶回至何琦字萬倫繁昌人　宋版「人物」下注「無」，無陶回、何琦傳略，庫本及傅校同，蓋非樂史原文。萬本僅有「陶回」二字。按晉書卷七八陶回傳：「丹陽人。」丹陽縣，秦置，唐貞觀初廢入當塗縣，當塗縣置於隋，此以唐宋縣爲晉縣，誤。

〔九〕土産鯆魚烏昧草　宋版土産下注「無」，無鯆魚、烏昧草，庫本及傅校同，蓋非樂史原文。萬本僅有「鯆魚」二字。

〔一〇〕今十八鄉　「八」，底本作「六」，萬本、庫本同，據宋版改。

〔一一〕即漢書劉聖公爲當塗侯是也　按漢書卷一七景武昭宣元成功臣表：「當塗康侯魏不害，以圉守尉捕反者淮陽胡倩侯，侯聖與議定策，益封。」則魏不害以功封當塗侯，其子聖以定策功益封，此言「劉聖公爲當塗侯」，誤。

〔一二〕卜金陵　「卜」，底本作「下」，據宋版、萬本、庫本、太平御覽卷一七〇引晉書州郡志（即本書所引晉書郡國志）及傅校改。

〔一三〕建築墻壘　「建」，底本作「代」，據宋版、萬本、庫本及傅校改。

〔一四〕牛渚山北謂之采石　「北」，底本作「此」，庫本同，據宋版、萬本、太平御覽卷四六引輿地志及傅校改。

〔一五〕異于衆處　「衆」，底本作「他」，據宋版、萬本、庫本、太平御覽卷四六及傅校改。

〔一六〕峨眉山　「峨」，底本作「娥」，據宋版、萬本、庫本、太平御覽卷四六引郡國志及傅校改。

〔一七〕以旌國形　「形」，底本作「利」，據萬本、庫本及太平御覽卷四六引宋孝武詔改。宋版作「刑」，爲「形」字之訛。

〔一八〕謝公山　輿地紀勝卷一八太平州：「青山，在當塗縣東南三十里。」又引本書云：「齊宣城太守謝脁築室于山南，遺址猶存，『唐天寶改爲謝公山。』」則此應作「青山」，才與下文云「天寶十二年改爲謝公山」合。

〔一九〕其宅堦址見存　「見」，底本作「猶」，據宋版、萬本、庫本改。嘉慶重修一統志卷一二〇太平府引本書作「尚」。

〔二〇〕李聿任歙州刺史經此浦　「經」，底本作「爲」，宋版、中大本同，據萬本、庫本及輿地紀勝太平州引本書改。

〔二一〕姑浦口南岸立津　底本「津」下衍「關」字，萬本、庫本同，據宋版及嘉慶重修一統志引本書删。

〔二二〕在城南一十里九井北晉司馬桓公所鑿　「北」，底本作「皆」，萬本、庫本同。宋版作「在城南九井北，晉司馬桓公所鑿，在縣一十里」，此「皆」爲「北」字之誤，據改。

〔二三〕昔宋武帝與羣臣會于此山　「武」，底本脱，萬本、庫本同，據宋版補。

〔二四〕今俚人猶呼之　「俚」，底本作「里」，萬本、庫本同，據宋版改。

〔二五〕東北六十五里　元豐九域志卷六太平州蕪湖縣：「州西南六十五里。」按宋太平州治當塗縣，即今安徽當塗縣，蕪湖縣即今蕪湖市，在當塗縣西南。本書所記縣址同九域志，以州而言，則此「東北」應作「西南」。

〔二六〕畜水非深而生蕪藻　「非」，底本作「濘」，萬本、庫本同，據宋版、中大本及永樂大典卷二二六六引本書改。

〔二七〕其實爲江津之要　底本「要」下衍「區」字，據宋版、萬本、庫本及永樂大典卷二二六六引本書删。

〔二八〕皇朝隸太平州　「皇朝」，底本作「今」，據宋版、萬本、庫本及永樂大典卷二二六六引本書改。

〔二九〕宜春縣　「宜春」，底本作「宣城」，萬本、庫本同，據宋版、中大本及輿地紀勝太平州引晏公類要改。

〔三〇〕東北一百六十五里　元豐九域志太平州繁昌縣：「州西南一百六十五里。」按宋繁昌縣在今繁昌縣西北舊縣，位於太平州西南。本書所記縣址同九域志，以州而言，則此「東北」應作「西南」。

〔三一〕在南陵之西南大江　按宋繁昌縣在今繁昌縣西北舊縣，位於長江南岸，地處南陵縣（即今南陵縣)之西北,此「西南」疑爲「西北」之誤。

〔三二〕禱祈有應　「禱祈」,底本作「祈禱」,據宋版、萬本、庫本乙正。

〔三三〕磕山至去縣一十五里　「有石」,萬本、庫本同;宋版無此二字,嘉慶重修一統志太平府引本書同,又云:「按寰宇記於南陵縣(按屬宣州,見本書卷一〇三)載戰鳥山云,本名孤圻山,又名靈山,於繁昌縣别載靈山,而於磕山下云舊名孤圻山,自相違戾,又云在縣南,亦非。舊志以靈山之文,注於磕山下,而改磕山爲靈山,當有所據。」

〔三四〕黄武三年封韓當爲石城侯　按三國志卷五五吴書韓當傳:「黄武二年封石城侯。」輿地紀勝卷二二池州引本書亦作「二年」,此「三」爲「二」字之誤。

〔三五〕故名爲貴池　「故」,底本脱,據宋版、萬本、庫本及太平御覽卷一七〇引輿地志補。

〔三六〕一作艽　宋版、萬本、庫本皆無此三字,非樂史原文。按舊唐書卷一三二、新唐書卷一四七皆列有李芃傳,作「艽」者,誤。

〔三七〕西北至長安三千四百一十里　「三」,底本作「二」,萬本、庫本同,據宋版改。元和郡縣圖志卷二八:池州,「西北至上都取宣州路三千四百一十里。」按唐上都,即長安。

〔三八〕北至大江中流二十里與舒州桐城縣分界　「縣」,底本脱,據宋版、萬本、中大本、庫本補。

〔三九〕杜荀鶴至湯悦貴池人　宋版、萬本、庫本皆無,蓋非樂史原文。按舊五代史卷二〇梁書杜荀鶴傳云池州人，與此云石埭人不同。

〔四〇〕鐵紙　宋版、萬本、庫本皆無，傳校删，蓋非樂史原文。

〔四一〕魚穴　宋版、庫本缺，萬本作「魚穴山」。

〔四二〕故此山獨秀異　「山」底本無，據宋版、萬本、庫本及傳校補。

〔四三〕桂柏森聳　「桂」，底本作「檜」，據宋版、萬本、庫本及傳校改。

〔四四〕三國志至徙于丹陽　按三國志卷四八吴書三嗣主傳：孫休，「太元二年正月封琅邪王，居虎林。四月，權薨，休弟亮承統，諸葛恪秉政，不欲諸王在濱江兵馬之地，徙休於丹陽郡。」同書卷六一吴書陸胤傳：「永安元年，徵爲西陵督，封都亭侯，後轉在虎林。」則三國志作「虎林」。輿地紀勝池州：虎林城，「寰宇記以爲武林城」。此「丹陽」下宜有「郡」字。

〔四五〕孫休　按本書上文已記述「孫權封子休爲琅邪王，鎮武林城」，此不應再叙孫休爲武林都督，嘉慶重修一統志卷一一八池州府引本書作「其後陸胤、何邈並爲武林城都督」，此「孫休」，蓋爲衍文。

〔四六〕在縣西北四十里　「西北」，嘉慶重修一統志卷一一八池州府引本書同，萬本、庫本作「北」，輿地紀勝池州引本書作「東北」。

〔四七〕乃遷在石城置　中大本、庫本作「乃于古石城置」，傳校改同。萬本作「乃于古城右置」，當誤。

〔四八〕在縣北二十五里　萬本作「縣西三十里」；中大本作「在縣北二十五里」，傅校改同。

〔四九〕山連接九華其山層峯若冠幘之狀因名　按輿地紀勝池州引本書作「南與九華相接，巍峨六峯，儼如冠幘，因名」。

〔五〇〕今復舊名　按本書上文載，唐至德二年置至德縣，五代吴順義初改名建德縣，此云「今復舊名」，復「唐至德縣名」，而本書仍列目建德縣，自相違戾。宋史卷八八地理志四：建德縣，「唐至德縣，吴改。」則此「今復舊名」屬衍文。

〔五一〕舜井城在縣南四里舊傳帝堯南巡至此城　「帝堯」，萬本、中大本、庫本皆作「帝舜」。元和郡縣圖志卷二八池州至德縣：「堯城，在縣南四百里。舜城，在縣北二十里。舊傳兩帝南巡至此。」嘉慶重修一統志池州府：「寰宇記脱去堯城，而以縣南者爲舜城，恐誤。」

〔五二〕在縣北三里　元和郡縣圖志作「在縣北三十里」。

〔五三〕大共嶺　「共」，萬本作「洪」。嘉慶重修一統志卷一一八池州府：「大洪嶺，在石埭縣西南一百三十里。」此「共」蓋爲「洪」字之誤。

〔五四〕並載拽船于埭上過　萬本、庫本同，中大本「並」下有「減」字，於文義合，此蓋脱。

〔五五〕陵陽城　底本作「楊城」。按漢置陵陽縣，屬丹陽郡，續漢書郡國志四丹陽郡陵陽縣注：「陵陽子明得仙於此縣山，故以爲名。」所謂陵陽縣山，指陵陽山也，即本書上文所云在石埭縣北三里之陵陽山。輿地紀勝池州引本書云陵陽城「石埭縣東北二里」，嘉慶重修一統志卷一一八池州府引本書同，此「楊城」爲「陵陽城」之訛，據以改補。萬本作「故鄣郡」，按秦置鄣郡，治故鄣縣，在今浙江安吉縣西北，與此無涉，實誤。

〔五六〕景帝時改爲古鄣郡　據吴增僅三國郡縣表，吴景帝時，陵陽、故鄣兩縣屬丹陽郡，皆不「改爲古鄣郡」，吴大帝孫權、會稽王孫亮、末帝孫皓時並同，此誤。

〔五七〕晉咸康四年置州城時帝杜皇后諱陵遂改爲廣陽縣　「咸康四年」，底本作「太康三年」，萬本、庫本同；「皇」，萬本、庫本同，底本作「太」；「陵」，底本作「楊」；「廣陽」，底本作「南陵」，萬本、庫本同。按水經沔水注：陵陽縣，「晉咸康四年改曰廣陽縣。」晉書卷三二后妃傳下：成恭杜皇后諱「陵」，「改宣城陵陽縣爲廣陽縣。」宋書卷三五州郡志一：「廣陽令，漢舊縣曰陵陽，子明得仙於此縣山，故以爲名。晉成帝杜皇后諱『陵』，咸康四年更名。」此「太康三年」爲「咸康四年」之誤，「太」爲「皇」字之誤，「楊」爲「陵」字之誤，「南陵」爲「廣陽」之誤，並據改。又「置州城」，有誤，或衍文。

〔五八〕□□　庫本闕同，萬本此及下文並闕。按本書石埭縣序云：梁大同二年置石埭縣，「陳滅，廢，遂以石埭併入南陵。」陳滅於隋開皇九年，與本條下文「隋開皇九年廢」合。讀史方輿紀要卷二七石埭縣：「石埭故城，縣西一百四十里。」亦與本條下文「在縣西一百四十里」相符，則此缺者蓋爲「石埭故城」四字。

〔五九〕空青　萬本、庫本作「青鐵」。

〔六〇〕銅山　萬本、中大本、庫本並無此兩字。嘉慶重修一統志池州府引本書作「銅官山」。

〔六一〕南一百里　輿地紀勝池州東流縣：「在州西一百八十里。」按宋池州治貴池縣，即今安徽貴池縣，東流縣即今東至縣西北東流鎮，位於貴池縣西南一百八十里，正合輿地紀勝記載，此「一百」下蓋脱「八十」兩字。

〔六二〕歷山在縣東三十里　「歷山」，底本空缺，萬本、中大本皆脱，據庫本、嘉慶重修一統志池州府引本書補。「三十」，庫本同，嘉慶重修一統志引本書作「二十」。

太平寰宇記卷之一百六

江南西道四

洪州　筠州

洪州

洪州，豫章郡。今理南昌縣。禹貢揚州之域。星分翼軫。秦秋時吴地。戰國屬楚。秦爲九江郡。漢爲豫章郡。高帝五年立吴芮爲長沙王，以豫章之地屬焉。〔一〕今南康、廬陵、宜春、鄱陽、臨川、潯陽、豫章，盡屬豫章郡。芮爲長沙王，兼得其地。漢書云：「故衡山王吴芮從百越以佐諸侯，〔二〕伐秦有大功，諸侯立爲王。項羽侵奪其地，而謂之番君。」〔三〕豫章記：「太康中，望氣者云『豫章、廣陵有天子氣』，故封愍懷太子爲廣陵王，領鎮軍以鎮豫章。後永興中，懷帝遂以豫章王登天位。」東晉嘗置江州于此。〔四〕宋、齊以後，並爲豫章郡。隋平陳，罷郡爲洪州。煬帝初廢州，又爲豫章郡。唐武德五年平林士弘，置洪州總管府，管洪、饒、撫、吉、虔、南平六州，分豫章置鍾陵縣，洪州領豫章、豐城、鍾陵三縣；八年廢孫州、南昌州、米州，以南昌、建昌、高安三縣來屬；尋省鍾陵、南昌二縣入豫章。貞觀二年加洪、饒、撫、吉、虔、袁、江、鄂等八州。顯慶四年督饒、鄂等州。洪州舊領縣四，永淳二年置新吴縣。長安四年置武寧縣，又督洪、袁、吉、虔、撫五州。天寶元年改爲豫章郡。乾元元年復爲洪州。

元領縣四。今七：南昌，新建，新置。豐城，分寧，靖安，奉新，武寧。二縣割出：高安，爲筠州。建昌。入南康軍。

州境：東西一千六百一十五里。南北一千一百五十六里。

四至八到：西北至東京二千三百二十里。西北至西京二千二百七十里。〔五〕西北至長安三千八百里，取隨州路二千七百五里。東至吉州陸路五百二十里。〔六〕東至衢州界一千四百里。南至吉州界五百三十里。西至潭州界，隔山不通，陸路取袁州至潭州總一千二百里。北至宣州一千七百里。東南至撫州二百二十里。西南至袁州五百二十五里。西北至江州二百二十五里。〔七〕東北至饒州水路四百四十里。

户：唐開元户一十五萬五千五百。皇朝户主七萬二千三百五十，〔八〕客三萬一千一百二十八。

風俗：豫章記云：「地方千里，水陸四通，風土爽塏，山川特秀。奇異珍貨，此焉是出，〔九〕奥區神皋，處處有之。嘉蔬精稻，擅味于八方，金鐵篠蕩，資給于四境。沃野墾闢，家給人足，畜藏無缺，故穰歲則供商旅之求，饑年不告臧孫之糴。人食魚稻，多尚黄老清淨之教，重于隱遁，蓋洪崖先生、徐孺子之遺風。」

姓氏：豫章郡五姓：熊、羅、雷、湛、〔一〇〕章。

人物：徐穉，字孺子，豫章南昌人。太守陳蕃在郡，唯設一榻禮之。雷次宗，南昌人，入廬山事慧遠，〔一一〕隱退。胡勃。豫章人。〔一二〕

土産：蠟，甘橘，葛布，絲布，羅漢菜，笋，出西山佳。〔一三〕梅煎，唐開元二十五年，都督韓朝宗以梅煎難得，取乳柑代。今並停。黄精。西山出。〔一四〕

南昌縣，舊二十八鄉，今一十四鄉。漢南昌縣地，屬豫章郡。隋平陳，改爲豫章縣，以郡名邑。唐寶應元年六月改爲鍾陵縣，因山爲名。貞元中又改爲南昌。按豫章記云：「漢高帝六年，大將軍灌嬰所築。城有六門，南二門，一曰南門，二曰松陽門。」又云：「昔松陽門有大樟樹，高十七丈，四十五圍，枝葉扶疏，庇蔭數畝。先是樟樹並枯，永嘉中，一旦華茂，晉以爲中興之祥。」

釣磯山，在城西北十里。廣百步，水四繞，云洪崖先生釣遊處。

雲蓋山，在城西五十里。下有龍壽禪院。

上天峯，在城西北七十里。其下泉石交勝。

逍遥山，在城西南八十里。道家第四十福地。山有許旌陽玉隆宫。

吴城山，在治東北一百八十里，臨大江。

吉州山，在城西北一百九十里。與松門山相對，其上居民，云是秦時移此。

大球山，在城西南七十里。雄特若獅踞，與小球山相連。

天寶洞，在城西八十里。西山最勝處，洞門有石泉，狀如水簾。〔一五〕

南昌山，在縣西三十五里。高二千丈，周迴三百里。南昌、建昌、新吴三縣迤邐相接。吴王濞鑄錢之所，時有夜光，遥望如火，以爲銅之精光。梁志：「豫章有銅山，山中有洪井，飛流懸注，其深無底。山有洪崖先生煉藥之井，亦號洪崖山，有石臼存。」

松門山，在縣北，水路二百一十五里。其山多松，遂以爲名。北臨大江及彭蠡湖。山有石鏡，光明照人。〔一六〕謝靈運入彭蠡湖口詩云：「攀崖照石鏡，牽葉入松門。」

鶴嶺。豫章記云：「鸞岡西有鶴嶺，昔王子喬所降，〔一七〕經過于此。」

風雨山。豫章記云：「山高水湍，激着樹木，因飛散遠灑，〔一八〕如風雨數里。中通洪崖先生井。」

上繚水，西自建昌界入。水經注云：「因其水經海昏縣，謂之上繚水，又謂之海昏江，分爲二水。」

風雨池，在州西北七十七里。按雷次宗豫章記云：「洪井北有風雨池，在西山最高頂。」四面山巖，人跡罕到。州有亢陽，嘗祈有應。

東湖。按雷次宗豫章記云：「州城東有大湖，北與城齊，隨城迴曲至南塘，水通章江，〔一九〕增減與江水同。後漢永平中，〔二〇〕太守張躬築塘，以通南路。宋少帝景平元年，太守蔡興宗于大塘之上，〔二一〕更築小塘，以防昏墊，兼遏此水，令冬夏不復增減，水清至潔，而衆鱗肥美。」

宫亭湖，在州北，水路三百四十三里。湖西有宫亭神，能分風上下，是以劉删泛宫亭湖詩云：「迴流乘派水，舉帆逐分風。孤石蒼波裏，匡山苦霧中。」〔二二〕

擔石湖，在州東北，水路屈曲二百六十里。其湖水中有兩石山有孔，如人穿擔狀。古老云壯士擔此二石置湖中，因以爲名。

龍沙，在州北七里。一帶江沙甚白而高峻，左右居人時見龍跡。按雷次宗豫章記云：「北有龍沙，堆阜逶迤，潔白高峻而似龍形，連亘五六里。舊俗九月九日登高之處。」

石頭渚。晉太守殷羨，建元中爲豫章太守，去，郡人多附書一百餘封，行至江西石頭渚岸，以書擲水中，咒曰：「沈者自沈，浮者自浮，殷洪喬非是致書郵。」故時人號爲投書渚。」

蛟井，在縣西南四里。俗號横泉井，蓋許旌陽除蛟龍爲害之所。

金鐘湖，在西山天寶洞上，周廣三丈。唐則天賜天師萬振金鐘玉磬，後遺湖中。

蓼洲，在城西一里。二洲相並，水自中流入章江。有民居數百家。一名谷鹿洲，酈道元注水經云「贛水又逕谷鹿洲」，即此。又名軥䑳洲，〔三〕云是吕蒙作句鹿大艑處。

南浦，在城門外。

洗馬池。云是漢灌嬰飲馬處。

石臼池。有石如臼，相傳許旌陽擣藥處。

沙井，在城門外石頭津上。許旌陽有「江沙掩井，吾道復興」之讖，因名。

黄源，在城西南五十里簫峯下。縈流六十里，合蜀水，入象牙潭。

青雲浦，在城南十五里。産異花，名「七里香」。有梅仙祠。

黄牛洲，在城西南十里。相傳許旌陽逐蛟至此，化爲黄牛。

鹿井，在城西南七十里。井在溪中，溪涸，井乃見紫石，其色光瑩。石罅中清泉時出

以烹茗，輒成紫色。昔有羣鹿飲其中，故名。〔二四〕

王喬壇。按雷次宗豫章記云：「西山中峯最高，頂名鶴嶺，即王子喬控鶴經過之所。」壇在鶴嶺之側，雲景鮮美，草木秀潤，異于他山。山側有古控鶴鄉，在縣西八十三里。

葛仙壇，在州西北三十二里，西北小峯之側。今山上秀木茂草，色蒼氣鬱，〔二五〕殊異于他處。

徐孺子臺，在州東南二里。輿地志云：「臺在縣東湖小洲上，郡守陳蕃所立。」

劉繇城，在縣東北三十八里。蓋孫策畧地于曲阿，攻揚州，〔二六〕刺史劉繇敗奔豫章，築城自保。今人號爲劉繇城。

齊城，在州東，陸路二十里。又按輿地志云：「吴大帝太元二年立孫奮以爲齊王，都武昌。諸葛恪執政，徙奮居于此。」

椒丘城，在州北，水路屈曲一百四十八里。按雷次宗豫章記云：「建安四年，孫策起兵，破劉勳于尋陽，軍欲謀取豫章，〔二七〕太守華歆所築也。」

寫韻軒，在城南門外。唐太和末，吴綵鸞寫韻之處。

會仙亭，在城西七十里翔鸞岡。云是唐文簫遇彩鸞處。歐陽拾遺書堂，在郡西翔鸞洞側。唐歐陽持棄官隱此。

太史慈墓，在縣南；縣西磐山有太史城，皆其用武地也。年四十一卒，葬于此。

平南將軍温嶠墓，在城南。按晉書：「温嶠葬豫章。」

琉璃寺。晉建武元年得琉璃佛像，詔建寺奉之，名琉璃寺。唐咸通二年因延慶節奏改名延慶。

應天寺。唐光啟元年建。

繩金塔寺。唐天祐間建塔，相傳掘地得鐵函劍三、金瓶舍利三百。

鐵柱觀。晉仕旌陽令觀左有井，與江水相消長，中有鐵柱，旌陽所鑄，與西山鐵柱共鎮蛟螭之害。

翠巖寺，本名常緣寺，又爲洪井寺。晉雷煥取西山土拭劍，即此地也。

龍興觀，唐建。〔三八〕

昌邑城，在州北，水路一百三十七里。按雷次宗豫章記云：「昌邑王賀既廢之後，宣帝封爲海昏侯，東就國，築城于此。」

何無忌廟，在州南，水路五十里。按晉書：「義熙六年，安成郡公何無忌討盧循，〔三九〕與循黨徐道覆相遇，握節被害而詞色不撓。」後人傷之，故爲之立廟。

梅福宅，在州東北三里。西接開元觀，東西墨池、書堂餘址猶存。〔三〇〕

徐孺子宅，在州東北三里。按洞仙傳云：「孺子少有高節，追美梅福之德，仍于福宅東立宅。」

許子將墓，在州南三里，縣南六里。按雷次宗豫章記云：「劭就劉繇于曲阿，繇敗，隨繇奔豫章，中塗疾卒，〔三一〕因焚屍柩。吳天紀中，〔三二〕太守吳興沈法秀招魂，葬劭于此。」

桓伊冢，晉護軍將軍、江州刺史冢，在州南一十六里。石闕存焉，俯在道側。

鄧粲冢，吳太守冢，〔三三〕在州南二十九里。

胡藩冢，宋太守冢，在州南一十九里。

徐稚冢，在州南一十里。今號白社。

土闕，在縣南三里。按輿地志云：「州城雙南角闕，〔三四〕吳五鳳二年，太守張俊築。高四丈餘。」又按吳興記云：「豫章之闕高，則長沙之虎食人。于濳開南門，則新安虎爲害。」歲月已久，今無其址。

應聖宮，在縣西四十四里，鸞岡西北。洪崖先生舊宅之所，伏龍岡頂，唐肅宗朝供奉山人太芝奏云有異氣，立宮以鎮之。

梅福池，一名風雨池，梅福種蓮池。福歎曰：「生爲我酷，仕爲我梏，〔三五〕形爲我辱，智爲我毒。」于是棄南昌尉，去妻子，入洪崖山，得道爲神仙，後有人或于玉笥山中逢見。今西山有梅君壇，南昌開元觀有梅君堂焉。

龍沙廟。即西漢末太守賈萌也。萌與安成侯張普共謀誅王莽，普反告王莽，收萌而殺之。時人感歎，故爲立廟以祭之。

十二真君宅：許真君、陳真君、施真君、周真君，並居南昌縣水西敦孝鄉，號遊帷觀是也；盱真君亦在遊帷觀側；鍾真君在南昌縣蒙牙江，號丹陵觀；彭真君在宗華觀；黄真君在今祈仙觀；甘真君，豐城縣飛皇觀；曾真君，豐城縣貞陽觀；時真君在遊帷觀；吴真君分寧縣吴仙觀。

新建縣，西二里。十四鄉。南昌縣地，皇朝太平興國六年割南昌水西一十四鄉置新建縣，〔三六〕仍于州城升平里，故僞將林仁肇私第充縣廨署。〔三七〕

豐城縣，南一百三十里。元十六鄉，今十八鄉。漢南昌縣地，屬豫章。按顧野王輿地志云：「後漢建安中，初立富城縣于富水之西，因以爲名。至晉太康元年改爲豐城縣，移于豐水之西，乃以爲名。」梁大通二年分立廣豐、新安二縣，又分廬陵之興平、臨川之新建等二縣，立西寧、巴山二縣，合其縣立爲巴山郡。其郡古跡，在撫州崇仁縣巴山之北。陳初又廢西寧入巴山郡，廢新安入廣豐郡，巴山郡猶管五縣。至光大二年移巴山郡于廣豐縣西二里獨渚水南岸，築立城郭居焉。隋開皇九年廢巴山郡，又併豐城縣入廣豐縣，總屬撫州，其廣豐縣先城池，乃廢巴山郡，隋諱「廣」，改豐城縣。大業二年復廢，隸洪州；十三年，隋季板蕩，林士弘等毁城邑，遂乃廢焉。唐武德五年復立豐城縣。

始豐山，在縣南七十五里。即神仙三十七福地之一。

櫧山，在縣東六十里。產櫧木。有磐石，可坐百人。上有徐孺子讀書臺。〔三八〕

故豐城。豫章記云：「吴末時，恒于此有小赤氣，〔三九〕見于牛斗之間，占者以爲吴方興，惟張茂先以爲不然。雷孔章謂爲寶物精在豫章之城，遂以焕爲令，至縣，掘獄地，深四丈，得玉匣，長八尺，得二劍，並有刻題，一龍泉，二太阿。其日，斗牛間氣不復見矣。焕留一，其一進與張華。華歎曰：『莫耶何復不至！雖然天生神物，似不相離，終當會合。』華遇害，劍飛入襄城水中。焕死，其子常以自隨，後爲建安從事，經淺瀨溪，劍忽于匣中躍出，入水則爲龍。遣視之，二龍相隨而遊焉。」

磯頭山，在縣北十里，下臨曲江。

赤岡，在縣西北五十里，接新建界。瀕江壁立，土石俱赤。

曲江，在縣東北十里。形如半月，中分三潭，繞岸榆柳成行，水波之媚，如盪碧金。

蓮花湖，在縣北五里。流繞縣治前，俗爲腰帶水。

富水，在縣東南一百二十里。源從羅山，流合豐水。

槎溪，在縣南八十里。源出猴峯山，西折經黄金橋，入文江，過黄沙，歷烏石岡，隨地築堰三十餘所，利灌溉。晉范太守甯得靈槎于白石墓，故以名溪。

苦竹洲，在上游十里許。洲多竹。昔陳高祖霸先遣周文育帥師擒歐陽頠，音隗。是此。

劍池，在縣西南三十里。即晉雷焕掘得二劍處。

九子池，相傳鳳皇將九雛飲此。〔四〇〕

豐水，在州南，陸路一百八十里。自豐城縣東南坯山所出也。

朝斗壇，在縣西北岸十里。有古松丹井。古老云漢梅福築以朝斗。

讓栗堂。云浮丘公與王郭昏夜食栗相讓，因名。〔四一〕

分寧縣，西北六百里。舊六鄉，今十鄉。武寧縣地，按邑圖云：「本當州之亥市也，其地凡十二支，周千里之内，聚江、鄂、洪、潭四州之人，去武寧二百餘里，豪富物産充之。唐貞元十六年置縣，以分寧名之。」

旌陽山，在縣東一里。獨立峻秀，烟雲迴泊，旌陽許君曾遊，故以爲名。

雞鳴峯，在縣西五里。青嵐峭絶，上無人跡。每聞雞鳴，狀若天鷄之類，古老相傳，是名雞鳴峯。

幕阜山，在縣西二百九十里。高一千餘丈，周迴一百二十里。按吴書云：「劉表從子磐爲寇于艾、西安，〔四二〕吴乃分海昏、建昌左右六縣，以太史慈爲建昌都尉，督諸將拒磐于此山」，置營幕，乃名焉。山上有石，名繫舟峯。有列仙壇、匯沙池、芙蓉池、海棠洞、仙人洞。其東爲青龍山，昔有禪師駐錫于此，能馴猛虎，里人結庵奉之。晉葛洪著山記一卷。〔四三〕

血樹山，在縣西南二百八十里，與潭州瀏陽縣分界。山多血木，故以爲名。

巉巖山，在縣西七十里。山有四十餘穴。每天晴，穴内風出，子、午、卯、酉時尤盛。〔四四〕

鹿源山，在縣西八里，與瀑布水相去一里。源上有九峯，高聳峭直，宛轉迴顧，勢似相揖。〔四五〕古老相傳昔有仙人嘗乘白鹿出入其間，故以爲名。

瀑布水，在縣西七里。其水從雞鳴峯西流出修水北岸石上，飛流直下三十餘丈。〔四六〕

修水，在縣南二百二十步。按水經注云「修水出艾縣西」，〔四七〕東流屈曲六百三十八里，〔四八〕出建昌城，一百二十里入彭蠡湖是也。

鶴源水，在縣東北七十里。冬夏不絶，田疇賴之。嘗有羣鶴飲集，故時人相傳呼之爲鶴源。〔四九〕

冷煖二水，在縣西二百八十里黄龍山下。〔五〇〕冷、煖二泉同出，相去數尺。

石柱，在縣西南二百里郁江口。風俗相承呼爲「南山神石」。周迴二百五十步，四面如削成。柱下有神，頗有靈驗。

西平縣故城，在縣西二百九十七里。按漢書云：〔五一〕「鄧通，西平人。」即此縣也。隋省。

西安縣故城，在縣西二十里。按古今志云：「漢獻帝建安中置。」隋開皇元年廢。〔五二〕

古艾城。後漢劉陵，豫章艾縣人，是此地。陵爲侍中，車駕出祠南郊，上升輦欲卧，陵跪曰：「陛下爲萬乘主，升車不正立，雖早欲寢，不當上爲天地神靈所鑒，〔五三〕下爲萬姓所覲耶！」上有愧色，曰：「敬受侍中之言。」人爲立祠。

石侯祠，在縣西一十五里。石高峻，仰之眩目，云盧君弟所理也。搜神記云：「武寧縣有女戴氏，〔五四〕久疾，出覓藥，見一石立似人形，禮之曰：『汝能令我疾差，吾當事汝。』因感夢曰：『吾當祐汝。』寤而遂差，因立祠。」今猶存焉。

靖安縣，西一百六十里。元五鄉。建昌縣地，唐廣明之後，草寇侵掠本州，以靖安、孝悌兩鄉去縣稍遠，乃于此置鎮。至僞吴乾貞二年升爲場。僞唐昇元年中改爲縣，取靖安鄉以名縣，相次又析建安、奉新、武寧等三縣鄰近三鄉以實焉。〔五五〕

桃源山，在縣西北四十里。勝景如武陵，上有仙姑壇及龍鬚、藥臼等九洞。其水注下，南與毛竹磔水合。又山上有寶峯院，唐權德輿碑記。

吴憩山，在縣北五里。相傳吴猛嘗憩此。鄰有繡谷山，一名幽谷山，山半瀑布如練。

葛仙山，在縣西北二十三里。云即葛洪也，上有葛仙菴、練丹壇。嶺有金鐘，每遇風雨晦暝則有聲。

洪屏山，在縣北七十里。四壁削立，水咽石逼，凛然可畏，路止一線而上。

諶母峯，在縣北十里。桃花夾徑。相傳許旌陽會諶母于此。其相對者，有曹仙洞白雲峯，二峯狀如丫髻，天將雨，則其巔出雲。

寶蓮峯，在縣北四十里。唐釋馬道一卓錫之地。貞元四年于此建骨塔。

法藥井。相傳馬祖道一鑿泉出水，以救疫者。今井在法藥院内。

石掌灘，在縣西四十里。水出桃源山，南流五里，入雙溪。〔五六〕

奉新縣，西一百五十里。舊九鄉，今十鄉。漢南昌縣地，後漢靈帝置新吴縣。隋平陳，又廢。

永淳二年又置。僞唐割據江南，改爲奉新縣。

藥王山，在縣西北五十里。山上有藥王廟，因以名之。其山盤險而上，及其頂，平闊二十里。其中有湖水，澄深無底，湖岸四時花木芳濃，風景異于他處。

大雄山。上有吴猛修道處。此山雄傑葱秀，不與羣山鄰，因以名之。在縣西二百一十里也。〔五七〕又名百丈山，以水倒出，飛瀉千尺也。唐宣宗潛遊至此賦詩。〔五八〕

投龍洞，舊名浮丘石室，乃浮丘遊憩處。明皇于此投金龍，因名。〔五九〕

華林山，在縣西南五十里。昔浮丘公隱居之所。今南峯號爲浮丘領。吴猛于此山立壇，基址臨道。其山三峯聳峻，高險危秀，周迴百里。

晏嶂山，在縣西南八十里。層巒聳拔，四面如屏。山南有劉仙巖，相傳晉劉道成修煉之所。

虬嶺，在縣東南二十里。半入高安。上有漢劉繇廟。嶺有風洞，闊二丈許，風常出焉。

李八百洞，在縣南三十里。洞口甚隘，只可側身入，行數十步，漸高敞，其深莫測。相傳異人李真隱此，自稱八百歲。唐開元初孫天師智諒于此藏道書，又名孫天師石室。

鎮蛟石。相傳許、吴二人逐蛟入穴，以巨石書符鎮之。今在延真觀内。

龍溪水，在縣西二十里。源出藥王山，流經縣界南，合馮水。梁天監中于此獲四目龜。

丹井。相傳劉道成練丹所，今在昭德觀。〔六〇〕

馮水。漢因遷江東馮氏之族于海昏西里，賜之田，曰馮田，〔六一〕水因名之。

藏溪橋，在縣西二十里。長五丈五尺，許遜斬蛟之所。其蛟入穴，遜以片石書篆文鎮穴口，〔六二〕今見在。

陽烏橋，在縣東三十里。連綿五橋相續，橫截川源。嘗有羣烏棲集此側，是以村、館俱名陽烏，而橋亦名之。

太史城，在縣西四十里。後漢末，太史慈創置。周迴三里，西南有城角山，東南有盤山，北枕江水，其地險固，基址尚存。

余城，在縣西一十五里。梁書云：「于慶入洪州，進攻新吳縣，余孝頃起兵拒之，〔六三〕因築此城，」周迴三里一百五十步。

武寧縣，西北三百六十里。元十鄉。〔六四〕古西安縣也，後漢建安中分海昏縣立西安縣。至晉太康元年改爲豫寧。宋書「王僧綽封豫寧侯」，即此縣。陳武帝初割建昌、豫寧、艾、永修、新吳等五縣，立爲豫寧郡，屬江州。隋平陳，廢郡，置洪州。因廢豫寧郡，割艾、永修、新吳、豫寧等入建昌，并隸洪州，爲總管府。至長安四年分建昌置武寧。景雲元年又改豫寧。寶應元年以犯御名，改豫章爲鍾陵，豫寧依舊爲武寧。

柳山，在縣西南四十里。孤峯秀拔。唐柳渾嘗隱此。

魯溪山，在縣北七十里，山枕魯溪。上有石屋石田，形狀不一，相傳劉真人修鍊處。

九宫山，在縣西北一百八十里。上有瀑布，下有温泉。相傳有九龍降于池，故名。

紫鹿岡，在縣東三十里。

雷洞，在縣南八十里。洞中嘗有雷起，人不敢入。

修醴水，在縣西四十里。源出大孤山，入修水。

義溪，在縣西一百里。源出西港。昔有周姓七世同居于此，故名。

三洪灘，在縣東七十里。亂石縱横，舟過最險。〔六五〕

故吴真人宅。晉吴猛，字世雲。晉書藝術傳云：「吴猛者，洪州武寧縣人也。〔六六〕六歲有孝行，夏月未嘗驅蚊，恐其去己而噬親也。年四十，邑人丁義始授其神方。因還洪州，江波甚急，猛不假舟楫，以白羽扇畫水而渡，觀者異之。庾亮爲江州刺史，〔六七〕嘗遇疾，聞猛神異，乃迎之，問己疾如何？猛辭以算盡，請具棺服，旬日而終。未及大斂，遂失其尸，識者以爲亮不祥之徵。亮疾果不起。」

筠州

筠州，理高安縣。今州城，即漢之建城縣，屬豫章郡。唐武德五年，安撫使李大亮宣慰江南，乃于此置靖州，復析建城縣置望蔡、宜豐等縣以隸焉，仍改建城縣爲高安縣；至七年改靖州爲米州，又改爲筠州，以地産筠篁爲名；八年州廢，其望蔡等縣卻還高安。〔六八〕僞唐保大十年再置筠州高安、上高、萬載、清江等四縣。

元領縣五。今四：高安，清江，上高，新昌。一縣割出：萬載。入袁州。

州境：東西四百八十五里。南北一百七十里。

四至八到：新置州，未有至二京及長安里數。東至洪州一百五十里，水路二百四十里。西至潭州四百三十里。〔六九〕南至吉州三百三十里。北至洪州奉新縣一百五里。東南至洪州豐城縣一百三十里。東北至洪州南昌縣一百五十五里。西北至洪州武寧縣五百九十里。西南至袁州新喻縣三百二十里。

户：唐開元户、長慶户載洪州籍。皇朝户主二萬九千三百九十六，客一萬六千九百三十三。

風俗：同洪州。

人物：無。

土産：貢南燭子，南燭花出調露，黎源茶，〔七〇〕烏蘗，出烏峯，故名。〔七一〕薯蘗，〔七二〕土硃，〔七三〕牛尾狸，黄雀兒鮓，紫竹，小而勁直。羊桃。〔七四〕

高安縣，舊二十鄉，今十一鄉。本建城縣，雷次宗豫章記云：「漢高帝六年置，隸豫章。以其創建城邑，故曰建城。」後漢靈帝析建城置上蔡縣。顧野王輿地記云：〔七五〕「汝南上蔡人分徙于此，孫吴又置陽樂、宜豐二縣。〔七六〕晉武帝太康元年以上蔡人思本土，改爲望蔡縣。」又陽樂縣，因改爲康樂縣。隋開皇九年廢望蔡、康樂、宜豐縣歸建城。唐武德五年于此立靖州，又以建城避隱太子諱，故改爲高安；七年改靖州爲米州，又爲筠州；八年廢望蔡等縣，還高安。僞唐再置筠州，爲郭下縣。

羊山。宋永初山川記云：「縣西有羊山。山上有燃石，黄白而理麄，〔七七〕以水灌之便熱若石炭，以鼎置上，烹煮可熟。」又曰：「艾縣有熱泉，泉如湯，以生物投之即爛。」

敗伏山，在縣西南一百一十里。古老相傳陳武帝自下勝敵，轉戰至此山，又破賊伏軍，〔七八〕百姓思之，因以爲號。

龍化山，在城西南上蔡門外。東晉時，有龍于此乘雲化去，故名。

白鶴山，在城西北七十里。東晉時，仙姑丁秀英乘鶴飛昇。上有白鶴觀。

荷山，在城南二十五里。其前爲琴嶺。

釣山，在城南三十里。山有劉仙翁洞。

李家嶺，在城西北六十里。下有石洞，可避寇。又有插天石，形如筍，高七八丈。

春洞，在城後碧落山。每遇立春日，陽氣吹灰出外，以雞鵝毛貯其中，輒軒舞而出。

迷仙洞，一名李八百洞，與奉新李八百洞相通。

鐘口江，在城南三十七里。源出荷山，入錦江。梁時，人于此獲古鐘，九乳，形制奇古，因以名江。

平湖，在城南十五里。有鷺橋、鵝峯。又南五里，有珠浦。相傳丁、王二仙遺珠于此。

藥湖，在城西南二十五里。相傳吕仙曾遺丹，故湖蛙不鳴。

劍池。仙人李八百淬劍于此。中産白蓮。〔七九〕

八疊山，在縣西北，去縣三百二十里。其山盤曲，疊嶂縱横，斷而更興，因以爲名。

米山，在縣北四十里。山有神靈，能興雲雨，著在祀典，歲時祈禱。

蜀水，在縣北三里。按漢書地理志云：「蜀水，源出縣内小界山，東流五百九十里，入南昌縣，與章水合。」〔八〇〕耆老傳云：「仙人許遜爲蜀旌陽縣令，有奇術。晉末，人皆疾癘，多往蜀詣遜請救。遜與器水，投于上流，疾者飲之，無不愈也。邑人敬其神異，故以蜀水爲名。」又舊圖經云：「顯慶四年，漁人于蜀水江中網得一青石，長四尺，闊九寸，其色光潤，異于衆石。懸而擊之，内有清音，鳴聲清越。都督表送納于瑞府。」

豐城縣，在州西一百五十里天寶鄉。其縣吴大帝自上蔡縣分置。唐武德五年屬靖州，八年廢州及縣。〔八一〕今城基在靖州。

華陽縣城，在州西四十里。唐武德五年改建城爲高安，置靖州，並立縣，八年廢州及縣，〔八二〕有古城在。

陽樂縣城，在州西北八十里義均鄉。吴大帝時始于上蔡縣管分置。唐武德五年屬靖州，八年廢。

謝山，在縣西北一百里。〔八三〕謝仙君上昇之處。奇峯怪石，丹竈履跡猶在。上有真祠，祈禱皆應。

康樂縣故城，在縣東北四里。宋武帝二年封臨川内史謝靈運爲康樂侯就第，即其地也。其城外周迴山水，謝公無不遊宴。有書臺，石硯猶存。

敖嶺，在縣北三里。敖真人得道之所。有敖真人煉丹之跡在。

祈仙觀，在縣東北二十五里。晉元康六年，道士黄輔全家上昇之宅。

雲棚城，在州北。唐應智頊屯兵地。

金沙臺，在州東南二里。漢長沙王子拾建。

淵明故里。圖經云：「淵明始家宜豐，後徙柴桑。」宜豐，今新昌也。〔八四〕

清江縣，東南一百二十里。三鄉。本吉州蕭灘鎮，僞唐昇元年中以其地當要衝，升爲清江縣，以大江清流爲名，仍析高安之建安修德兩鄉、吉州新淦之易陽一鄉以實焉。

上高縣，西一百里。五鄉。本高安之上高鎮，以地形高上，故曰上高。僞唐昇元中立爲場，保大十年昇爲縣，以隸筠州。

新昌縣，西北一百八十里。七鄉。本高安縣管古宜豐縣地鹽步鎮，皇朝太平興國六年以高安縣見管一萬四千五百七十二户，〔八五〕今分太平等七鄉，〔八六〕計四千七百九十六户，于此置新昌縣，從轉運司之奏請也。

卷一百六校勘記

〔一〕以豫章之地屬焉　史記卷九一黥布列傳：漢五年，「布遂剖符爲淮南王，都六，九江、廬江、衡山、豫章郡皆屬布。」則漢高帝五年時，豫章郡屬淮南王英布，不屬長沙王吳芮。史記卷一一八淮南王傳：「高祖十一年七月，淮南王黥布反，立子長爲淮南王，王黥布故地，凡四郡。」集解引徐廣曰：「九江、廬江、衡山、豫章也。」是淮南厲王劉長之封域與黥布同。漢書卷一高帝紀：五年詔曰：「其以長沙、豫章、象郡、桂林、南海立番君芮爲長沙王。」西漢政區地理：「其時象郡、桂林、南海三郡實爲南越趙佗所據，只是虚封而已。豫章郡則屬淮南王英布，不得屬吴芮。漢書高帝紀記漢初諸侯王封地亦偶有所誤，如以碭郡、薛郡、郯郡爲楚元王封域，『碭郡』乃『彭城』之誤，其時碭郡實屬彭越梁國；又如齊悼惠王所封當爲七郡，但高帝紀僅記六郡。故頗疑吴芮所封『豫章』乃『武陵』之訛。」

〔二〕衡山王 「王」，底本無，萬本、庫本同。漢書高帝紀：詔曰：「故衡山王吴芮與子二人、兄子一人，從百粵之兵，以佐諸侯，誅暴秦，有大功，諸侯立以爲王。」傅校改爲「衡山王」，此脱「王」字，據補。

〔三〕項羽侵奪其地而謂之番君 原校：「按芮傳：『秦時爲番陽令，故號番君。項羽立芮爲衡山王，高祖徙封長沙。』非羽侵奪其地，而謂之番君也，今記所引漢書，頗爲舛誤。」按本書所謂「項羽侵奪其地，而謂之番君」，引自漢書高帝紀詔書，非引於漢書吴芮傳。

〔四〕東晉嘗置江州于此 宋書卷三六州郡志二：「晉惠帝元康元年分揚州之豫章、鄱陽、廬陵、臨川、南康、建安、晉安，荆州之武昌、桂陽、安成十郡爲江州，初治豫章，成帝咸康六年移治尋陽。」元和郡縣圖志卷二八江州總序謂晉太康十年置江州，理豫章，則江州置於西晉太康，非東晉。

〔五〕西北至西京二千二百七十里　「七十」，萬本、庫本同，中大本作「七十三」。按元和郡縣圖志卷二八洪州：「西北至東都二千二百七十五里。」唐以洛陽爲東都，宋以洛陽爲西京，則此「七十」下或脱「三」，或脱「五」字。

〔六〕東至吉州陸路五百二十里　按本書卷一〇九吉州：「北至洪州五百三十里。」此「東」蓋爲「南」字之誤。又本書下文云：「南至吉州界五百三十里。」元豐九域志卷六洪州：「南至本州界五百二十里，自界首至吉州二百一十里。」此記里數有誤。

〔七〕西北至江州二百二十五里　按本書卷一一一江州：「南至洪州三百二十五里。」元豐九域志洪州：「北至本州界三百四里，自界首至江州二百二十八里。」此記里數有誤。

〔八〕主七萬二千三百五十　「五十」，萬本作「七十五」，庫本作「七十」。

〔九〕此爲是出　「是」，萬本、中大本、庫本皆作「自」。

〔一〇〕湛　萬本、庫本作「諶」，傅校改同，蓋「湛」爲「諶」字之訛。

〔一一〕入廬山事慧遠　「入」，底本脱，萬本同，庫本有；「慧」，底本作「惠」，萬本、庫本同。按宋書卷九三雷次宗傳：「少入廬山，事沙門釋慧遠。」南史卷七五雷次宗傳同，此脱「入」字，「惠」爲「慧」字之誤，據以補改。

〔一二〕胡勃豫章人　萬本、中大本、庫本皆無，蓋非樂史原文。

〔一三〕羅漢菜筍出西山佳　萬本、中大本、庫本皆無，傅校删，蓋非樂史原文。

〔一四〕黄精西山出　萬本、中大本、庫本皆無，傅校删，蓋非樂史原文。

〔一五〕釣磯山至狀如水簾　以上釣磯山、雲蓋山、上天峯、逍遥山、吴城山、吉州山、大球山、天寶洞八條共一六六字，萬本、中大本、庫本皆無，傅校删，蓋非樂史原文。

〔一六〕光明照人　「明」，底本作「可」，據萬本、庫本、輿地紀勝卷二六隆興府、嘉慶重修一統志卷三〇八南昌府引本書、太平御覽卷四八引豫章圖經及傅校改。

〔一七〕王子喬　「子」，底本無，萬本、庫本同，據水經贛水注、太平御覽卷五四、輿地紀勝隆興府引雷次宗豫章記及文選卷一六別賦注引張僧鑒豫章記補。下文「王喬壇」條云「王喬」同補「子」字。

〔一八〕飛散遠灑　「飛」，萬本、庫本作「霏」，同水經贛水注、輿地紀勝隆興府引豫章記。

〔一九〕水通章江　「水」，萬本、庫本同，中大本作「本」，傅校同。按水經贛水注作「本通大江」，此「水」爲「本」字之誤，「章」爲「大」字之誤。

〔二〇〕永平中　輿地紀勝隆興府載同，水經贛水注作「永元中」，未詳孰是。

〔二一〕太守蔡興宗于大塘之上　「蔡興宗」，水經贛水注作「蔡君」。水經注疏：「考宋書蔡廓傳，爲豫章太守，徵爲吏部尚書，不拜，徙爲祠部尚書。太祖入奉大統，廓奉迎。元嘉二年卒。是其爲豫章，恰在廢帝景平時。此所云蔡君即廓也。興宗爲廓子，廓卒時方十歲。則景平元年僅八歲，安得以太守屬興宗耶？興宗後亦無爲豫章事。豫章記誤。輿地紀勝、方輿勝覽作『宋興宗』，尤誤。」

〔二二〕匡山苦霧中　「苦」，藝文類聚卷九引陳劉删汎宫亭湖詩同，初學記卷七引作「若」，傅校改同，疑「苦」爲「若」字之誤。

〔二三〕軥艫洲　按北堂書鈔卷一三八作「軥艫洲」，疑此「軥」爲「艀」字之誤。

〔二四〕金鐘湖至犨鹿飲其中故名　以上金鐘湖、蓼洲、南浦、洗馬池、石臼池、沙井、黄源、青雲浦、黄牛洲、鹿井十條共二六一字，萬本、中大本、庫本皆無，傅校删，蓋非樂史原文。

〔二五〕西北小峯之側今山上秀木茂草色蒼氣鬱　「西北小峯之側」，萬本、庫本作「北小峯之下」；「秀木茂草色蒼氣鬱」，萬本、庫本作「色蒼氣鬱茂草秀木」，傅校改同。

〔二六〕攻揚州　「攻」，底本脱，據萬本、庫本、嘉慶重修一統志卷三〇九南昌府引本書及傅校補。

〔二七〕軍欲謀取豫章　萬本、庫本同，按嘉慶重修一統志南昌府引豫章記無「軍」字，疑衍字。

〔二八〕寫韻軒在城南門外至龍興觀唐建　宋版、萬本、中大本、庫本皆無此寫韻軒、會仙亭、太史慈墓、平南將軍温嶠墓、琉璃寺、應天寺、繩金塔寺、鐵柱觀、翠巖寺、龍興觀共十條二六四字，傅校删，非樂史原文，爲後人所竄入。

〔二九〕安成郡　「成」，底本作「城」，萬本、庫本同。按晉書卷八五何無忌傳贊作「安成」，同書卷一五地理志下作「安成郡」，資治通鑑卷一一四：晉義熙二年，封「何無忌安成郡公」。此「城」爲「成」字之誤，據改。

〔三〇〕東西墨池書堂餘址猶存　「墨」，底本脱，庫本同，據萬本及嘉慶重修一統志南昌府引本書補。

〔三一〕中塗疾卒　「塗」，萬本、庫本及嘉慶重修一統志南昌府引本書作「路」，傅校改同。

〔三二〕吴天紀中　「吴」，底本脱，庫本同，據萬本及嘉慶重修一統志南昌府引本書補。

〔三三〕吴太守冢　萬本同，庫本作「吴興太守冢」，未知孰是。晉書卷八二鄧粲傳：長沙人，「並不應州郡辟命。」此疑誤。

〔三四〕州城雙南角闕　萬本、庫本同，輿地紀勝隆興府引輿地志作「州城南角雙闕」，蓋此「雙南角闕」爲「南角雙闕」之誤。

〔三五〕仕爲我梏　「梏」，底本作「牿」，據萬本、庫本改。

〔三六〕太平興國六年割南昌水西一十四鄉置新建縣　「六年」，元豐九域志、輿地廣記卷二五洪州同，宋會要方域六之二五、輿地紀勝隆興府引國朝會要皆作「四年」。

〔三七〕故僞將林仁肇私第充縣廨署　「僞」，宋版同；萬本作「唐」，嘉慶重修一統志南昌府引本書同。

〔三八〕樆山至上有徐孺子讀書臺　宋版、萬本、庫本皆無此二十六字，傅校删，非樂史原文，爲後世竄入。

〔三九〕恒于此有小赤氣　底本「此」下「有」上衍「見」字，據宋版、萬本、庫本及嘉慶重修一統志卷三〇九引本書删。

〔四〇〕磯頭山在縣北下臨曲江至九子池相傳鳳皇將九雛飲此　宋版、萬本、中大本、庫本皆無此磯頭山、赤岡、曲江、蓮花湖、富水、槎溪、苦竹洲、劍池、九子池共九條二一八字，傅校删，非樂史原文，爲後世竄入。

〔四一〕朝斗壇在縣西北岸十里至浮丘公與王郭昏夜食粟相讓因名　宋版、萬本、中大本、庫本皆無此朝斗壇、讓粟堂二條四十三字，非樂史原文，爲後世竄入。

〔四二〕劉表從子磐爲寇于艾西安　「安」，底本脱，宋版、萬本、庫本同。三國志卷四九吳書太史慈傳：「劉表從子磐，驍勇，數爲寇於艾、西安諸縣。」據補。

〔四三〕山上有石名繫舟峯至晉葛洪著山記一卷　宋版、萬本、中大本、庫本皆無此五十六字，傅校删，非樂史原文，爲後世竄入。

〔四四〕巉巖山至子午卯酉時尤盛　宋版、萬本、中大本、庫本皆無此二十九字，傅校删，非樂史原文。

〔四五〕勢似相揖　「似」，底本作「若」，據宋版、萬本、庫本及嘉慶重修一統志卷三〇八南昌府引本書改。

〔四六〕在縣西七里其水從雞鳴峯西流出修水北岸石上飛流直下三十餘丈　底本「西」下衍「約」字，脱

「其」、「直」二字，據宋版、萬本、庫本及傳校删補。

〔四七〕修水出艾縣西　「西」，底本作「南」，宋版、萬本、庫本同，據水經贛水注改。

〔四八〕東流屈曲六百三十八里　宋版、萬本、庫本皆無「屈」字。

〔四九〕故時人相傳呼之爲鶴源　「相傳」，底本脱，據宋版、萬本、庫本及傳校補。

〔五〇〕冷煖二水在縣西二百八十里黄龍山下　「水」，底本作「泉」，據宋版、萬本、庫本及傳校改。輿地紀勝隆興府：「冷暖水，在分寧縣西一百八十里黄龍山下。」嘉慶重修一統志南昌府：「冷煖泉，在義寧州西一百八十里黄龍山下。」又載：「黄龍山，在義寧州偏西一百八十里。」按清義寧州，即唐宋分寧縣，今修水縣也，今縣西黄龍山，是也，此「二」蓋爲「一」字之誤。

〔五一〕漢書　嘉慶重修一統志南昌府引本書同，輿地紀勝隆興府引本書作「後漢書」。

〔五二〕隋開皇元年廢　「隋」，底本脱，據宋版、萬本、庫本及輿地紀勝隆興府引本書補。

〔五三〕不當上爲天地神靈所鑒　「神靈」，萬本同；宋版、庫本作「靈」，永樂大典卷八〇九一引本書同。

〔五四〕武寧縣有女戴氏　按搜神記卷四、太平廣記卷二九四引搜神記、北堂書鈔卷一六〇引列仙傳並作「豫章有戴氏女」，與此「武寧縣」不同。

〔五五〕相次又析建安奉新武寧等三縣鄰近三鄉以實焉　底本「以」下衍「爲」字，據宋版、萬本、庫本删。

〔五六〕桃源山在縣西北四十里至石掌灘在縣西四十里水出桃源山南流五里入雙溪　宋版、萬本、中大本、庫本皆無此桃源山、吴憩山、葛仙山、洪屏山、諶母峯、寶蓮峯、法藥井、石掌灘共八條二六六字，傅校删，非樂史原文，爲後世竄入。

〔五七〕在縣西二百一十里也　底本誤作「在縣西百四十里」，錯簡於「大雄山」下，據宋版、萬本、庫本及傅校乙正。

〔五八〕又名百丈山至至此賦詩　宋版、萬本、中大本、庫本皆無此二十三字，傅校删，非樂史原文，爲後世竄入。

〔五九〕投龍洞至因名　宋版、萬本、中大本、庫本皆無此二十四字，傅校删，非樂史原文，爲後世竄入。

〔六〇〕晏嶂山在縣西南八十里至丹井相傳劉道成鍊丹所今在昭德觀　宋版、萬本、庫本皆無此晏嶂山、虬嶺、李八百洞、鎮蛟石、龍溪水、丹井共六條二〇二字，傅校删，非樂史原文，爲後世竄入。

〔六一〕賜之田曰馮田　萬本、庫本及嘉慶重修一統志卷三〇八南昌府引本書同，宋版作「賜之曰馮田」。

〔六二〕許遜斬蛟之所其蛟入穴遜以片石書篆文鎮穴口　「所」，底本作「處」；「篆」下衍「字」，並據宋版、萬本、庫本、嘉慶重修一統志卷三〇九南昌府引本書及傅校改删。

〔六三〕余孝頃　「頃」，萬本及嘉慶重修一統志卷三〇九南昌府引本書同，宋版、庫本作「項」，傅校改同。

〔六四〕元十鄉　「十」，底本作「九」，據宋版、萬本、庫本改。

〔六五〕柳山在縣西南四十里孤峯秀拔唐柳渾嘗隱此至三洪灘在縣東七十里亂石縱横舟過最險　宋版、萬本、中大本、庫本皆無此柳山、魯溪山、九宫山、紫鹿岡、雷洞、修醴水、義溪、三洪灘共八條一六五字，傅校删，非樂史原文，爲後世竄入。

〔六六〕洪州武寧縣人也　按晉書卷九五藝術傳：「吴猛，豫章人也。」據本書武寧縣序，晉名豫寧縣。宋書卷三六州郡志二，晉宋豫寧縣屬豫章郡，此云「洪州武寧縣」，乃唐制，非晉制。

〔六七〕庾亮爲江州刺史　「江」，底本作「洪」，萬本、庫本同，據宋版及晉書藝術傳改。

〔六八〕其望蔡等縣卻還高安　舊唐書卷四〇地理志三高安縣：武德八年廢筠州，省華陽、望蔡二縣，以高安屬洪州。」新唐書卷四一地理志五洪州高安縣：武德八年廢筠州，「省華陽、望蔡、宜豐、陽樂，以高安來屬。」此當爲「其望蔡等縣省，高安卻還洪州」之誤脱。

〔六九〕西至潭州四百三十里　「三」，底本作「二」，據宋版、萬本、中大本、庫本及傅校改。

〔七〇〕黎源茶　「黎」，底本作「紫」，據宋版、萬本、中大本、庫本及嘉慶重修一統志卷三二五瑞州府引本書改。

〔七一〕烏藥出烏峯故名　宋版、萬本、庫本皆無，傅校删，非樂史原文，爲後世竄入。

〔七二〕薯蘂　「蘂」，底本作「蕷」，據宋版、萬本、庫本及傅校改。

〔七三〕土硃　宋版、萬本、庫本皆無，傳校删，非樂史原文，爲後世竄入。

〔七四〕紫竹小而勁直羊桃　宋版、萬本、庫本皆無，傳校删，非樂史原文，爲後世竄入。

〔七五〕輿地記　「記」，底本作「志」，據宋版、萬本、庫本、嘉慶重修一統志卷三二五瑞州府引本書及傳校改。

〔七六〕孫吴又置陽樂宜豐二縣　「孫」，底本作「縣」，據宋版、萬本、庫本改。宋書卷三六州郡志二：「吴孫權黄武中立曰陽樂。」

〔七七〕黄白而理麄　「麄」，底本作「疏」，據宋版、萬本、庫本及嘉慶重修一統志瑞州府引本書改。

〔七八〕又破賊伏軍　「又」，底本脱，據宋版、萬本、庫本及嘉慶重修一統志瑞州府引本書補。

〔七九〕龍化山在城西南上蔡門外至劍池仙人李八百淬劍于此中産白蓮　宋版、萬本、中大本、庫本皆無此龍化山、白鶴山、荷山、釣山、李家嶺、春洞、迷仙洞、鐘口江、平湖、藥湖、劍池共十一條二五九字，傳校删，非樂史原文，爲後世竄入。按輿地紀勝卷二七瑞州荷山引本書云：「在高安北三十里。山有神靈，能興雲雨。」則此荷山云云，乃後世竄改。

〔八〇〕漢書地理志云至與章水合　按漢書卷二八地理志上豫章郡建成縣：「蜀水東至南昌入湖漢。」此引漢書地理志則誤。

〔八一〕豐城縣至八年廢州及縣　舊唐書地理志三、新唐書地理志五並載，洪州領有豐城縣。又新唐書地理志：高安縣，「武德五年以縣置靖州，又置望蔡、華陽、宜豐、陽樂四縣；七年曰米州，又更名筠州；八年州廢，省華陽、望蔡、宜豐、陽樂，以高安來屬。」是唐武德八年廢筠州及望蔡、宜豐等四縣，本書高安縣序云：「武德七年改靖州爲米州，又爲筠州，八年廢望蔡等縣」，是也，故此「豐城縣」乃「宜豐縣」之誤，武德八年「廢州及縣」，乃指筠州及宜豐縣而言，嘉慶重修一統志瑞州府：「按寰宇記有廢豐城縣，在筠州西百五十里天寶鄉，當即宜豐之訛。」所言有據。

〔八二〕八年廢州及縣　「及」，底本作「并」，據宋版、萬本及傅校改。

〔八三〕在縣西北一百里　「西」，底本脱，據宋版、萬本、庫本補。

〔八四〕雲棚城在州北至淵明故里圖經云淵明始家宜豐後徙柴桑宜豐今新昌也　宋版、萬本、中大本、庫本皆無此雲棚城、金沙臺、淵明故里共三條五十二字，傅校删，非樂史原文，爲後世竄入。

〔八五〕太平興國六年　「六年」，文獻通考卷三一八輿地考、宋史卷八八地理志四同，元豐九域志卷六、輿地廣記卷二五皆作「三年」，輿地紀勝卷二七瑞州引國朝會要作「七年」。

〔八六〕今分太平等七鄉　「太平」，萬本、庫本同，宋版作「太和」。

太平寰宇記卷之一百七

江南西道五

饒州　永平監　信州

饒州

饒州，鄱陽郡。今理鄱陽縣。禹貢揚州之域。春秋時爲楚境，後迭屬吴、楚。史記云楚昭王時「吴伐楚，取番」是也。秦併天下，爲鄱陽縣地，〔一〕屬九江郡。漢爲鄱陽縣，屬豫章郡。郡城即吴芮爲番君時所築。淮南王安陳伐閩越之利，上書云：「越人欲爲變，必先田餘干界中，〔二〕積食糧，乃入伐材治船。」餘干，即今屬邑也。後漢建安十五年，吴張昭、孫韶、吕範、顧雍等議，以鄱陽土廣人殷，請分置鄱陽、廬陵二郡。〔三〕按初立，理于鄱陽故縣，後徙理吴芮故城，即今州也。歷晉、宋、齊不改。梁天監中置吴州。〔四〕陳初又廢之，復爲郡。

隋平陳，罷郡爲饒州，從江州總管、千金公權璋所請也。按徐湛鄱陽記云：「北有堯山，嘗以堯爲號。又以地饒衍，遂加『食』爲『饒』。」今郡國志又云：「以山川蘊物珍奇，故名饒。」隋大業三年州廢，復爲郡。唐武德四年平江左，置饒州，領鄱陽、新平、廣晉、餘干、樂平、長城、玉亭、弋陽、上饒九縣；七年省上饒入弋陽，省玉亭入長城、餘干二縣；八年又併長城入餘干，併新平、廣晉入鄱陽。天寶元年改爲鄱陽郡。乾元元年復爲饒州。

元領縣五：〔五〕鄱陽，餘干，浮梁，樂平，德興。

州境：東西四百五十里。南北三百三十里。

四至八到：西北至東京三千里。西北至西京三千三百二十里。西北至長安三千一百三十里，取隨州路二千七百里。東至衢州九百九十二里。西至洪州擔石湖中流爲界一百七十里。北至江州三百七十里。南至撫州四百二十里。東南至衢州須江縣青草洲七百八十五里。西南至洪州南昌縣城子橋爲界一百六十里。西北至江州三百七十四里。東北至歙州七百九十五里。

户：唐天寶户四萬八百九十九。皇朝户主二萬二千八百五，客二萬三千一百一十二。

風俗：同江州。

人物：賈義，豫章鄱陽人。爲侍御史。吴芮，鄱陽人。秦時爲鄱陽令，號曰番君。雷義，字

仲公，鄱陽人。雷煥，字孔章，鄱陽人。陸襄，字師卿，餘干人。封餘干侯。〔六〕

土產：麩金，銀，銅，茶，簟，瓷器。〔七〕按郡國志云：「鄱陽之土出金，披沙淘之，粒大者如豆，小者如麩。亦生銀苗于山中。」

鄱陽縣，原十九鄉。本秦番縣也。漢書：「英布敗于會稽，遂南走渡江，〔八〕爲長沙哀王所誘，至番陽，番陽人殺之于兹鄉。」又云漢遣别將追斬之番陽。漢書地理志云番陽屬豫章郡，莽曰鄉亭。後漢加邑，作「鄱陽」字。〔九〕

石印山。吴志云：天璽元年，「鄱陽言歷陽山石文理成字，〔一〇〕凡二十，云『楚九州渚，吴九州都，揚州士，作天子，四世治，太平始。』」按江表傳云：「歷陽有石山臨水，高百丈，其三十丈所，有七穿駢羅，穿中色黄赤，俗相傳謂之石印。又云石印封發，天下當太平。下有祠屋，巫祝言石印神有三郎。皓遣使以太牢祭，〔一一〕并以印綬拜三郎爲王。」

龍虎山。二山相對，連信州界。乃張天師得道之所。

敷淺山，一名博陽山。禹貢曰：「過九江，至于敷淺原。」

仙鶴山，在縣南八十里。〔一二〕其山上有三峯，峯有湖，春冬不竭，衆鳥翔集。中峯古觀壇，地高三丈，松竹森聳。古老相承，是張道陵學道處。其山今立仙鶴壇。舊曰鵠鳴山，天寶六年改名仙鶴山。

堯山，在縣西，水路三十里。鄱陽記云：「堯九年大水，人居避水，因以爲名。或遇大水，此山不没，時人云此山浮。」

閣山，在縣南十里。鄱陽記云：「山上有祠堂。〔一三〕舊傳云昔宋太守毛祐之巡境，宿于山下，夢見一人，自稱楚王陳涉，遂興造樓閣，因以爲名。其山有仙人白子高壇兼祠宇。又云曾有猛獸一睅目，恒依此祠，不爲人害。」

仙閣山。有投龍壇，仙人白子高舊址，南對白溪水。天寶元年制曰：「古來得道昇仙遺跡尚存。」迄今祭醮不絶。

大雷岡，在縣東北七十里。鄱陽記云：「後漢雷義字仲公所居。」

小雷岡，在大雷岡側。鄱陽記云：「晉雷焕所居之處。」

上素山，在城北一里。高三十仞，周迴十餘里。上有五老亭、仙人石洞。又有能仁閣，登之可以眺望廬山。唐龍朔間刺史薛振于山得芝草三莖，因改名芝山。

薦福山，在城東三里。有薦福寺，歐陽詢書碑，即俗傳「雷轟薦福碑」也。戴叔倫嘗讀書寺中。

馬跡山，在縣東北二十里。山有跡如馬蹄，故名。道書第五十二福地。晉王遥煉丹之處。

蓮荷山，在縣西四十里彭蠡湖中，望如荷葉浮水面。

八稜山。自逍遥山連延起伏，八稜攢峙，故名。

獨角山，一名獨山，在縣西北一百五十里。高二十丈。昔有獨角獸居此，故名。

巍石山，一名獅子山，在縣東九十里。山有龍居寺。

逍遥山，在縣北一百五十里。自膺巢分支折西南而來，高四十餘仞，盤紆七八里。

白鹿岡，在縣東五十里。相傳唐永徽中，張蒙逐白鹿于此。

澮津湖，一名市心湖，在治内。納諸水由大龍、小龍二橋，經德化橋，合鄱江。

東湖，在城東。又名督軍湖，吴芮習水戰處。

鐘潭，在縣東北一百五十里。梁大同間，靈鐘寺鐘聲聞百餘里，後取入朝，扣之無聲。送還，至此沈于潭。

金魚池，在縣南隅。相傳梁蕭王恢養魚所。〔四〕

清潔灣，在縣東南七里。鄱陽記云：「隋開皇中，太守梁文謙蒞官清潔，取此灣水以自供，後人思其德，號爲清潔。」

白沙，在縣西水路一百二十里。沙白如雪，因以爲名。

蠙洲，在縣西南二十五里。溪中有蚌出珠。鄱陽記云：「貞觀年中因雨雹，乃有蚌出珠，百姓採之，咸亦不空。其水平淺可涉。」

懷蛟水，在縣南二百步。江中流石際有潭，往往有蛟浮出，時傷人馬。每至五月五日，鄉人于此江水以船競渡，俗云爲屈原禳災，承前郡守懸綵以賞之。刺史張椄貞以人之行莫大于孝，懸孝經于標竿上賞之，而人知勸。俗號爲懷蛟水，或曰孝經潭。

鄱江水。自當縣、浮梁、樂平、餘干等三縣合爲鄱江，經郡城南，又過都昌縣，〔一五〕入彭蠡湖。

黥布墳，在縣北一百六十里。按漢書，〔一六〕漢高祖殺布于此，其墳高三丈八尺。

螺洲，一名鼈洲，在舊縣東三里。鄱陽記云：「吴太平二載大饑，猛獸害人。孫權使趙達占之，曰：『天地山澤，〔一七〕如人四體，患衄灸脚，其疾即愈。而鄱陽水口暴起一洲，形如鼈，食此郡風氣，宜祀以太牢，掘其背。』」掘處今猶存焉。〔一八〕

文翁宅，在縣東一百五十里，基址具存。東帶鄱陽，左連溪水，西接望夫岡，有井清澄，隴前栽桐樹。〔一九〕文翁少好學，景帝中除蜀郡太守，教化大行，自此蜀人好文。

柳公樓，在城西北角。即梁柳惲爲鄱陽守所創也。凭眺顯豁，實江國之勝景。唐大曆中，第五琦以爲望歸樓。貞元十九年，李吉甫復其名曰柳公樓，循舊迹也。

觀魚臺，在州西門外。鄱陽記云：「番君至此觀魚。下有池，闊九十步，池内有走馬埒，又名落照池。」

吴臣廟，在郡郭内，縣北一里。其廟神與閩越王無諸同坐，梅鋗配饗。漢書云：「臣即吴芮子成王也。」〔三〇〕鄱陽記云：「有長沙王芮之孫二廟。」按梅鋗配饗此廟，近代來以芮廟久遠，遂祭其子。

故鄱陽縣，即吴芮所居之城也，在彭蠡湖東，鄱水之北。

廢廣晉縣，在縣北一百五十里。武德五年，安撫使李大亮析鄱陽北界，隸入江州；〔三一〕至八年，安撫使韋季武併入鄱陽。

觀獵城，在縣西一十八里。漢吴芮觀獵處。

英布城，在縣西一百五十里。漢初築，以居布。

浩州城，在縣西北一百三十里。唐武德五年置，尋廢。

東湖橋，一名繫虎橋。唐僧慈濟往來東湖，常繫虎于此。

格勒橋。晉王遥昇仙，從者黄氏擔柴經此，棄而去。俗以擔柴器爲格勒，故名。

永福寺，在治東。梁鄱陽王蕭恢捨宅創。

南塘寺，唐天祐間建。

寒山寺，吴乾貞間創。

延祥觀，在馬跡山。王真人昇舉處。道書第五十二福地。隋大業建創。層宇迴廊，羽流雲集。〔三〕

廢鄡陽縣，在縣西北一百二十里。按鄱陽記云：「漢高帝六年置，宋永初二年廢。」

餘干縣，東南一百六十里。舊二十鄉，今一十二鄉。本越王勾踐之西界。漢爲餘干縣。漢書貨殖傳：「譬猶戎狄之與于越，不相入矣。」韋昭曰：「于越，今餘干縣，越之别名也。」亦古謂越餘地曰餘干。

餘干山。按舊經：「其山曲轉相向，狀如羊角，舊名羊角山，天寶六年勅改爲餘干山。」

玉馬山。自撫州南城縣入臨川縣，凡歷三邑，分一支入當縣。山下有白石如馬，俗號白馬山。天寶六年勅改爲玉馬山。

萬春山，在縣東北七十里。兩峯峭拔，中有天池，水味清甘。

冠山，在縣東。平地崛起，巍然如冠。前瞰琵琶洲，相傳陸羽于此煮茶。

支機山，在縣東二十五里。晉處士支機隱此。

康郎山，在縣西北八十里鄱陽湖中，云康氏所居。又名抗浪山，謂能抗風濤也。

武陵山，在縣東北三十里，臨大湖。漢書作武林。

五彩山，在縣西南八十里，接東鄉縣界。戰國時吴申自鄱陽徙居，生子芮，五色雲見，因名山。

瑞洪水，在縣西北。爲閩越百貨所經，因置鎮。〔二三〕

族亭湖，在縣西，水路八十里。湖中流分當縣及南昌縣二界。按鄱陽記云：「後漢張遐封族亭侯，因此爲名。」

鄡子港，在縣西北二十里。餘干江水之一支，水口即爲擔石湖也。

餘干水。漢書地理志云：「餘水北至鄡陽入湖漢也。」本自信州貴溪縣流入。

興業水，一名安仁港，在縣南一百二十里。發源自貴溪縣西漏石村，經縣過，合餘干江水。港中有崩崖横石，懸水千仞，湍走浪激，聲合風雷。其舟檝所歷，少有程準，或篙工失手，差以毫釐，則人墜諸泉，舟破于石。然其居人賴其膏澤之利，首冠一境焉。溉田一百二十頃。

干越渡，在縣西南二十步。置津吏主守，四時不絶。大中元年，縣令倪衎置浮橋。

干越亭。越絶書云：「餘大越故界，即謂干越也。」在縣東南三十步，屹然孤嶼。古之遊者，多留題章句焉。〔二四〕

仙人城，在縣東南二百里。其城皆峭壁危石，直上千仞，〔二五〕自古呼爲仙人城。每天空無雲，秋日清皦，其上宮殿、倉廩，〔二六〕歷歷可見。

琵琶洲，蓋江山迴抱，積沙而成，以其狀如琵琶焉。〔二七〕

安仁故城，在縣東南一百五十里。〔二八〕按鄱陽記云：「晉永嘉七年分餘干置興安縣，尋廢焉。陳天嘉中復于興安故地置安仁縣。」至隋開皇九年復廢，併入餘干。今故城猶存。

白雲城，在縣西。隋末，林士弘所築。隋州刺史劉長卿詩曰：「孤城上與白雲齊，萬古蕭條楚水西。官舍已空秋草没，女牆猶在夜烏啼。」又有白雲亭，在縣西南八十步。旁對干越亭而峙焉，跨古城之危，瞰長江之深。隋州刺史劉長卿題詩曰「孤城上與白雲齊」，因以「白雲」爲號。〔二九〕

拍笑亭，在縣西北二十里洪厓山上。

清溪觀。梁天監中建，白水真人修鍊之所。

余鐸廟，在白雲城。黄巢亂，捍禦有功，民立廟祀。〔三〇〕

越女墓，在縣東北一里。鄱陽記云：「越王女葬于此地。」

浮梁縣，東北二百一十里。〔三一〕舊十二鄉，今十二鄉。〔三二〕本漢鄱陽縣地，今置在昌水之北，號曰新昌。武德二年析鄱陽東界置新平縣。〔三三〕其後廢，以新昌爲縣，〔三四〕因鄉名焉，其年二月又移置在新昌江口西岸，正東臨江。有齊安平王祠。地當江衝，前後縣宰多不得終秩。開元二十四年以鄧暕爲新昌縣令，〔三五〕州縣有不穩者，任其更改，因移于舊縣城正北一百步。天寶元年改爲浮梁縣。按郡國志云：「斯邑產茶，賦無別物。」

石藏山，在縣西六十里。徐湛鄱陽記云：〔三六〕「中有鍾乳十數穴。」

芭蕉山，在縣東八十里。翠巘插天，望似蕉林。近東有白石山瀑布，一瀉千丈。南有龍井，旱禱必應。

九英山，在縣南五十里。黃巢亂，唐甯賡據此以禦之，因名九英。

石鼓山，在縣北三十里。有石，望之如鼓。

五花峯，在縣東八十里。五峯並峙，亦名蓮花峯。

水龍洞，在縣東四十里，去鳳遊巖三里。山後有二巖，水從黃壇注巖中，潛行地下二里許，復從山前出。山蜿蜒起伏如龍。

昌江，在縣南。水西流，會諸溪水，入鄱江。

龍泉池，在縣南六十里。水極深，亢旱投以楮鏹，有魚銜之而去即雨。

佛指泉，在縣西隅能仁寺前。井底有石指，泉從上湧，甘冽不竭。

劍井，在縣東。水清冽不竭。相傳晉藺真人卓劍處。〔三七〕

吴芮舊居，今有廟，在縣東北六十里。徐湛鄱陽記云：「鄱陽源水，吴芮所居處，鄉人祭之，立爲祠堂。東有石澗，深三尺，鄉人將牲牢告啟，擊鼓三通，其水衝出大流，隨用並足，因名。」缺二十二字。〔三八〕

有一沙堆，在縣東北五十里。其形狀如覆船，〔三九〕鮮淨特異。鄱陽記云：「每年豐稔，其沙即堆如舊。若沙移向岸，即年儉。古來相傳以爲驗。」

新昌廟，在縣東一百八十步。四面連山，淮川合流入新昌。鄱陽記云：「水口有廟，百姓祭之。有興元道士屈蘭子擬燒此木人，遂棄于急水，曰：『逆流上，吾爲立廟。』其木人流上，遂立廟。今爲安平王祭之。」

廢新平縣，在州東三百三十里。李大亮析鄱陽縣置。韋季武併入鄱陽。至開元四年，刺史韋玢于此縣置新平縣。今廢。

浮碧亭，在昌江南。山水特勝。

寶積寺，在縣北隅。唐大中時幽禪師建。〔四〇〕

樂平縣，東一百四十九里。舊十九鄉，今一十七鄉。後漢東安縣也。〔四一〕雷次宗豫章記云「漢永元中置縣在銀城」，即今邑之東，水路三百二十里。按顧野王輿地志：「陳天嘉元年嘗廢。」唐朝建立，亦在銀城。後因歙寇程海亮剽掠，兼山勢險峻，地隴高下，權以常樂水口置爲樂平縣。

樂安江，源出縣東北扶餘嶺，合餘干水入。又有明溪、銀溪、石吴溪，並流合樂安江。

吴溪山，在縣西。山有石室，東西七十步。有石鼠、石人等見在。

樂平山，在縣西三十八里。按鄱陽記云：「其山有石似墨，舊名石墨山，天寶六年勅改名樂平山。」

乳泉山，在縣北六十七里。内有石如硯，山西出乳泉，舊名石硯山，天寶六年勅改乳泉山。

康山，在縣東五里。昔康氏居此。

鳳遊山，在縣東北八十里。嶺有泉，其出汹湧，其收立涸。

王佐山，在縣北五十里。蒼秀迥異衆山，土人呼爲陽早山。

烏聊山，在縣東北五十里。

鷹鵠山，在縣東七十里。如鵠飛舉，旁有山如鷹欲擊，土人總呼爲鷹鵠山。

利石山，在縣南四十里。唐永徽中，取其石以供銀冶。

洪巖，在縣東北九十里。高聳百丈，盤亘四十里。雲氣泉聲，四時不絶。〔四二〕

汰金洲，在縣西十五里。平沙臨水。先有麩金，開元已後廢。又有五里水口，亦出麩金。

彭綺城，在縣東。吴黄武中鄱人彭綺所築。

釣臺。有巨石，雙膝跡猶存，不知何代人。

孝女饒娥祠，在汨灘里。唐柳宗元記。

吴王芮墓，在縣東吴石山。

孝女饒娥墓，在長城鄉。〔四三〕

德興縣，東二百八十里。今三鄉。本饒州樂平之地，有銀山，出銀及銅。唐總章二年，邑人鄧遠上列取銀之利。上元二年因置場監，令百姓任便採取，官司什二税之，其場即以鄧公爲名，隸江西鹽鐵都院。至僞唐升爲德興縣。四面皆水。

鄧公山，在縣北六里。本名銀山，因鄧遠爲鄧公場。儀鳳二年祭山，山頹陷焉。按開山記云：「總章二年，邑人鄧遠經刺史豆盧玄儼陳開山之便，〔四四〕尋爲山陷。後人立鄧公廟。」

石虹山。鄱陽記云：「其山石室中有石，砥平如床，可容數百人。旁列石郭如屏風，篆書爲八十三字。有横石跨水而渡，文彩青赤若虹蜺焉，因名石虹山。」

洪崖山。按舊經云：「古老相傳昔有洪崖先生居此山上。」列仙傳云：「洪崖子也，山之陽有洪崖寺，山中有洪崖壇，每旱祈于此焉。」

天門山，在縣西。高二百餘丈，怪石嶙峋，横障洎河諸水。

大小花山，在縣南五里。相傳漢長沙王吴芮曾隱居蒔花。

大茅山，在縣東南一百里。千峯萬障，爲一方之鎮。

福泉山，在縣西南八十里。上有天池，湧泉飛瀑，下利灌溉。

雷石，在深潭中突起一石，周圍丈許。相傳雷震而化。

吴闌城，在縣南七里。吴芮嘗馳馬于此。中有吴王鑄印堆、鳳凰臺、走馬堤、淬劍池。

樂安廢城，在縣東一百五十里。漢靈帝時築。晉屬鄱陽郡。後廢。

仙鶴觀，在縣東一里。晉升平二年，葛稚川開山煉丹，道士虞九霞募衆建。唐總章間，賜額曰仙鶴觀。

英孝烈女廟，在縣南。祀唐烈女程氏。

孝子沈普母墓，在縣北一十五里。元和初，有芝草産其上。〔四五〕

永平監

永平監者，本饒州鑄錢之所，僞唐立爲監。〔四六〕皇朝平江南，因之不改。

信州

信州，上饒郡。今理上饒縣。禹貢揚州之域。歷春秋及戰國，迭爲吴、楚之地。秦併天下，爲番縣地。漢爲豫章郡之鄱陽縣，歷代不改。乾元元年正月，〔四七〕江淮轉運使元載奏：「以此邑川源夐遠，關防襟帶，宜置州。州東南五十里，即饒州弋陽縣進賢鄉永豐里，可置一縣，以永豐爲名，兼割饒州之弋陽置，〔四八〕衢州之常山、玉山，建州之三鄉，撫州之三鄉，固當池邏相望，自然無虞。」制曰可。賜名信州，以信美所稱，爲郡之名。

元領縣五。今四：上饒，弋陽，玉山，貴溪。一縣直屬朝廷：鉛山。

州境：東西五百四十里。南北四百五十里。〔四九〕

四至八到：西北至東京二千四百里。西北至西京二千八百二十里。西北至長安三千六百三十四里，取隨州路三千二百五十里。東至衢州二百五十里。南至撫州三百二十里。西北至饒州陸路五百里。東南至建州五百四十里。

户：唐元和十道要略户二千三百五十。皇朝户主二萬八千一百九十九，客一萬二千四百八十六。

風俗：同饒州。

人物：唐王貞白。字有道，上饒人。退居山中，長于詞賦，著有靈溪集。〔五〇〕

土産：貢：金。銅，蠟，青碌，空青，礬，鉛，銀。葛粉。〔五一〕

上饒縣，十六鄉。本秦番縣界，兩漢爲鄱陽縣，漢書地理志云屬豫章。建安中，吴立爲鄱陽郡。隋開皇九年罷郡，置饒州。〔五二〕梁載言十道志云：「以其山鬱珍奇，故名也。」漢書地理志云鍾陵出黄金，〔五三〕又云鄱陽縣武陽鄉有黄金采，顔師古曰：「采者，采取金之處也。」按鄱陽記云：〔五四〕「界内之山出銅及鉛鐵者，有玉山及懷玉山。」梁氏所謂「山鬱珍奇」，蓋此類也。今州古縣城迹，開皇中所廢上饒城也。所謂上饒者，以其旁下饒州之故也。乾元元年始置縣。

銅山，在永豐故縣南四十五里。其舊銅山西連鶴山，下有天井，廣一丈餘。井有倒懸石，可四五丈，如蓮花覆蓋。其水碧色，莫測淺深，春夏不增減。天欲雨，井中即有白霧上騰，〔五五〕鄉人以爲驗。

鐵山，在縣東南七十里，又名丁溪山。先任百姓開採，官收什一之税，後屬永平監。

今廢。

靈山，在縣西北九十里。山有七十二峯，〔五六〕亦曰靈鷲山，盤亘十餘里，絶頂有葛仙壇，丹竈、石臼、石硯、石几在焉。道書第三十三福地。〔五七〕天寶中勑投龍于此溪中。

雙門嶺，在永豐故縣東北二十五里。雙峯如門，號爲雙門，連延入衢州須江縣界。

西巖，在縣南八十里。巖有石如鐘，覆地内有懸石如螺滴水。〔五八〕

南巖，在縣西南一十里。巖旁巨石，儼然北向，其下寬平，可坐千餘人。本名盧家巖，時人呼爲南巖，士女遊賞之地。

呌石，在州西九十里。巨石枕江，有數十穴，亦如口。古老相傳云織女失纓，九石不能上，石呌大琛山，〔五九〕其勢似遏流，其纓乃上。元和十年，觀察推官許堯佐求瘼，往來過此，因爲文敘之，名曰走石説，刊之于石，置于呌石之側。

纓績石，在州西九十里。孤石圓聳，獨在潭中，高十餘丈，如緝麻纓焉。

上饒江。出懷玉山，分流兩道：一東入衢州常山縣，入浙江；一西南流，從玉山縣過，合淪溪。

石黄山，在縣東南三十五里。出爊黄石，人或採之，煉爲丹藥。

石橋山，一名月巖，在縣西三十里。〔六〇〕山中鑿穴猶虹矯然，外窺如畫，遠望如月，雖天台石橋，不足以比。昔有人見白鹿遊其上，至亢陽橋上雲生，靄然而雨。

天靈洞，在縣西二十里。石室深邃，内有天牕，映日可鑒毛髮。又西十里爲雲洞，欲雨則雲興。

古良溪，在縣西五十五里。源出福州建陽界，北流與丁溪合，入上饒江。

君遷潭，在縣西五里。舊圖經云守佐解任祖餞于此，因名。或云潭上有君遷樹。

覆船山，在永豐故縣東十里。上有泉眼八十四，冬夏不竭，溉田萬畝。以其形似覆船，故名。

星石山，高百餘丈，羅列周布若霣星焉。俗傳避黄巢之亂者居此嶺。有藏金，每夜見火光。

仙人掌山，在永豐故縣南三十五里。石峯壁立，側有裂痕如印掌。

雨石山，在永豐故縣東南三十里。高三百丈。有洞，歲旱祈雨輒應。

楮亭山。山形方正如削，色赤無林木。東漢李恂封赭亭侯，即此也。

鵝峯，在永豐故縣東三十里。一峯矗起，矯首如鵝，故名。

石梁巖。内外兩層，空明如堂。有一石梁，高不可度。

張天師草堂，在龍虎山。即上清宫之三清殿。唐常建有詩。

周瑜故宅，在治後。

沙鷗亭，在永豐故縣。

南巖院，一名廣福院。唐權德輿爲草衣禪師作記。〔六一〕

廢永豐縣故城。本饒州弋陽縣進賢鄉永豐里也，乾元元年正月與州同時置永豐縣，故路通閩川，越客擔荷麕至。元和六年廢縣，併入上饒。

靈山石人。先無廟貌，〔六二〕自貞元六年，禮部侍郎劉太真典郡，其年亢旱，禱雨足，因出俸錢立廟。

陸鴻漸宅，在縣東五里。郡國志云：「陸羽，字鴻漸，居吴興，號竟陵子，居此，號東岡子。」

弋陽縣，西一百里。十二鄉。本餘干縣地，屬豫章郡。後漢建武十六年，車騎將軍李愔封爲赭亭侯，〔六三〕食邑于此，築城立亭焉。建安十五年，孫權分鍾陵置鄱陽郡，尋又置葛陽縣于赭亭之地，以城在葛水之北故也。隋開皇九年廢上饒入葛陽。逾年，縣失印，風俗以爲不便，表請移于弋陽縣，以地居弋江之北爲名。

九子石。在弋陽水岸間，相去數十步，石形如卵。

蓮鑊。鄱陽記云：「弋陽嶺上多密巖。宋元嘉中有人見其巖内有三鐵鑊，可容百斛，中生蓮花。他日往尋，〔六四〕不知所在。」

錢倉。鄱陽東大山有一石臨水如廩，高數丈，號曰錢倉，户如六尺床。晉太和中有釣人從户過，遇石開，其錢自出，因收得四錢。

葛仙觀，在縣東二十里。梁大同三年置，隋末廢。按鄱陽記云「葛玄得道弋陽縣北黄石山古壇」是也。

葛仙公搗藥山，〔六五〕在縣東一十五里。葛公居此求仙。山有石橋，長二十步。有搗藥石臼，旁有石井，其水甚美。天寶七年敕置壇洒掃。〔六六〕

仙人城，在縣東四十里。山峯壁立，高五十丈，形如層城，羣仙之室。上有池，水清泠。與擣藥山相對。

仙人石橋，在縣西南三十里。按鄱陽記云：「寶豐山有石亭，高七十餘丈，旁有石橋，長五十丈，廣二丈。其山平正。〔六七〕古老云是仙人鑿石構橋之處。」

隱士石室，在縣南六十里。按鄱陽記云：「有隱士張氏，琢石爲室，其形如囷。時郡守鄢陵庾翼欲表薦之，隱而不見，〔六八〕故號隱士石室。」

葛溪水，源出上饒縣靈山，過當縣李誠鄉，在縣西二里。昔歐冶子居其側，以此水淬劍，又有葛玄冢焉，〔六九〕因曰葛水。

弋溪水，源出上饒縣靈山西南，從當縣太平鄉過，在縣東二十里。水口有大石，面如鐫成爲「弋」字。

信義水，源出建州邵武縣，從當縣太平鄉過。其水出礦石，鍛者求之。

龜峯山，在縣南二十五里。有三十二峯，中峯如龜，故名龜峯。

軍陽山，在縣南三十里。昔有將屯兵于山陽，故名。唐貞元中，出銀鐵。

七星山，在縣北三十里。相傳七星墜此，因名。

神石，在縣東南百餘步，横截大溪，縣理賴此免衝潰之患。

桃花灘，在縣西四十五里。灘石鏤錯如桃花瓣。

萬壽泉，在縣北微東。唐陸羽品之，以爲信州第三泉也。

弋陽館，唐張祜題詩：「一葉飄然下弋陽，殘雲昏日樹蒼蒼；葛溪漫淬干將劍，卻是猿聲斷客腸。」

碧落洞天，在縣東北一里。山巖險石，壁上有「碧落洞天」四大字，書法精妙，傳是仙筆。

蓮塘寺，在縣理十里。晉建。〔七〇〕

玉山縣，東北九十里。十八鄉。按縣圖云：「本漢鄱陽縣界，衢山之西鄙也，以有懷玉山，〔七一〕故爲稱。」然他山合沓，峻嶺横亘，溪谷皆相牙分其流，〔七二〕雖步通三衢，而水絶干越，千峯萬擁隈隱，不可得而虞也。自陳、隋以來，此爲巨奥。證聖二年分衢州常山須江二縣、〔七三〕饒州弋陽縣，共二十鄉爲玉山縣。至乾元元年隸信州。

上干溪水，出縣東五里。源出懷玉山。舊記云：「溪源乾淺，秋冬不通舟船，故名曰乾溪。或謂干之字誤也。」又漢書地理志云：「餘干縣以水爲名，」〔七四〕本越勾踐之西界也。韋昭云：「干越，今餘干之別名也。」謂此爲上干，或以餘干之號，即因此是也。

懷玉山，在縣東北三十里。玉山溪流發源于此，西流，上干、淪溪、沙溪三水合流，名曰上饒江。

柳居山，在縣東南二十里。有唐司空柳先鋒宅墓。

石鼓溪，在縣北一百二十里。溪中有石，内虚外實，擊之有聲隆隆。

默水。産四足魚，蓄諸他池則不活。〔七五〕

貴溪縣，東二百里。〔七六〕元一十鄉。〔七七〕本漢豫章郡餘干之地，今在弋陽、餘干兩縣之間。自北以西，地相去闊遠，山水迴合，羣盜潛藏，舟行船泝，人不自保，寖以成俗，久而逾甚，永泰元年就貴溪口置貴溪縣，即今理也。

王表巖，在縣南二里。昔有王表率村閭數十家于此巖避亂，竟免難。洞穴奇絶，可容一百餘人。曾有僧道開創林穴棲泊，巖中佛寺已毁。今有招真觀存。

馨香巖，在縣東五里。舊名腥臊巖。鄱陽記云：「昔術士許旌陽斬蛟于此巖下，緣此名焉。又以板塞巖口尋蛟，潛通洪州横泉井，每至天景澄霽，見水底板木存焉。後惡其名，遂改焉。」

五面石，在縣西南七里。山東面連接弋陽縣鐵山，山南屹然卻立，最爲孤峯，削成五面。凡有登臨之者，泛貴溪而入，〔七八〕至懸處攀蘿而上，下可坐數百人。

貴溪山，在縣南二十里。傳云鬼谷先生學道之處。有五花磚，遶壇存焉。四面孤懸。

積翠巖，在縣南二十五里。〔七九〕有巖每蓄烟霧，與五面峯相對。鄱陽記云：「昔有仙人于巖下採藥，有臼擣之處存。」

望姑山，在縣西南六十里。昔有羽客張鎮棲止此山，每與仙人接麻姑，爲期佇望于此，故號望姑山。

象樓山，在縣西南八十里。兀然獨聳，如樓閣之狀。古名石樓山，天寶六年勅改爲象樓山。能興雲雨，其山四面懸絶。

龍虎山，在縣西南一百二十里。兩山相峙，山峯屹立，狀如龍虎，當溪中流。

石鼓，〔八〇〕在縣西五十里。有石，狀如鼓，聳出山嶺。耆舊傳云：「鼓輒自鳴，兵氣之兆也。」

石堂，在縣南一百六十里。有石堂，中可坐數百人。臨貴溪水源。古老相傳云是鬼谷先生石堂。

溪水，在縣西二十里。自縣北從歸化南流出縣西。上源數十里皆生苔竹，苔痕點暈，狀如琢玉，幹直可爲杖。水旁山嶺幽映，堪爲賞玩。溪岸竹樹蒙密，因爲名焉。〔八一〕水入餘干縣。

應天山，在縣西南七十里。連岡叠阜，自閩而來，爲諸山之宗。

三峯山，一名天冠山，三峯鼎立。有泉從崖隙東西瀉。

藐姑山，在縣南七十里。上有封鬼洞、幞頭石，瀑泉注下。又南十里，爲洞源山，一名鬼谷山。有鬼谷洞，好事者深入其中，約行四里，至洞盡處。有小洞，可通鬼巖。

貴源山，廣七十餘里。内多良田，物産蕃庶。

百丈嶺，在縣北八十里。鄱陽志云：長沙王吴芮曾屯兵于此。

仙巖，在縣南。去龍虎山二里。上清溪西流十里，石壁峭立，列爲二十四巖，下臨深淵，上出雲表。

長廊巖，在縣南二里。相傳漢王表修煉之所。上有煉丹井、洗藥池、飛昇臺。

壁魯洞，在縣南八十里。一名西源洞，居絶壁之上。内有小洞，不可入。古老云白真人授張天師降虎之法于此。

鑿石潭，在縣西一里。其涯有十二竅，各大一尺，深丈餘。有鯿、鯉等潭，漁人以筏隔其上，魚不相混。

聖井，在縣南龍虎山。三井相連，一井在絶嶺，人跡罕到。相傳有龍居之，投金鐵重物則浮，楮帛輕物則沈。苟不精潔，盤旋而出受之，必泛果實以酬。水黝黑，産異魚。

芒洲花園，在縣東一里。洲産鬱金香。其花園，唐詩人吴武陵所創。

真仙館，在龍虎山。漢天師張道陵世居之。〔八二〕

貴水，在縣南二里。源發于據嶺，西流入安仁港。

鉛山縣，西南一百三十里。今三鄉。按上饒記云：「出銅、鉛、青碌。」本置鉛場，以收其利。〔八三〕舊在寶山，僞唐昇元二年遷置鵝湖山郭水西鄧田坂，即廨署是也；至四年于上饒、弋陽二縣析五鄉以爲場，後昇爲縣。皇朝平江南後，直屬朝廷。

鉛山，在縣西北七里。又名桂陽山。舊經云：「山出鉛。」先置信州之時鑄錢，百姓開採得鉛，什而税一。〔八四〕建中元年封禁。貞元元年置永平監。其山又出銅及青碌。又有寶山，〔八五〕連桂陽山，出銅。

錦屏山，在縣東五十里。山形壁立，如開圖障。崖石老翠，花木閒秀。入其中者，如登閬風焉。

芙蓉山，在縣西北二十里。

天柱峯，在縣東南四十里。屹立如束筍，其境頗幽。

八字巖，巖有八字天成，極端楷。俗傳呂真人逐蛇入巖中，以劍畫成字。

西湖，在縣南。中涵鵝湖山影。

焦溪，在縣南百步許。源出洋源山，水色黄，沾衣則腐，灌漑不損物。

跳珠泉，在縣西一里許。泉湧如珠，亦名小石井。又有膽泉，出觀音石，可浸鐵爲銅。

石井，在縣北四里。巨石閒有竇，湧泉匯爲井。上有石龜覆之，石文隱起錯鏤，如蓮花倒生。舊名玉洞泉，唐光啟中賜名石井。

鵝湖山，在縣北十五里。三峯特秀。其巔有瀑布泉。周圍四十餘里，縣之鎮也。鄱陽志云：「山上有湖，多生荷，名荷湖山。東晉時有雙鵝育子數百，羽翮成乃去，因更名鵝湖。」

鵝湖寺，在縣北十五里。以鵝湖山得名。〔八六〕

卷一百七校勘記

〔一〕鄱陽縣　「鄱」，宜作「番」，漢書卷三四吴芮傳：「吴芮，秦時番陽令也，甚得江湖間民心，號曰番君。」

〔二〕必先田餘干界中　「田」，底本作「由」，萬本、庫本同，據宋版、中大本及漢書卷六四嚴助傳淮南王安上書改。

〔三〕後漢建安十五年至鄱陽廬陵二郡　原校：「按後漢書郡國志云：興平元年，孫策分立廬陵郡，建安十五年，孫權分立鄱陽郡。三國志、晉書地理志皆略同。今云建安十五年分置二郡，與史歲月不合，又謂張昭等議，未知據何書？」按宋書卷三六州郡志二、本書卷一〇九、輿地廣記卷二五吉州總序並云興平元年分置廬陵郡，元和郡縣圖志卷二八吉州總序謂在興平二年，王象之輿地紀勝卷三一吉州總序引元和志作「初平二年」，並論述興平二年之誤，「當從元和志在初平二年。」

〔四〕梁天監中置吴州　按元和郡縣圖志卷二八饒州：「梁承聖二年改爲吴州。」洪齮孫補梁疆域志：「按通鑑元帝承聖二年始有吴州刺史開建侯蕃，前此未有，寰宇記疑誤，當從元和志。」

〔五〕元領縣五　「元」，底本脱，據宋版、萬本、中大本、庫本及傳校補。

〔六〕吴芮鄱陽人至陸襄字師卿餘干人封餘干侯　宋版、萬本、庫本皆無此吴芮、雷義、雷焕、陸襄。又梁書卷二七陸襄傳云：吴郡吴人，封餘干縣侯。此云「餘干人」，恐誤；「餘干縣侯」，底本作「餘汗侯」，「汗」改爲「干」。

〔七〕瓷器　宋版、萬本、庫本皆無，蓋非樂史原文。

〔八〕英布敗于會稽遂南走渡江　按漢書卷三四黥布傳：布與上兵遇蘄西，會甀，上壁庸城，「破布軍，布走度淮，數止戰，不利，與百餘人走江南。」此引漢書誤。

〔九〕漢書地理志云至作鄱陽字　按漢書卷二八地理志上作「鄱陽」，則前漢加邑作「鄱」，非始於後漢。

〔一〇〕歷陽山石文理成字　「陽」，底本作「陵」，宋版、庫本同，據萬本、中大本及三國志卷四八吴書三嗣主孫皓傳改。

〔一一〕皓遣使以太牢祭　「皓」，底本作「昭運」，宋版作「昭」，無「運」字，萬本、庫本作「詔」，亦無「運」字。按三國志吴書孫皓傳注引江表傳作「皓遣使以太牢祭歷山」，此「昭」爲「皓」字形近而誤，「運」爲衍字，據以改删。

〔一二〕在縣南八十里　「南」，輿地紀勝卷二三饒州作「東」。

〔一三〕山上有祠堂　「山」，底本脱，據宋版、萬本、庫本及傅校補。

〔一四〕上素山在城北一里高三十仞周迴十餘里至金魚池在縣南隅相傳梁蕭王恢養魚所　宋版、萬本、中大本、庫本皆無此上素山、薦福山、馬跡山、蓮荷山、八稜山、獨角山、巍石山、逍遥山、白鹿岡、澮津湖、東湖、鐘潭、金魚池共十三條三六三字，傅校删，非樂史原文，爲後人所竄入。按梁書卷二二鄱陽王恢傳載，梁天監元年封鄱陽郡王，即指本郡，本書卷後文列有永福寺，「鄱陽王蕭恢創」，此「蕭王恢」或「鄱陽王蕭恢」之誤，或「蕭恢」之誤。

〔一五〕經郡城南又過都昌縣　萬本及嘉慶重修一統志卷三一一饒州府引本書同，宋版作「經郡城南過，入都昌縣」，傅校改同。

〔一六〕按漢書　底本「書」下衍「云」字，據宋版、萬本、庫本删。

〔一七〕天地山澤　「山」，萬本同，宋版、庫本作「川」，當是。

〔一八〕今猶存焉　「焉」，底本無，據宋版、萬本、庫本及傅校補。

〔一九〕隴前栽桐樹　「桐」，底本作「柏」，據宋版、萬本、庫本及嘉慶重修一統志卷三一一饒州府引本書改。

〔二〇〕臣即吴芮子成王也　「即」，底本脱，據宋版、萬本、庫本及輿地紀勝饒州引漢書補。漢書吴芮傳：「徙爲長沙王，都臨湘，一年薨，謚曰文王，子成王臣嗣。」

〔二一〕李大亮析鄱陽北界隸入江州　按輿地紀勝饒州引本書云「李大亮分鄱陽建立」，新唐書卷四一地理志五饒州鄱陽縣：「武德五年析置廣晉縣，隸浩州，八年州廢，省縣入焉。」此「北界」下疑脱「置」字，云「隸入江州」，與新唐志載「隸浩州」不同，未詳孰是。

〔二二〕觀獵城在縣西一十八里漢吴芮觀獵處至層宇迴廊羽流雲集　宋版、萬本、中大本、庫本皆無此觀獵城、英布城、浩州城、東湖橋、格勒橋、永福寺、南塘寺、寒山寺、延祥觀共九條一六八字，傅校删，非樂史原文，爲後世竄入。

〔二三〕萬春山在縣東北七十里至瑞洪水在縣西北爲閩越百貨所經因置鎮　宋版、萬本、中大本、庫本皆無此萬春山、冠山、支機山、康郎山、武陵山、五彩山、瑞洪水共七條一六五字，傅校删。按五彩山條云「接東鄉縣界」，據明史卷四三地理志四撫州府記載，東鄉縣設置於明正德八年，則北宋時無此縣，可證已上諸條實非樂史原文，爲明清時人所竄入。

〔二四〕古之遊者多留題章句焉　「之」，底本作「今」；「題」，底本脱，並據宋版、萬本、庫本、嘉慶重修一統志卷三一二饒州府引本書及傅校改補。

〔二五〕直上千仞　「直」，底本作「亭」，宋版同，據太平御覽卷一九三引鄱陽記改。「上」，底本作「亭」，據宋版、萬本、永樂大典卷八〇九三引本書及太平御覽引鄱陽記改。

〔二六〕秋日清皦其上宫殿倉廩　「皦」，宋版及永樂大典卷八〇九三引本書作「激」，太平御覽引鄱陽記作「澈」；「其上」，宋版及永樂大典引本書作「即其上」。

〔二七〕以其狀如琵琶焉　「以」，底本脱，萬本、庫本同，據宋版補。

〔二八〕在縣東南一百五十里　「南」，底本脱，據宋版、萬本、庫本及永樂大典卷八〇九三引本書補。

〔二九〕白雲城在縣西至因以白雲爲號　「白雲城，在縣西」至「女牆猶在夜烏啼，又有」共五十二字，宋版、萬本、中大本、庫本皆無，傳校删，非樂史原文，爲後世竄入。又「南」、「隋州刺史劉長卿題詩曰孤城上與白雲齊因以」，底本脱，並據宋版、萬本、中大本、庫本、嘉慶重修一統志卷三一二饒州府引本書及傳校補。再白雲亭條文，宋版、萬本、庫本皆列於上文仙人城條之前。

〔三〇〕拍笑亭在縣西北二十里洪厓山上至捍禦有功民立廟祀　宋版、萬本、中大本、庫本皆無此柏笑亭、清溪觀、余鐸廟共三條四十八字，傳校删，非樂史原文，爲後世竄入。

〔三一〕東北二百一十里　「二」，底本作「一」；「一」，底本作「二」，並據宋版、萬本、中大本、庫本及傳校改。

〔三二〕今十二鄉　底本「今」下衍「亦」字，據宋版、萬本、中大本、庫本删。

〔三三〕武德二年析鄱陽東界置新平縣　「二」，宋版、中大本、庫本同，萬本作「五」；「縣」，萬本同，宋版、中大本、庫本作「鄉」。按新唐書地理志浮梁縣：「本新平，武德四年析鄱陽置。」元和郡縣圖志云武德五年置新平縣，此「二」蓋爲「四」，或爲「五」字之誤，宋版、中大本、庫本「鄉」疑誤。

〔三四〕以新昌爲縣　宋版、庫本同；萬本據一統志引本書改爲「開元四年改置新昌縣於昌水之北」，檢核嘉慶重修一統志饒州府引本書，確是。按元和郡縣圖志饒州浮梁縣序云：「開元四年，刺史韋玢再置，改名新昌。」唐會要卷七一州縣改置下：「新昌縣，武德五年析鄱陽置，後廢，開元四年又置。」蓋此有脱誤。

〔三五〕鄧暕　「暕」，底本作「睐」，萬本同，庫本作「暕」，據宋版及嘉慶重修一統志饒州府引本書改。

〔三六〕徐湛　「湛」，宋版、庫本及輿地紀勝饒州作「諶」，傅校改同。按太平御覽經史圖書綱目、漢唐地理書鈔重訂本目録作「湛」。

〔三七〕芭蕉山在縣東八十里至劍井在縣東水清洌不竭相傳晉藺真人卓劍處　宋版、萬本、中大本、庫本皆無此芭蕉山、九英山、石鼓山、五花峯、水龍洞、昌江、龍泉池、佛指泉、劍井共九條二一四字，傅校删，非樂史原文，爲後世竄入。

〔三八〕缺二十二字　宋版無此五字，空九字格，萬本、庫本亦無此五字，此非樂史原文。

〔三九〕其形狀如覆船　底本「覆」下衍「舟」字，據宋版、萬本、庫本及傅校删。

〔四〇〕浮碧亭至唐大中時幽禪師建　宋版、萬本、中大本、庫本皆無此共二條二十六字，傅校删，非樂史原文，爲後世竄入。

〔四一〕後漢東安縣也　按元和郡縣圖志謂「本漢餘汗縣地，後漢靈帝於此置樂平縣」，輿地廣記卷二四云「本吴樂安縣」，並與此不同。嘉慶重修一統志饒州府引本書作「後漢樂安縣」，則改「東」爲「樂」字。

〔四二〕康山在縣東五里昔康氏居此至雲氣泉聲四時不絶　宋版、萬本、中大本、庫本皆無此康山、鳳遊山、王佐山、烏聊山、鷹鵠山、利石山、洪巖共七條一三九字，傅校删，非樂史原文，爲後世竄入。

〔四三〕彭綺城在縣東吴黄武中鄱人彭綺所築至孝女饒娥墓在長城鄉　宋版、萬本、中大本、庫本皆無此彭綺城、釣臺、孝女饒娥祠、吴王芮墓、孝女饒娥墓共五條六十四字，傅校删，非樂史原文，爲後世竄入。按「黄武」，底本脱「武」字，據明統志卷五〇、嘉慶重修一統志饒州府補。

〔四四〕豆盧玄儼　「豆」，底本脱，萬本、庫本同，據宋版、太平御覽卷四八引開山記及傅校補。

〔四五〕天門山在縣西至孝子沈普母墓在縣北一十五里元和初有芝草產其上　宋版、萬本、中大本、庫本皆無此天門山、大小花山、大茅山、福泉山、雷石、吴闌城、樂安廢城、仙鶴觀、英孝烈女廟、孝子沈普母墓共十條二三二字，傅校删，非樂史原文，爲後世竄入。

〔四六〕僞唐立爲監　元豐九域志卷六饒州同。按元和郡縣圖志饒州鄱陽縣：「永平監，置在郭下。每歲鑄錢七千貫。」宋會要食貨三四之三四：「李煜嘗因唐舊制，於饒州永平監歲鑄錢六萬貫。江南平，增爲七萬貫。」本書卷信州鉛山縣鉛山：「貞元元年置永平監。」則永平監置於唐。

〔四七〕乾元元年正月　「乾元」，萬本同；宋版、中大本、庫本皆作「上元」，太平御覽卷一七〇引圖經同。按舊唐書卷四〇地理志三、新唐書卷四一地理志五、元和郡縣圖志卷二八信州總序皆作「乾元」。

〔四八〕兼割饒州之弋陽置　「置」，底本脱，萬本同，據宋版、庫本補。

〔四九〕南北四百五十里　「五」，萬本、庫本同，宋版作「二」。

〔五〇〕人物唐王貞白至著有靈溪集　宋版、萬本、庫本「人物」下注「無」，無王貞白傳略，傅校删，非樂史原文，爲後世竄入。

〔五一〕蠟青碌空青礬鉛銀葛粉　「蠟」、「礬」、「葛粉」，宋版、萬本、庫本皆無，傅校删，非樂史原文，爲後世竄入。

〔五二〕吴立爲鄱陽郡隋開皇九年罷郡置饒州　按宋書卷三六州郡志二：「鄱陽太守，漢獻帝建安十五年，孫權分豫章立，治鄱陽縣，赤烏八年徙治吴芮故城。」「鄱陽郡治鄱陽縣，歷兩晉南朝不改，至隋開皇九年平陳，廢郡改置饒州，隋書卷三一地理志鄱陽郡鄱陽縣：「舊置鄱陽郡，平陳廢，置饒州。」本書饒州總序記述略同，則此吴立爲鄱陽郡云云，與此上饒縣沿革無涉。元和郡縣圖志上饒縣：「本吴所置，隋平陳省，乾元元年重立。」輿地廣記上饒縣：「吴置，晉省之，宋復置，屬鄱陽郡。後省，唐武德四年復置。」所載正是本縣沿革。

〔五三〕漢書地理志云鍾陵出黄金　按漢書地理志無此文，其書卷末載：「豫章出黄金。」漢豫章郡治南昌縣，隋改名豫章縣，唐寶應元年改名鍾陵縣，貞元中又復名南昌縣，此所謂鍾陵，即指南昌，唯以唐縣而言，亦合漢志記載，但與此無涉。

〔五四〕鄱陽記　「記」，底本作「志」，據宋版、萬本、中大本、庫本及太平御覽卷一七〇引鄱陽記改。

〔五五〕井中即有白霧上騰　「有」，底本脱，據宋版、萬本、庫本及嘉慶重修一統志卷三一四廣信府引本書補。

〔五六〕山有七十二峯　輿地紀勝卷二一信州引本書同，宋版、萬本、庫本無此六字，傅校删。

〔五七〕道書第三十三福地　宋版、萬本、中大本、庫本皆無此八字，傅校删，非樂史原文，爲後世竄入。

〔五八〕西巖至如螺滴水　宋版、萬本、中大本、庫本皆無此二十三字，傅校删，非樂史原文，爲後世竄入。

〔五九〕石叫大琛山　「大」，底本作「夫一作大」，據宋版、萬本及傅校改。

〔六〇〕在縣西三十里　底本「十」下衍「五」字，萬本、庫本同，據宋版及輿地紀勝信州删。

〔六一〕天靈洞在縣西二十里至唐權德輿爲草衣禪師作記　宋版、萬本、中大本、庫本皆無此天靈洞、古良溪、君遷潭、覆船山、星石山、仙人掌山、雨石山、楮亭山、鵝峯、石梁巖、張天師草堂、周瑜故宅、沙鷗亭、南巖院共十四條三三一字，傅校删，非樂史原文，爲後世竄入。

〔六二〕靈山石人先無廟貌　「靈山石人」，底本作「靈石山」，據宋版、萬本、庫本改補。

〔六三〕李棓封爲赭亭侯　按本書卷上饒縣赭亭山云「李恂封赭亭侯」，未詳孰是。

〔六四〕他日往尋　「往」，底本作「來」，據宋版、萬本、庫本及輿地紀勝信州引鄱陽記改。

〔六五〕葛仙公搗藥山　「公」，底本作「翁」，據宋版、庫本及傅校改。

〔六六〕天寶七年敕置壇洒掃　底本「置」下衍「仙」字，據宋版、萬本、庫本及嘉慶重修一統志卷三一四廣信府引本書删。

〔六七〕其山平正　底本「山」下衍「上」字，據宋版、萬本、庫本删。

〔六八〕隱而不見　「見」，底本作「出」，據宋版、萬本、庫本及嘉慶重修一統志卷三一五廣信府引本書改。

〔六九〕葛玄冢　「玄」，底本作「仙」，據宋版、萬本、庫本及嘉慶重修一統志卷三一四廣信府引本書改。

〔七〇〕龜峯山在縣南二十五里至蓮塘寺在縣理十里晉建　宋版、萬本、中大本、庫本皆無此龜峯山、軍陽山、七星山、神石、桃花灘、萬壽泉、弋陽館、碧落洞天、蓮塘寺共九條二〇五字，傅校删，非樂史原文，爲後世竄入。

〔七一〕以有懷玉山　「有」，萬本及輿地紀勝信州引本書同，宋版、庫本作「其」。

〔七二〕溪谷皆相牙分其流　「牙」，底本作「互」，萬本同，據宋版、庫本改。

〔七三〕證聖二年　「二年」，萬本同，宋版作「三年」。按元和郡縣圖志信州作「元年」，舊唐書地理志三、新唐書地理志五皆作「二年」。

〔七四〕漢書地理志云餘干縣以水爲名　按漢書地理志云：「餘汗，餘水在北。」與此引文異。

〔七五〕柳居山在縣東南二十里至默水産四足魚蓄諸他池則不活　宋版、萬本、中大本、庫本皆無此柳居山、石鼓溪、默水共三條五十七字，傅校删，非樂史原文，爲後世竄入。

〔七六〕東二百里　按唐宋信州治上饒縣，即今江西上饒市，貴溪縣即今貴溪縣，位於上饒之西，元和郡縣圖志信州貴溪縣：「東至州二百二十里。」元豐九域志卷六信州貴溪縣：「州西一百九十里。」本書記載諸縣至州方位，與九域志同，此「東」爲「西」字之誤。

〔七七〕元一十鄉　「一十」，底本倒誤爲「十一」，據宋版、萬本、庫本及傅校乙正。

〔七八〕泛貴溪而入　「泛」，底本作「從」，據宋版、萬本、庫本及輿地紀勝信州引方輿記改。

〔七九〕在縣南二十五里　按輿地紀勝信州引本書作「在縣西三十里」，未知是否。

〔八〇〕石鼓　底本「石鼓」下衍「山」字，據宋版、萬本、庫本及輿地紀勝信州引本書删。

〔八一〕因爲名焉　「爲」，萬本、庫本同，宋版作「得」。

〔八二〕應天山在縣西南七十里至真仙觀在龍虎山漢天師張道陵世居之　宋版、萬本、中大本、庫本皆無此應天山、三峯山、藐姑山、貴源山、百丈嶺、仙巖、長廊巖、壁魯洞、鑿石潭、聖井、芒洲花園、真仙觀共十二條三八八字，傅校删，非樂史原文，爲後世竄入。

〔八三〕以收其利　底本脱「以」字，「收」下衍「取」字，據宋版、萬本、庫本補删。

〔八四〕什而税一　「而」，底本作「兩」，據宋版、萬本、庫本及嘉慶重修一統志卷三一四廣信府引本書改。

〔八五〕寶山　底本「寶」上衍「銅」字，萬本同，據宋版、中大本、庫本及輿地紀勝信州引本書删。

〔八六〕錦屏山在縣東五十里至鵝湖寺在縣北十五里以鵝湖山得名　宋版、萬本、中大本、庫本皆無此錦屏山、芙蓉山、天柱峯、八字巖、西湖、焦溪、跳珠泉、石井、鵝湖山、鵝湖寺共十條二八三字，傅校删，非樂史原文，爲後世竄入。

太平寰宇記卷之一百八

江南西道六

虔州

虔州，南康郡。理贛縣。禹貢揚州之域。春秋時爲吴地。戰國時屬楚。秦屬九江郡。漢高祖六年使灌嬰略定江南，始爲贛縣，立城以防趙佗，今州西南益漿溪故城是也。及封黥布爲淮南王，分江南置豫章郡，贛縣屬焉。後立吴王濞時，地亦屬焉，故漢地理志贛縣屬豫章郡。後漢書云「興平二年分豫章置廬陵郡」，而贛縣屬焉。又吴志云「孫皓立廬陵南部」，〔一〕此地屬焉。晉太康三年平吴，改廬陵南部爲南康郡是也。〔二〕東晉永和五年，太守高琟置郡城于章、貢二水間。義熙七年徙于贛水東。梁承聖元年復于章、貢間，即今城是也。宋爲南康國。梁、陳皆爲南康郡。隋滅陳，改爲虔州，以虔化水爲名。〔三〕煬帝初州廢，爲南康郡。唐武德五年平江左，置虔州。天寶元年改爲南康郡。乾元元年復爲虔州。

後唐長興二年升爲昭信軍節度。皇朝因之。

元領縣九。今十三：贛縣，安遠，雩都，虔化，南康，大庾，信豐，瑞金，石城，上游，新置。龍南，新置。興國，新置。會昌。新置。

州境：東西八百七十里。南北一千五十里。

四至八到：東北至東京三千三百里。西北至西京三千五百一十五里。西北至長安四千一百二十五里，取隨州路三千一百四十五里。東至汀州一千二百里。東至建州隔越黄土嶺總一千八百二十里。南至循州隔越參溪、石嶺總一千五百里。西至郴州一千一百里。北至吉州四百二十里。東南至潮州一千五百六十七里。西南至韶州隔大庾嶺陸路五百五十五里，水路七百六十八里。西北至吉州三百六十四里。東北至撫州一千一十里。

户：唐開元户三萬七千六百。皇朝户主六萬七千八百一十，客一萬七千三百三十六。

風俗：同吉州。

人物：唐鍾紹京。虔州贛縣人。性孝，小時得瓜果，先進二親。工書，直鳳閣，爲苑總監，從玄宗平内難，其夜拜中書侍郎，至中書令。

土産：鉛，砷，糖，蜜梅，竹梳箱，斑竹，石蜜，葛布，岕茶，香味第一，最難得。雪瓜，桃，出冬桃山，經冬始熟。五色鯉。〔四〕

贛縣，舊十三鄉，今六鄉。本漢舊縣也，屬豫章郡。吴録地理志屬廬陵郡。晉太康地志屬南康郡，因水以爲名。虔州圖經：「章、貢二水合流爲贛，其閒置邑，因爲贛縣。」晉太康末，洪水横流，忽有大鼓隨波而下，入葛姥故城，衆力齊曳，蹲而不動，卜于其地置縣吉，遂徙以就焉。宋昇明初移置贛水東三百里。梁承聖初又遷贛水南。隋平陳，罷南康郡爲虔州，縣西仍爲州郭。唐貞觀中徙于今理。

贛水。貢水首受雩都縣之章水，自南康縣界二水雙流，至縣合爲贛水，從縣北一百九十二里，北入吉州太和縣界。

黄唐山，在縣北一百六十三里。輿地志云：「山右行六里有石室，口方八尺，如數十閒屋，上通天窗，下有方榻者，〔五〕二石人巾櫛而坐。傍有小石室七所相通，悉有石人。山下居室前時有車馬迹，春夏草不生，無諸毒蟲，林木繁茂，水石幽絶，蓋靈仙窟宅也。至丙人，每于丙日輒聞山室有笳鼓簫樂之音。」鄧德明記云：「有石子如彈丸，聚在山角，至丙日不復見，他日復有。其山獨立，高一千三百丈，相傳以石室呼爲黄唐廟。」

赤石山，唐天寶六年勑改爲玉房山，在縣東南二十四里。南康記云：「大石連聳，粲若舒霞，山角多赤石，有玉房瓊室。耆舊相傳云宋元嘉年中，有人自稱安道士者，不知何許人，〔六〕披服巾褐，棲于此山中數十年，忽失所在，其後有人時復見者。」

玉石山，在縣北四十里。其石色黑，惟一片鮮白如玉，因以名焉。又南康記云：「常有漁父姓瞿釣于其下，忽見二少年，皎然若玉人，〔七〕相謂曰『別此來石長殊駛。』」石上有冬桃樹，及有石杖，〔八〕或云昔有人引杖採桃子留杖，今猶存焉。

螺亭石山，在縣東南七十里。有大石臨水，號曰螺亭。按南康記云：「昔有貧女，採螺爲業，與伴侶暮宿此亭，忽夜中聞風雨之聲，見衆螺張口亂囓其肉，伴侶驚走，貧女乃死。明旦往視之，但有骨存，因報其家，遂殯水濱，其冢化爲巨石。螺殼無數，故號曰螺亭石山。」〔九〕

覆笥山，在縣東北四百一十三里。〔一〇〕輿地志云：「山上有石井通泉，口廣一丈，高七丈，中有石笥貯玉牒，云是王孝子所留書。山上有平湖，湖中有石鴈。耆老相傳云秋雁銜蘆，春鴻遵渚，則飛鳴頡頏，若候節焉。」

賀蘭山，在州西北隅。本名文璧山，即鬱孤臺是也。

伏龍山，在貢水東。林木陰翳。

天竺山，在縣西四里。唐元和初，僧韜光自錢塘天竺卓錫于此，故名。

崆峒山，古名仁空山，在縣南六十里。自南康蜿蜒而來，章、貢二水夾以北馳，山麓周迴幾百里，蓋州之望山也。

西華山，在縣東北一百里。天寶六載改爲靈山。上有真武殿，每月朔日，雷火掃殿宇，天雖晴，亦聞有雷電。

武頭山，自閩發脈，盤亘數十里。

金精山，峯頭皆石，望如陣雲，奇峯疊疊，道家第三十五福地。中有碧虚洞，初入，兩崖壁立，内通一小徑，至望仙峯俯視城郭，村落如棊布。相傳吴芮所鑿。舊志云：「漢張芒女麗英入山得道，長沙王芮聞，欲聘之。麗英佯許昇高，紿曰山有石室通洞天，能鑿之，當相見。芮大發軍攻鑿，既通，見女乘紫雲半空，語曰：『吾爲金精之星，降治此山。』言訖翔雲而去。」

淩雲山，高數百丈，蜿蜒數十里，與大名山相連，石峯插峙。相傳上有漢高帝祖墳。

淩雲亭，在金精山。漢仙女張麗英飛昇之所。〔一〕

上洛山，在縣南，陸路九十里。山中有石墨可書。又按輿地志云：「虔州上洛山多木客，乃鬼類也。形似人，語亦如人，遥見分明，近則藏隱，能斫杉枋，聚于高峻之上。與人交市，以木易人刀斧，交關者前置物枋下，卻走避之，木客尋來取物，下枋與人，隨物多少，甚信直而不欺。嘗就民間飲酒爲詩，云：酒盡君莫沽，壺傾我當發。城市多囂塵，還山弄明月。」〔二〕

龔公山，在縣東北一百八十里。其上奇峯翠巘，前後連延，蘿木泉池，左右襟帶。昔有隱士龔亳棲舍于此，因以名焉。

馬脊岡，在縣北，陸路四百里。南康記云：傍山臨水，形如馬脊。上有臺榭遺迹，云陸賈説尉佗，行次所止。

秦娥峯。舊傳唐時秦娥自楚來此得道，能興雲雨，一曰古孝女也，土人祀之。山腰爲君子嶺。

竹管峒。叢篁萬頃，三十餘里無雜植。

羅經石。石上隱然具子午篆文，故土人多習形家言。

洗藥池，云晉葛洪鑿。有偈云洞陰泠泠，風佩清清，仙居永結，花木長榮。〔一三〕

貢水，源出雩都縣新樂山，從東南流入縣界，經州西北流八十里，至縣郭東北二十里，與章水合流。

章水，源出大庾縣界聶都山。從南康縣東北流，合西扶、良熱等水，流三十里入縣郭，與貢水合焉。

龍翕穴，在汶山觀東二百步，即縣東二十六里。昔有女道士丘氏于此中峯松樹下白日昇仙。

儲潭祠，在縣北二十里。南康記云：「晉咸和二年，刺史朱偉率兵赴江州討蘇峻，行至此山，忽有神人曰：『余常弋釣于此百餘年，帝以我司此山水府，君幸能爲立祠宇，當有報焉』。偉即爲置廟山下。江山迴洑，瀦而成潭，故名曰儲潭君廟。及至建業，果有功。百姓祈禱，于今不絕。」〔一四〕

空山祠。晉咸康五年，太守庾恪于山西麓中建立神廟，歷代祈雨，最有靈應。按郡國志云：「空山在郡南，山多材木、果實、食物，一郡皆資此山。雖名空山，其所出物百倍于他山。」

葛姥祠，在縣東北五里。輿地志云：「葛姥者，漢末避黄巾賊，出自交趾，資財巨萬，僮僕數千，于此築城爲家。没後有靈異，人立祠祈禱。〔一五〕」

路嗣恭生祠，在縣南三里。唐大曆九年，嶺南將哥舒晃反，嗣恭統五嶺兵討晃，斬晃于嶺南。師之所處，人不疲勞。爲置生祠，以顯遺愛。

安遠縣，南七百里。舊三鄉，今五鄉。梁大同十年置安遠縣。隋開皇中廢。其後雩都縣以地僻人稀，每有賦傜，動逾星歲。建中三年，〔一六〕刺史路應奏請析雩都三鄉并信豐一里再置。

九龍嶂，在縣南十五里。上有龍潭九所，歲旱禱雨輒應。下有獅子石，高百丈，一石差小，亦似獅相逐。

涼傘嶂，在縣北八十里。聳入雲表，接信豐界。〔一七〕

歸美山，在縣西南三百里，高一千四百丈。南康記云：「山四面險峻，自然有石城，高數十丈，周迴三百步。又有石峽，左右高五六十丈，迴若雙闕，其勢入雲。復有古石室，色如黃金，號爲金室。〔一八〕有鶡鳥，形色鮮潔，自愛毛羽，其隻者或鑒水向影，〔一九〕悲鳴自絕。山頂有杉枋數百片，高危懸絕，非人力所及焉。」

欣山，在縣南四十里。其山一十二面，高五百丈。上有蓮花池水及石室、石牀、橘樹、異竹。一水南流入循州雷鄉縣。

安遠嶺，在縣東南二百五十里。

廉水，源出欣山，連東北流，〔二〇〕去縣西北五里，與縣前上林水合流。古傳飲此水令人廉潔，因名廉水。

安遠水，源出欣山，在縣東南八十里。水南流入循州雷鄉縣。

雩都縣，東一百七十里。舊十二鄉，今六鄉。本漢揭陽縣地，屬南海郡。雩水出縣北二十里雩山，水西南流經縣前，與章水合流。〔二一〕雩都，即漢高帝六年使灌嬰防趙佗所立縣也。縣在郡城東四里，地名東溪。漢屬豫章郡。吳隸廬陵南部。晉立南康郡，始爲屬縣焉。陳永定初遷于太昌村。隋大業中復還故郡城。旋值喪亂，爲賊林士弘所陷。唐武德初寇平，從人之欲，又移歸太昌村。貞觀中，暴水爲患。安撫大使任懷玉奏請置于南康古郡，即今縣城也。

雩山，在縣北二十五里。耆老相傳云昔人祈雨于此山下，〔三〕往往感應，故曰雩山。

金雞山，在縣西北一十六里。山臨貢水，石色如霞。其旁有穴，廣四尺，一石正當穴口如彈丸。〔三〕南康記云：「有金雞出入此穴。〔三〕晉義熙中再三出見。有人挾彈放圓至穴口化爲石。〔三〕其雞今不見，因號曰金雞穴。宋永初中又見于此。」

峽山，天寶六年勅改夜光山，山在縣西北八十六里。南康記云：「其山上時有夜光飛焰，遥見若火燎于原。又從峽泝數十里，有石臨水，名曰蛟窟。」

梓潭山，在縣東南六十九里。南康記云：「其山有大梓樹，吴王令都尉蕭武伐爲龍舟艚，斫成而牽引不動。占云：『須童男女數十人爲歌樂，乃當得下。』乃以童男女牽拽，艚没于潭中，男女皆溺。其後天晴朗淨，髣髴若見人船焉。夜静，潭邊或聞歌唱之聲，因號梓潭焉。」

柴侯峽山，在縣東南七十二里。南康記云：「漢靈帝時，有劉叔喬避地于此，死葬村側，自云柴侯墓。晉末喪亂，有發其冢者，忽有大風雨，棺及松柏悉飛渡水，移上此峯。其棺乃化爲石。」

樟潭山，在縣東一百八十里。南康記云：「漢有阿堤樹于此潭邊伐大樟樹爲龍舟艚，斫而出血，伐人並皆沈死，因號樟樹潭。」

官山，唐天寶六年改爲珠玉山，在縣東南二百六十四里。南康記云：「其山高峻，有善鳥、香草。古時此山有珠玉，〔三六〕舊名官山。」

君山，在縣東南三百八十五里。南康記云：「其山奇麗鮮明，遠若臺樹，名曰媧宮，亦曰女媧石，山去盤固山北五十里。上有玉臺，方廣數十丈，又有自然石室如屋形。風雨之後，景氣明淨，頗聞山上鼓吹之聲，山都、木客爲其舞唱之節。」

盤固山，在縣東南四百一里。南康記云：「其山有石井，井側有大銅人常守之。按此石井，五百年水一湧起，高數丈，銅人以手掩之，其水即止。其山盤紆嶒峻，因號爲盤固山焉。」

陳石山，在縣東北三百五十里。耆老相傳云昔陳皇潛龍于此，因以爲名。

蕭帝巖，狀類獅伏而口仰張，中可容百餘人。有憑虛閣、石闕、石倉。相傳齊武帝避難處。又云梁武帝讀書之所。

湘洪水，合綿、湘二水，西北流入貢水。云蛟蜃所居，深不可測。〔三七〕

宵山，在縣西南一百九十里。南康記云：「山多杉松，下有莞筍，二年一生，味甚甘美。」

雩水，源出雩山，在縣東北四十二里。西南五十里，〔二八〕經縣前合貢水。

貢水，源出汀州新樂山，經縣東南四百七十一里，北流至縣。

寒信峽，在縣東北六十里。與車頭嶂臨江對峙，每歲峽中先寒，故名。

化龍水，在縣西北五十里。源出雞公山，西南流入貢水。

龍鐘潭，在縣東南。舊傳吴王芮遣將軍蕭武往盤古山取鐘過此，舟覆鐘没潭底，漁父時或見之。

石寶穴，古老云古有黄衣人候舟，乞食于篙師，既飽唾去，竟入石中，回視所唾皆金。

清華道院，在縣東百步。隋建，唐景雲間改爲紫陽觀。〔二九〕

虔化縣，東北四百八十里。舊十鄉，今九鄉。漢贛縣地，屬豫章郡。吴大帝時分贛縣立爲陽都縣。吴録地志屬廬陵郡之南部。晉武帝改爲寧都。起居注云「太康元年以廬陵郡都尉之陽都縣來入」是也。隋平陳，罷南康郡爲虔州，而改縣爲虔化，〔三〇〕以虔化水爲名。

平山，在縣北二百三十里。山頂侵雲，天寶六年勅改名臨雲山。〔三一〕遥見撫、吉二州。

金精石鼓山，在縣西北一十五里。旁有石鼓山相對，其山兩面懸崖一百餘丈，圓如鼓形。

梅嶺，在縣北一百二十里。漢時，閩越反，漢使諸校屯梅嶺，〔三一〕即今邑界。

虔化水，源出吟山，接撫州崇仁縣，在縣北二百四十里。本名雩都水，入雩都縣界。

廢陂陽縣，在縣東一百五十里。吴嘉禾五年置揭陽縣，晉太康五年改爲陂陽縣，以陂陽水爲名。隋開皇十三年廢入寧都縣。

南康縣，西八十里。元六鄉，今四鄉。本漢南野縣地，屬豫章郡。漢獻帝時，吴大帝分南野立南安縣。吴録及志云屬廬陵南部都尉。〔三三〕晉武帝改曰南康，屬南康郡。

聶都山，在縣西南二十五里，即南康縣南欝溪源也。山海經云：「聶都之山，贑水出焉。」其山出欝。

石君山，〔三四〕劉德明南康記云：「山在泥水口，三石形甚似人，居中者爲君，左曰夫人，右曰女郎。」〔三五〕

益漿水，源出聶都山，在縣西五百九十一里。東流入貢水，合西符水，至南野口合良熱水。

封侯水，源出封侯山。水淺不通舟，西南入良熱水。

良熱水，出聶都山。南康記云：「蓋謂泉之源也。」又云：「熱水，昔名豫水，漢置豫章郡，因此源以爲名也。」

大庾縣，西南二百二十里。元九鄉，今十鄉。按其地實南安縣地，當五嶺之一。唐神龍元年置，因以大庾嶺名爲縣。

大庾嶺，一名臺嶺，在州西南二百五十里，縣西南二十里。吴録：「南野縣有大庾山九嶺嶠，以通廣州。」太康地志云：「嶺路峻阻，螺轉而上，踰九磴，二里至頂，〔三六〕下七里，平行十里至平亭。」劉嗣之南康記云：「平亭，謂之横亭。」〔三七〕

青龍岡，有陳蕃子孫墓，在縣東四十里。南康記云：「漢太傅陳蕃爲宦豎所害，徙家于日南，又追之于此誅滅，遂葬之。嘗有發冢者，乃見大蛇纏墓，即便風雨晦冥，其冢免開。其岡頂有青龍見，因號青龍岡。」

横浦廢關。劉嗣之南康記云：「昔漢將軍楊僕討吕嘉，出豫章，下横浦，即今縣西南故横浦廢關，見在此。」

信豐縣，南一百九十里。元六鄉。唐永淳元年析南康更置南安縣，以其地接嶺南，人安俗阜，謂之南安。天寶元年改天下縣名相同者，採訪使韓朝宗以泉州有南安縣，遂奏改名信豐縣，以人信物豐爲名。

穀山，〔三八〕在縣西二十里。輿地志云：「其山上有石如人形，有池水生魚鱉。山臨穀水，因以爲名。高一千五百丈，不通人行。」

香山，在縣南七十里。九十九峯，有小溪十八道，出龍湖口。多産藥物。

木公山，在縣西一百里。上有天池，廣數畝。土人六月六日祈穀于此。十人至池内可取十魚，百人至池内可取百魚，如數而止，不可多得。

龍新山，在縣北一百五十里。一名青龍山，普濟禪師卓錫之地。

鐵石巖，在縣南。巖有二峯相對，空豁奇詭。

黄石洞，在縣西南八十里。高數十丈，有石人戴兜鍪按劍之狀。後有石獅象。又有一洞深險，人跡不能到，懸崖飛瀑，噴濺如珠。

綿水，在縣東三十里。源出綿山，至烏口入桃江。

西河水，在縣西百餘里。源出猶山，東流，自南折北至桃江。〔三九〕

廪山，在縣西四十里。輿地志云：「山下有湖，水中有五色鯉。山高一千五百五十丈。」

松子石筍，在縣西南一百五里。〔四〇〕筍有三十餘條，約高五百餘丈。

松林巖，中有三石佛，雕刻如新。背有三峯卓立，半壁開一圓竅。相傳時平聞鼓樂聲，將亂則聞鉦角聲。

肥潭，闊二丈，深數尺。產肥魚，無骨而味佳。〔四一〕

瑞金縣，東南三百五十里。二鄉。本瑞金場淘金之地也，僞唐昇爲縣。

雲龍山，在縣南五十里。約高十丈，山純石，泉竇甚多，遇旱不涸。南北有二門最險，可避亂。

陳石山，在縣東五十里。有巖深廣十餘丈，由試劍石、蠟燭峯而入。相傳陳武帝微時常廬此，故名。

猫頭石，在縣西四十里。三面俱險，一面平坦，可避亂。〔四二〕

石城縣，本石城場，僞唐改爲石城縣。

五龍巖，在縣西五里。唐貞觀中，樵者見五叟笑語巖中，即之，惟見五龍交戲潭中耳。

烏石嶂，在縣西五里。巖石如屏，淩晨雲罩，至午方散。

燕藪澤，在縣西十里。旁有石巖、石竅，境内之燕，寒冬多蟄于此。

琉璃山，在縣東五里。古老云秦末有劉華者，家其上。其女忽拾異果，啖之得仙，一名仙姑嶺。〔四三〕

上游縣，本南康縣地，僞吴天祐年中析南康縣之一鄉半爲場，僞唐壬子歲改爲縣。

龍南縣，本信豐縣地，僞吴武義年中析信豐順仁鄉之新興一里爲場，〔四四〕壬子歲僞唐改爲縣。

興國縣，本贛縣地，皇朝太平興國年中析贛縣七鄉于險江鎮置興國縣，〔四五〕以年號爲名。

會昌縣，本雩都縣地，皇朝太平興國年中析雩都縣六鄉于九洲鎮置會昌縣。〔四六〕

卷一百八校勘記

〔一〕孫皓立廬陵南部　元和郡縣圖志卷二八虔州：「孫權嘉禾五年分廬陵立南部都尉，理雩都。」輿地紀勝卷三二贛州載同。又輿地廣記卷二五虔州贛縣：「吴爲廬陵南部都尉治。」記載並不同，當以元和志、紀勝爲是。

〔二〕晉太康三年平吴改廬陵南部爲南康郡是也　元和郡縣圖志虔州：「晉武帝太康三年罷都尉，立爲南康郡。」輿地紀勝贛州：「晉武平吴，罷都尉，立爲南康郡。」按元和志、紀勝記載是也。

〔三〕以虔化水爲名　「爲」，輿地紀勝贛州引本書同；宋版、萬本、庫本皆作「而」，傅校改同。

〔四〕䌷糖蜜梅竹梳箱斑竹石蜜葛布芥茶香味第一最難得雪瓜桃出冬桃山經冬始熟五色鯉　宋版、萬本、中大本、庫本皆無此「䌷」、「斑竹」、「石蜜」、「葛布」、「芥茶」、「雪瓜」、「桃」、「五色鯉」，傅校删，非樂史原文，爲後世竄入。

〔五〕下有方榻者　「者」，底本無，萬本、庫本同，據宋版及太平御覽卷四八引輿地志補。

〔六〕不知何許人　「許」，宋版、萬本、庫本皆無，按太平御覽卷四八引南康記同此。

〔七〕皎然若玉人　宋版無「然」字，「玉」字空缺，萬本、庫本作「皎若玉人」。

〔八〕及有石杖　「及」，底本作「又」，據宋版、萬本、庫本改。

〔九〕但有骨存至故號曰螺亭石山　宋版、萬本、庫本皆無「存」字。又宋版、萬本、庫本及太平御覽卷四八引南康記皆無「故」字。

〔一〇〕在縣東北四百一十三里　「四」，底本作「一」，「一」，底本作「四」，萬本、庫本同，並據宋版、中大本及嘉慶重修一統志卷三三〇贛州府引本書改。

〔一一〕賀蘭山在州西北隅本名文璧山即鬱孤臺是也至凌雲亭在金精山漢仙女張麗英飛昇之所　宋版、萬本、中大本、庫本皆無此賀蘭山、伏龍山、天竺山、崆峒山、西華山、武頭山、金精山、凌雲山、凌雲亭共九條三三一字，傅校删，非樂史原文，爲後世竄入。

〔一二〕嘗就民間飲酒爲詩至還山弄明月　宋版、萬本、中大本、庫本皆無此二十九字，太平御覽卷四八引輿地志亦無此文，傅校删，非樂史原文，爲後世竄入。

〔一三〕秦娥峯舊傳唐時秦娥自楚來此得道至仙居永結花木長榮　宋版、萬本、中大本、庫本皆無此秦娥峯、竹管峒、羅經石、洗藥池共四條九十六字，傳校删，非樂史原文，爲後世竄入。

〔一四〕于今不絶　「于」，底本作「至」，據宋版、萬本、庫本及傳校改。

〔一五〕人立祠祈禱　底本「人」上衍「鄉」字，據宋版、萬本、庫本及輿地紀勝贛州引輿地志删。

〔一六〕建中三年　舊唐書卷四〇地理志三、新唐書卷四一地理志五、元和郡縣圖志虔州、唐會要卷七一州縣改置下皆載貞元四年，刺史路應奏請分置安遠縣，輿地紀勝安遠縣序謂「當從唐志，寰宇記非是」。

〔一七〕九龍嶂在縣南十五里至聳入雲表接信豐界　宋版、萬本、中大本、庫本皆無此九龍璋、涼傘嶂共二條五十五字，傳校删，非樂史原文，爲後世竄入。

〔一八〕號爲金室　「爲」，底本作「曰」，據宋版、萬本、庫本、太平御覽卷四八引南康記、輿地紀勝贛州引本書及傳校改。

〔一九〕其隻者鑒水向影　底本「或」下衍「浴」字，庫本同，據宋版、萬本、太平御覽卷四八引南康記及傳校删。

〔二〇〕連東北流　宋版、庫本同，萬本作「西北流」，嘉慶重修一統志卷三三〇贛州府引本書同。按廉水即今江西安遠縣濂江，從縣南向西北流，則此「東北」爲「西北」之誤，「連」疑衍字。

〔二一〕雩水出縣北二十里雩山水西南流經縣前與章水合流　按本書下文載：「雩水，源出雩山，在縣東北四十二里，西南五十里，經縣前合貢水。」又載：「貢水，源出汀州新樂山，經縣東南四百七十一里，北流至縣。」則經雩都縣者爲貢水，章水爲經南康縣者，疑此「章水」爲「貢水」之誤。

〔二二〕昔人祈雨于此山下　底本「昔」下衍「有」字，「祈雨」誤錯于「山下」，並據宋版、萬本、庫本及輿地紀勝贛州、嘉慶重修一統志贛州府引本書刪正。

〔二三〕一石正當穴口如彈丸　「丸」，太平御覽卷四八引南康記同，宋版、萬本、庫本皆作「圓」。

〔二四〕有金雞出入此穴　底本「有」上衍「山」字，據宋版、萬本、庫本及輿地紀勝贛州、嘉慶重修一統志贛州府引本書刪。太平御覽引南康記作「嘗有」。

〔二五〕有人挾彈放圓至穴口化爲石　「圓」，宋版、萬本同，太平御覽卷四八引南康記作「丸」，同本條上文，「圓」、「丸」義同。「至」，萬本同，宋版作「止」，太平御覽卷四八引南康記作「於」。

〔二六〕古時此山有珠玉　「有」，底本作「出」，據宋版、萬本、庫本及輿地紀勝贛州引本書改。

〔二七〕蕭帝巖狀類獅伏而口仰張至蛟蜃所居深不可測　宋版、萬本、中大本、庫本皆無此蕭帝巖、湘洪水共二條六十五字，傅校刪，非樂史原文，爲後世竄入。

〔二八〕西南五十里　宋版同，嘉慶重修一統志贛州府引本書作「西南流五十里」，宜有「流」字。

〔二九〕寒信峽在縣東北六十里至隋建唐景雲間改爲紫陽觀　宋版、萬本、中大本、庫本皆無此寒信峽、化龍水、龍鐘潭、石竇穴、清華道院共五條一三六字，傅校刪，非樂史原文，爲後世竄入。

〔三〇〕隋平陳罷南康郡爲虔州而改縣爲虔化　按隋書卷三一地理志下云平陳廢南康郡置虔州，開皇十八年改寧都名爲虔化，則罷郡置州、改縣名非同時，此「改縣」上脱「開皇十八年」五字。

〔三一〕天寶六年勅改名臨雲山　「名」，底本作「爲」，庫本同，據宋版、萬本及輿地紀勝贛州、嘉慶重修一統志卷三三三寧都州引本書改。

〔三二〕漢使諸校屯梅嶺　底本「屯」下衍「兵」字，據宋版、萬本、庫本及漢書卷九五西南夷兩粤朝鮮傳删。

〔三三〕吴録及志云屬廬陵南部都尉　「及志」，底本作「地志」，萬本同，據宋版、庫本改。輿地紀勝卷三六南安軍南康縣：「吴録及吴志云屬廬陵南部都尉。」則此「地志」爲「及吴志」之誤，宋版、庫本作「志」乃「吴志」簡稱。

〔三四〕石君山　「石」，底本錯入上條聶都山文末「礬」字下，據宋版乙正。嘉慶重修一統志卷三三二南安府亦作「石君山」。

〔三五〕左曰夫人右曰女郎　二「曰」字底本作「者」，並據宋版、萬本、庫本、嘉慶重修一統志南安府引本書及傳校改。

〔三六〕二里至頂　「頂」，底本作「嶺」，庫本同，據宋版、萬本及太平御覽卷五四引太康地志、輿地紀勝南安軍引本書改。

〔三七〕謂之横亭　宋版此下列有：「熱水，出聶都山，南康記云：『蓋謂泉之源也。』又云：『熱水昔名豫水，漢置豫章縣，因此水源以爲名。』」萬本同。與本書南康縣末條良熱水記述相同，唯有無「良」字之别。按輿地紀勝南安軍：「凉熱水，在大庾，圖經作『良熱』，輿地記作『凉熱』，蓋水源一温一冷。」則良熱水出於大庾縣，宋版、萬本所列，是，底本蓋脱。

〔三八〕穀山　「穀」，底本作「谷」，注「一作穀」，據宋版、萬本、庫本、嘉慶重修一統志贛州府引本書及傅校改删。本條下文穀水同改。

〔三九〕香山在縣南七十里至源出猶山東流自南折北至桃江　宋版、萬本、中大本、庫本皆無此香山、木公山、龍新山、鐵石巖、黄石洞、綿水、西河水共七條二〇六字，傅校删，非樂史原文，爲後世竄入。

〔四〇〕在縣西南一百五里　底本「百」下衍「零」字，據宋版、萬本、庫本删。

〔四一〕松林巖中有三石佛至産肥魚無骨而味佳　宋版、萬本、中大本、庫本皆無此松林巖、肥潭共二條五十五字，傅校删，非樂史原文，爲後世竄入。

〔四二〕雲龍山在縣南五十里至一面平坦可避亂　宋版、萬本、庫本皆無此雲龍山、陳石山、猫頭石共三條九十一字，傅校删，非樂史原文，爲後世竄入。

〔四三〕五龍巖在縣西五里至啖之得仙一名仙姑嶺　宋版、萬本、庫本皆無此五龍巖、烏石嶂、燕藪澤、琉璃山共四條一一〇一字，傅校删，非樂史原文，爲後世竄入。

〔四四〕僞吳武義年中　「年」，底本無，萬本同，據宋版、庫本補。

〔四五〕太平興國年中　按元豐九域志卷六、宋朝事實卷一八、輿地紀勝贛州引國朝會要皆載太平興國八年置興國縣，爲太平興國年末也。

〔四六〕太平興國年中　按元豐九域志卷六、宋朝事實卷一八、輿地紀勝贛州引國朝會要皆載太平興國八年置會昌縣，爲太平興國年末也。

太平寰宇記卷之一百九

江南西道七

袁州　吉州

袁州

袁州，宜春郡。今理宜春縣。春秋時，其地屬吴國。〔一〕秦併天下，其地屬九江郡。漢爲宜春縣，屬豫章郡。晉太康元年平吴，改宜春爲宜陽，避太后諱，〔二〕仍屬安成郡，隸荆州。元帝過江，以中流襟帶，分桂陽、武昌、安成三郡置江州。〔三〕至陳禎明三載，安成、宜陽縣皆屬江州。隋平陳後，土人文盛擁衆自守。〔四〕開皇十年，洪州都督楊武通平之；十一年置袁州，因袁山爲名。大業三年改爲宜春郡；十四年，城陷林士弘等賊。唐武德四年平蕭銑，置袁州。天寶元年改爲宜春郡。乾元元年復爲袁州。

元領縣三。今五：宜春，分宜，新置。萍鄉，新喻，萬載。筠州割到。

州境：東西五百二十六里。南北二百二十五里。〔五〕

四至八到：東北至東京二千五百八十里。西北至西京三千七百一十一里。西北至長安三千九百七十一里。北至洪州五百二十里。東至洪州水路七百四十里。南至吉州三百一十里。西至潭州五百二十六里。北至洪州五百二十里。東南至吉州三百二十里。西南至潭州界二百三十里。西北至潭州界五百二十六里。東北至洪州界四百八十里。

户：唐開元户二萬二千一百。〔六〕皇朝户主四萬四千八百，客三萬四千九百三。

風俗：同洪、吉等州。

人物：宜春山水秀麗，鍾于詞人。自唐有舉場，登科者實繁，江南諸郡俱不及之，有宜陽集以載其姓名。

土産：白紵布，葛，紙，竹鞋，黄精，地黄，綿布，〔七〕酒，按王烈之云：「宜春酒酎，隨歲舉上貢。」〔八〕龍鬚草，茶，土綾。〔九〕

宜春縣，舊二十二鄉，今一十七鄉。漢舊縣也，屬豫章郡。高帝六年，灌嬰于此築城，置宜春縣，武帝封長沙定王子成爲宜春侯。王莽改爲修曉縣。光武初改爲宜春。吴寶鼎二年以宜春屬安成郡。〔一〇〕晉太康元年以太后諱「春」，〔一一〕改爲宜陽縣。隋開皇十一年廢安成，併于宜陽縣，置袁州，移縣于州東五里；十七年改宜陽爲宜春。大業三年罷袁州爲宜春郡。縣側有煖泉，從地湧出，夏冷冬煖，清澄若鏡，瑩媚如春，飲之宜人，故名宜春縣。

鍾山，在州東九十里。裴子野宋略云：「永嘉元年，此山因洪水有大鍾從山流出，時人得之，送上驗銘，云是秦時樂器，因以爲名。」又按安成記云：「鍾山臨水阻峻，春夏則湍洑湧沸，噴上白沙如米，兩岸石上各九十餘里，名曰米沙。以之候歲，若一岸偏饒，則其方豐穰，民以爲準。」

袁山，在縣東北五里。昔隱士袁京居于此山，死葬其側，乃爲袁山。

仰山，在州南八十五里。周迴連延一千里，高聳萬仞。夏有雲氣覆其嶺上，雨即立降，冬若微陰，即停積雪。峻嶮不可登陟，但可仰觀，以此爲名。〔三〕

昌山，在州東六十里。舊名傷山，袁江流于其間，巨石枕岸潺激，舟人上下多傾覆，故名傷山。按顧野王輿地記：「晉永嘉四年，羅子魯于山峽堰斷爲陂，從此灌田四百餘頃。梁大同二年廢。時人以『傷』非善徵，乃改爲昌山。」

甘泉山，在州北二十里。高一里，出甘泉。

玉岡山。屹如削玉，其下幽曠。

靈仙洞。洞内去地三十丈，景物不異洪陽，但差小耳。有丹爐，闊二尺，厚三寸許，圓如月，畧玷缺。側有一石磨，與丹爐尺寸不差絲毫，或以爲爐蓋也。

桃源洞。洞口空闊，行東北半里至石室，有石鐘、石磬，扣之有聲。直北一室，天窗虚明，石級如田。田傍生荔支，有池澄淨，石龍夭矯。上隔洞二里爲風洞，居山之陽，不可入。傍有流泉，水聲潺潺，清風生焉。冬温夏冷，避暑者置盤餐于中，食頃輒凍。上有亭。

落星湖。相傳唐耕者向氏母居此，一夕見巨星流于屋，遂成湖。廣五十餘畝，其深莫測。

轉鐘潭。相傳黄巢黨以鐘烹牛，鐘靈，轉入水。〔一三〕

夢水，在州東八十五里。源出袁水，昔鍾儀于此村欲立縣，遇夜乞夢，果符所祝。及寤，名爲思縣，古迹見存。其水因爲名。

宜春水，出縣西四里。其水甘美，堪作酒。晉書地道記云：「縣出美酒，隨歲舉上貢。刺史親付計吏。」

李渠。刺史李將順于州西南十里修堰，引仰山水入城通船。自亂後，只開溝水引水入市，周流通達，置渠長一丈。

温泉。郡國志云：「南鄉有温泉，以生雞卵，投之即熟。水中猶有魚焉。」又州圖云：「去州南三十五里。冬夏長熱，湧出以冷水相和，可去風疾。」石室。宜春記云：「郡有石室山，數室相連，高十餘丈，皆相似。素壁若雪，萬象森羅于其所。」

仰山祠，〔一四〕在州南。廟居東北六十里。昔有古廟，地曰獺敬龍潭。古老相傳昔有邑人徐潘在縣東十里浦村，從揚州行舟還，至彭蠡湖大孤石，見一人稱蕭大分，一人稱蕭陸，云居宜春縣南仰山石橋，求與同載，徐潘許之。至浦村東一百步告別而去，期後相尋至石橋，必須大喚，叔季應相見。往來既數，宴會之次，大分告曰：「君欲雨即爲雨，晴亦如之。」徐潘因曰：「欲得田土。」信宿之間，發大水，推山蕩竹，俄而平高就下，出田五頃，今浦村西徐田是也。潘怪之，遂默志其處，乃見二龍，自此遂絶，石橋亦斷。後亢陽齋潔，禱祈必應。會昌三年，大洪水移廟，拔去杉樹，駐在文明鄉嘉猷都田村，去郡三十里，興建嚴祠，迄今盛焉。前進士黄頗撰碑。

湖岡山，在州南十五里。晉鄧表故宅，上有煉臺、養丹池、朝斗石。

蟠龍山，在州南四十里。自麓至嶺三十六曲。

震山，在州東十里。下有巖幽險。唐彭構雲隱釣于此。寶應中，徵召不就。盧肇作有震山巖記。

書堂山，在州西南三十里。唐盧肇讀書于此。按萬載西八十里亦有書堂山，習鑿齒避地處。

喝斷山，在縣北一百二十里。兩山峙若天門，中通一徑，爲十數州之咽喉。

大軍嶺，在縣西北九十里。山腰有泉，名水漿湖。相傳隋煬帝時戰場。

漠塘洞，在縣北六十里。初入闊可數丈，潭水流洞外，至小洞漸遠，一竇通明，地名帶塘，隔漠塘二十餘里。鄉人避寇之密地也。

盧石，在縣東湖上。三峯九竅，奇秀可玩，相傳盧肇家石。

飛劍潭，在縣西七十里。相傳唐有王將軍者坐石上，墜劍入潭。今石劍痕猶存。

鸞溪，在州西北六十里。流入秀江。俗傳吴彩鸞與文簫遊此。

洗硯池。池中産緑毛龜。

西池，在縣西。乾元中，刺史鄭審所開。

宜春泉，在縣西四里。有比目魚。唐地理志云宜春泉，釀酒入貢。

甘泉，在縣北十五里。泉從山竇中流出，味甚清甘。唐咸通二年，僧道光築室，爲甘泉院。

宜春臺，在縣東南隅。城冢記：「漢宜春侯劉成于城中立五臺，其最勝者爲宜春，高五十餘丈，植桃李以萬計。」

彭徵君釣臺，在縣東五里。盧肇記云先生諱構雲，伉之祖也，善黃老言。寶應中，以玉帛召不至，時太守命其鄉曰徵君鄉，巖曰徵君釣臺。

龜井。縣有五井象龜，昔袁天罡教民鑿以尅火。

將軍易洸墓，在州西將墳山。武帝時領兵至此，卒因葬焉。

袁璞墓，在袁山。高四尺。翁仲石獸猶存。

鄭谷墓，在江比嶺下。

宣猛將軍湛陀墓，在縣東三十里。

韓滂墓，在縣南。滂，愈之姪也，年十九，卒于此。愈爲銘。

黃頗墓，在縣北湖塘。〔一五〕

龍姥廟。郡國志云：「在州東六十里。其廟宇元在康州悦城縣，唐開成中，縣令盧曼常遊宦南越，〔一六〕假康州録事參軍，至是祠姥見夢，曰：『子當爲此官，今且北矣。』旦占之，得見龍之貞，遂祠其形像。太和六年，曼理縣有善政，郡守闕，攝司馬、知州，歲大旱，遂祈焉，以響應，置祠宇昌山渡，往來祠之甚驗。」

黃真人臺，臺有巨石夷坦，相傳晉時有大古者修煉于此。

習鑿齒墓，在棗木山。苻堅之亂，隱居萬載書堂山，卒葬于此。〔一七〕

定王冢。按史記長沙王子成封宜陽侯，〔一八〕卒葬在州東南一里。

洪陽洞，在州東昌山北岸，去州六十里。按神仙傳：「洪陽先生所居洞府。洞門去地高四十丈，峻巘巉巖，寒泉清泠，杉檜千尋，亦縣之勝境也。」

分宜縣，東八十里。新割十鄉。本宜春縣地，皇朝雍熙元年八月析宜春神龍等一十鄉置分宜縣，以便民欲，當宜春、新喻兩縣界之中也。

萍鄉縣，西一百二十五里。今七鄉。本漢宜春縣地，屬豫章郡。吴寶鼎二年分立萍鄉，先隸吉州。〔一九〕隋開皇十一年屬袁州。楚昭王渡江獲萍實于此。今縣北有萍實里、楚王臺，因以名縣。按郡國志云：「萍鄉多蟲毒，其家絶滅則飛遊，值之者斃。」

羅霄山。王孚安成記云：「萍鄉羅霄山，澤水所出，傍出石乳，天旱，吏人祀之，因以大木長三四丈，投井即雨，水懸湊井溢，〔二〇〕輒令木湧出而雨止，蓋潛龍之穴宅，以陽居陰，精神上通，故扣之必有玄感，若蜀都賦所謂『應鳴鼓而興雨』者也。」

玉女岡。按顧野王輿地志云：「玉女岡去州西陸路九十里，東六十里。其塹天氣若雨，即湧出石間五色玄雲之氣，百姓咸云玉女披衣，又名玉女塹。」

煬岐山，在縣北六十里。煬帝曾經此山，因以爲名。有煬帝壇，見劉禹錫文。

石姥山，在縣西五十里。側有石，狀如姥，因以爲名。

楚山，在縣北九十里。或云楚昭王曾經此。

韓滸潭，在縣北十里，深二丈。傍有韓將軍廟。

雨湧泉，在縣北煬岐山。相傳泉通海，天欲雨，水先湧。

泰和臺，在縣西。晉泰和間創，故名。兩山環抱，中廣數里。有古井靈泉。

葛仙壇，在羅霄山嶺。晉葛洪修煉處。上生叢竹，風來垂地如埽。〔二一〕

萍鄉縣故城，在縣東四十里。晉大興元年，〔二二〕陳敏自王江東，與杜弢音叨。〔二三〕相應作逆。晉遣鎮南將軍陶侃水陸二道來伐，甘卓領兵于縣東築壘，連接五所，號爲甘卓壘。

龍鳴寺，在縣西南二里。額即則天證聖中宋之問所書，有「迴鸞返鵲」之文，〔二四〕今在。

新喻縣，東北一百五十里。今十二鄉。漢宜春縣之地，屬豫章郡。吴孫皓分宜春立新喻縣，屬安成郡。隋開皇九年平陳，〔二五〕廢爲吴平縣，又屬洪州。至大業年廢吴平，其年置袁州，〔二六〕再立新喻縣，在龍池之墅。其創縣之初，采喻水爲名。武德初，安撫使李大亮析置西吴州，至七年廢，還復新喻縣。

百丈山，在縣南七十二里。頂闊百丈，因以爲名。頂上有葛仙翁井，井畔有廟。

袁水，在縣南五十步。西至一灘，灘長二里，其地嶮峻，號曰五浪灘，其側立五浪館。

渝水，在縣南。其源出萍鄉之蘆溪，經縣境凡九十九灣、八十八灘，抵清江。

覽勝亭，即唐盧肇觀競渡處。肇與黄頗同舉于鄉，公車皆發，太守獨餞頗而肇不與。明年肇魁，多士守延肇觀競渡，肇席上作詩云：「扁舟鼓浪去如飛，鱗鬣峥嶸各鬬機。向道是龍剛不信，果然奪得錦標歸。」

緑陰亭，俯瞰袁水。唐盧肇有詩云：「亭邊古木晝陰陰，亭下寒潭百丈深。黄菊舊連陶令宅，青山遥負向平心。」〔二七〕

廢吴平縣，在縣東一百一里。後漢時置爲漢平縣，隋改爲吴平縣。〔二八〕開皇十三年廢入新喻縣。〔二九〕

廢始平縣，在縣北九十里。武德五年置，七年廢入新喻縣。

廢廣豐縣，在縣北八十四里。武德五年置，七年廢入新喻縣。

萬載縣，北一百里。〔三〇〕舊五鄉，今四鄉。本高安縣地，僞吴順義元年分高安、進城、康樂、高侯等四鄉置萬載場，因其鄉以名。其地去高安路遠，僞唐保大十年升高安縣爲筠州，遂升萬載場爲縣以屬焉。今割隸袁州。

康樂水，在縣東北，水口去縣三十五里。自謝山源出，南流，即康樂侯謝靈運常遊之水。

古城，在縣東北四里。宋武帝封臨川内史謝靈運爲康樂侯，〔三〕以侯就第，即此地也。其城周迴山水，謝公無日不宴遊。有書堂，石硯猶存焉。

湯周山，在縣西三十里。古老相傳晉安帝時，湯、周二仙修道之所。

水晶巖，在縣西五十里。巖中瀉瀑如玉。

劍池水，在縣西一百里，廣丈餘。舊傳許旌陽捕蛟洪州時，蛟潛逃池，旌陽捕斬之，因名。

鍋泉巖，在縣西南九十里。中有三巨石，石中有泉，天將雨，雲氣自中起如炊烟，又名石鍋。

習鑿齒書堂，在縣西八十里深谷中。雖霽，常有雲霧。

陶公石室，在縣東三十里。平田中突起一巖，高三丈，中有石室。相傳唐竹溪六逸陶沔晚歲隱居于此。

曾文辿敕連反。墓，在冠丘山。〔三〕

吉州

吉州，盧陵郡。今理盧陵縣。春秋時爲吴地。戰國屬楚。秦併天下，屬九江南部都尉理。漢爲盧陵縣，〔三三〕屬豫章郡。又項羽立吴芮爲衡山王，盡有其地。漢高帝徙吴芮于長沙，盧陵即豫章之屬邑。王莽改曰桓亭。〔三四〕又雷次宗豫章記云：「靈帝末，揚州刺史劉遵上書，請置盧陵、鄱陽二郡，獻帝興平元年始立郡。」即吴志云孫策所分立。〔三五〕又按地理志云：〔三六〕「吴分豫章之新喻宜春、盧陵之平都永新、長沙之安成萍鄉六縣爲安成郡。」即今安福縣理也。又晉地記云：「太康中以雩都、贛、南野等縣割爲南康郡，而盧陵百姓去管遥遠，乃移郡于石陽縣。」今舊州東北故城是也。六代皆因之不改。隋平陳，改盧陵郡置吉州，于今郡城西南築小城，即舊州城是也，以界内吉陽水爲郡名，仍改石陽爲盧陵縣，并廢吉陽郡之永豐、興平、高昌三縣入盧陵；又廢東昌、安豐、西昌、廣遂、永新，合五縣置太和縣；又割巴山郡之新淦縣，廢安成郡，立安福縣，並屬吉州，吉州秖管盧陵、太和、新淦、安福四縣。大業三年又改爲盧陵郡。唐武德五年，江左平，復置吉州，領盧陵、新淦二縣，又析太和縣置南平州，以州人劉乾宗爲刺史，又于安福縣立穎州；武德七年廢穎州，依舊爲縣；八年又廢南平州及永新、廣興、東昌三縣入太和縣來屬。後以永新百姓去太和阻遠，〔三七〕請依舊置，顯慶四年復置永新。今領五縣。開耀元年，州人劉智以州逼贛水，東通大山，户口殷繁，土地湫隘，陳移郡之利，永淳元年移于今理。天寶元年改爲廬陵郡。乾元元年復爲吉州。

元領縣五。今七：廬陵，新淦，沽濫反。太和，安福，永新，吉水，新置。龍泉。新置。

州境：東西四百二十里。南北六百九十三里。

四至八到：北至東京二千八百四十三里，水路四千七百一十二里。西北至西京二千七百九十五里。西北至長安三千六百五里，取隨州路三千二百二十五里。東至撫州五百二十五里。南至虔州五百三十里。西至郴州一千二百五十里。北至洪州五百三十里。東南至虔州八百八十四里。西南至衡州九百一十里。東北至撫州四百五十里。西北至袁州三百二十里。

户：唐開元户四萬一千。皇朝户主五萬八千六百七十三，客六萬七千七百八十。

風俗：同洪州。

人物：歐寶，永豐人。父喪，廬于墓。里人格虎，虎投其廬，寶以衣覆得脱。虎後月送一鹿助祭，蓋孝感也。〔三八〕

陶侃母諶氏，新淦人。家貧，以紡績資給侃，令交結勝己者。

曾崇範，廬陵人。家貧好學，蓄經史頗富。時詔求遺書，刺史賈皓售以進上。崇範笑曰：「墳典，天下公器，世亂藏于家，世治藏于國，何以售爲？」皓表薦之，授太子洗馬。蕭儼。永新人。以童子擢第，官給事中。嘗進見，後主適與嬖倖弈，儼舉枰投地。主怒曰：「汝魏徵耶？」對曰：「若臣非魏徵，陛下亦非太宗矣。」主默然罷弈。〔三九〕

土產：玉版筍，水晶葱，龍鬚草，抱石魚，〔四〇〕藤，貢。茶，紫草，橘，〔四一〕碁子，竹紙，絲布，白紵布。

廬陵縣，舊十八鄉。今七鄉。漢舊縣，屬豫章郡。後漢獻帝興平元年，孫策分立廬陵郡，改縣曰高昌。梁改高昌爲石陽縣。〔四二〕隋平陳廢郡，復爲廬陵。

玉笥山。道書福地記云：「此山土地肥美，宜穀辟兵也。」又天監起居注云：「五年，廬陵太守王希聃于高昌縣仙山獲龍泉光劍二口。」〔四三〕

相山，在縣西。極幽曠，唐杜審言司吉州，結相山詩社。

石屋巖，有大穴，中如廳，可容三百人。巖口出泉，雖旱不竭。〔四四〕

虎口石，在縣北一百三十里，臨灨水。高三丈，出一穴，狀若虎口。梁侯景亂時，交州刺史陳霸先將兵三萬越海赴難至此，爲景將董紹先督方舟一萬二千五百餘艘據虎口石立柵以邀之，霸先使其舟排之，〔四五〕而潛軍出其不意，及覺，已至柵下，遂敗，方舟北濟，即此處也。

灨水，亦曰廬陵江，南自太和縣界流入。

落亭石。王烈之安成記云：「郡渚江川發源同會落亭石，上有芝草，下有紫金。」

廬陵故城，在縣南一里。晉咸康末，太守孔倫所築。宋永初山川記云：「此城中有井，井水色有二，半青半黄，黄者如灰，作飲粥並金色而甚芬香。」曹叔雅廬陵異物志云：「人呼灰汁爲金水。」

石陽故城，在縣北六十里。輿地志云：「後漢和帝分新淦縣爲石陽縣，屬豫章。獻帝割屬廬陵郡。」隋開皇十年改廬陵郡爲吉州，改石陽爲廬陵，移于今郡理，此故城存。

山都。曹叔雅廬陵異物志云：「廬陵大山之門有山都，似人常裸身，見人便走。自有男女，可長四五尺，能嘯相呼，〔四六〕常在幽昧之間，亦鬼物也。」

新淦縣，〔四七〕北二百五十里。舊十五鄉，今十三鄉。漢舊縣，屬豫章郡。南有子淦山，因以爲名。王莽改曰偶亭。晉復爲新淦，歷代不改。陳屬巴山郡。隋開皇十年廢，以縣屬吉州。縣令李子樂以去州縣遠，請移市南村置，即今縣理。

玉笥山，在縣南六十里。道書云：「玉笥山，福地山也。」有水東流。山數十里，地宜稻穀，肥美。〔四八〕陶弘景玉匱書云：「山今屬巴山，在縣西四十里。有廢清居觀，即梁公社被流于南，迴而隱于此山，因置觀焉。梁司徒、左長史蕭子雲爲作銘也。」

閣皂山，在縣北六十里，淦山南一里。爲神仙之攸館。

伏泉山，在縣東北一百七十里。山上有泉懸空，皎然如素。舊名泉山，天寶六年勅改爲伏泉山。

淦水，在縣北一百里。西流達于贛水。

子淦山，有水流出其下如淦色，〔四九〕因以爲名。在縣北六十里。

泥溪水，在縣南六十里。其水從撫州崇仁縣流入贛水。

金水，在縣北四十里。其水從小廬山西流入贛水。

溢山，在縣東六十二里。環擁十二峯，上有紫元洞及王郭、浮丘三仙壇。

小廬山，在縣北六十里。山周迴百里，南接樂安，北抵豐城界。

黄檗山，在縣南二十里。唐權載之有黄檗館遇雨詩。

仙女峯，在縣東南七十里。唐乾符間，李氏女得道于此，故名。

楓岡寨，在縣南五里。唐吉州刺史彭玕立寨于此。

許紹墓，在縣南十里。

蘇令墓，在秋山。永定中，蘇爲巴丘令，殁葬于此。〔五〇〕

故巴山縣。按輿地志：「吴後主分新淦、石陽兩縣置巴丘郡。」吴志云：「周瑜進尋陽，破劉勳，討江夏，定豫章、廬陵，留鎮巴丘。」周瑜堞，今在縣南。

故縣城，去縣六十里。漢之理所，隋開皇十年移于今理，此城遂廢。

泥溪城，在縣南四十里。按陳書云：「梁太平二年，南海郡刺史蕭勃舉兵入，遣將軍歐陽頠屯軍苦竹灘，用拒官軍。」〔五二〕即此城也。

陶侃母墓。侃母諶氏，邑人。墓在縣東北百步。

廢新淦縣城。按輿地志云：「漢時南昌都尉所理之城。王莽改曰偶亭。」隋開皇十年隸廬陵郡，移于今理。此城今廢，在縣北一百二十里。

太和縣，南一百里。〔五三〕舊十二鄉，今七鄉。漢爲廬陵縣地，屬豫章。隋平陳，改爲安豐，尋改爲太和縣。按縣記云：〔五三〕「隋拓定江表，大使韋沈廢安豐、太和二縣。〔五四〕至大業八年以舊安豐非水路之要，遂移就故西昌縣西三里古城，是齊明帝初封西昌侯于此。〔五五〕貞觀元年，縣人以西昌曾被寇陷，後移歸故城。貞元三年又移歸白下驛西置，即今理是。」

傳擔山，在縣西五十里。極險峻，非攀援不可上。西南有石筍峯，下有九龍潭。又有玉溪泉，凡四十八竅，至巖前合爲一，因名六八泉。

潮山。唐四祖禪師結菴山巔，菴成，江水逆流，聲急若潮，因名山。〔五六〕

贛石山。廬陵異物志云：〔五七〕「有木客鳥，大如鵲，千百爲羣，飛集有度，不與衆鳥相厠。人俗云是木客化爲此鳥也」。〔五八〕又按郡國志云：「木客鳥左翼後有文，飛特高者，謂之五馬；前正黑翎下霜色而赭者，謂之功曹；右脇有毛，狀貌似盤囊者，謂之主簿；是五曹官局，土人次第呼之。凡鳥飛不過百餘步。又有山都獸，似人。」異物志云：「大山窮谷之間，有山都，人不知其流緒所出，髮長五寸而不能結，裸身，見人便走避之，種類疏少，〔五九〕曠時一見，然自有男女焉。」

王山，在縣東八十三里。周迴三百里，其山峯巒秀異。昔王子喬曾控鶴于此山，故以「王」爲名。旱即祈雨必應。按山川記云：「祈禱之時，有人悮喚奴者，則隨其所犯鄉境雨至，必見雲開，卒無沾潤。」相傳云王喬既去，奴墮于此，因爲神，至今操烈不可犯，民爲之諱。

禾山，山有浮筍，九月末，人得食之。有禾水出焉，東入贛水。

鐵山，在縣西北二百八十七里，周迴五百里。

東昌故縣，在縣西六十里。〔六〇〕輿地志云吴後主置，隋平陳廢。

木山廟。郡國志云：「太和縣有木山廟，民祈雨頗有應。後有道士燒之，歲爲之不熟。」

遂興故縣，在縣南一百七里。輿地志云：「後漢獻帝立遂興縣，吴大帝改曰新興，晉武帝復爲遂興，以在遂水口爲名。」隋平陳，廢。

西昌故城，在縣西三里。按輿地志云：「漢時爲廬陵縣，屬豫章。後改爲西昌縣。」隋開皇十年廢西昌，置太和縣，移于今所。此故基也。

白口城，在縣東南二里。按陳書：梁天監三年，〔六一〕「高州刺史李遷仕據大皐城。陳武帝先屯軍于南康，遣杜僧明將兵二萬人，築城于白口以禦之，李遷仕亦築城相對。其年，僧明遂拔城，生擒遷仕，送于南康。」今兩舊城跡猶存，近白下驛。

廬陵故城，在縣西北三十里。按輿地志云：「後漢興平元年分豫章置廬陵郡。晉太康中移郡于石陽。故城尚存。」

大皐城，在縣北八十三里，臨贛水。〔六二〕梁天監二年，〔六三〕陳武帝先領兵赴難，高州刺史李遷仕築城于大皐以拒之，爲陳武帝將周文育所破，棄城而潰。

安福縣，西一百二十里。舊一十五鄉，今十鄉。漢安成縣新茨亭，屬長沙國。今縣六十里有安成故城存，即漢安成侯張普所理也。〔六四〕後漢永元中改安平縣爲平都縣。〔六五〕吳寶鼎二年置安成郡，而縣屬焉。按王烈之安成記云：「縣本有兩鄉，漢縣理西鄉，即張普所理之地。吳又移于東鄉置郡，縣亦移焉。至晉武改曰安復城。」晉書云：「元康元年，朱居爲安成太守，築郡城。」郭内有雙闕，高數丈，後殷仲堪亦爲安成太守，即此。又按安成記云：「宋明帝封皇太子準，齊高帝封皇太子贔，梁武帝封皇弟秀，陳文帝封皇弟頊，俱爲安成王，皆此城也。」隋平陳，廢郡爲縣。唐武德五年又置潁州，七年州廢，以縣來屬。

浮岡山。按郡國志云：「浮岡山石壁光明，五色迭相照耀，望之如龍虎之狀。」

更生山，在縣西北五十里。〔六六〕古老傳云山有豫章樹，伐而更生。

長嶺山，在縣南。山有石墨，可以種火，是爲不灰石。

蹲山，在縣南百里。顧野王輿地志云：「上有風窟，繚繞百餘步，無草木。每有風出，飛揚沙塵。」

玉荆山，在縣南三十里。相傳晉時有人耕田得玉，因名。

斑竹山，在縣西十里。産斑竹。相傳魏夫人于此鍊丹。

武功山，在縣西。根盤八百餘里，高三十餘里。中夜登嶺，可望日出。上有葛仙壇，瓦皆用鐵。傍有石塔，時見火焰若金燈。相傳昔有武氏夫婦遠來修鍊，夫止盧蕭，婦止西昌，遂以武公名山。後陳武帝時，山神助師平侯景之亂，更名武功。〔六七〕

王水，在縣東南百里。輿地志云「掣村没于龍陂」，即其水也。平都縣，漢時在此水口，以地險徙之，舊城猶存。

更生水。輿地志云：「平都四鄉水源出青山，會于王溪。下有龍陂，昔有女子以樟樹花沈陂，後出更生。」〔六八〕

大泉，在縣南六十里。泉有兩穴，中有石室，硤不通船，闊三尺，自然盤石爲人坐。傍泉巖穴，狀如削成，竹樹交陰，冬夏常茂。有石潭水，入王溪。

蜜湖。按輿地志云：「湖中有絲蓴鯽魚，并有石窟，容百人坐。〔六九〕其魚味甘如蜜。在縣東二十里。」

浮壂，在縣西七里。今號四望壂。按輿地志云：「其壂下有古人作石羊、獅子尚存。」又王烈之安成記云：「有落亭，與浮壂相近，縣童曹翱得仙之所。」

龍陂水。郡國志云：「即樟樹木倒此没水，挽之不出，即此陂。」

新茨山。王烈之安成記云：「豫章太守賈萌與安成侯張普爭戰于新茨之野。」今縣側有新茨亭。

封溪。郡國志云：「溪有大樟樹，即聶支繫樟舸處。」今邑有聶支祠墓存焉。

廢安成郡。輿地志云：「晉惠帝元年，太守朱居所築，凡闊八里，而置八門，即此城。」

安成郡池。按安成記云：「晉殷仲堪爲安成太守，于郡西太池之上築臺讀書。今遺址尚存，頗有勝境。」

司馬道子墓。王烈之安成記云：「桓玄徙司馬道子于安成，元興元年九月至平都，十二月晦，鴆之。墳在縣東。」

苻表墓。按輿地志云：「是朗兄之子，〔七〇〕徙于安成郡。太元中，表年十六，母姜氏疾數年，表不忍見，將盡，一慟而絶。太守爲立墓于四望塋之南。」

彭城王墓，即義康也。宋畧云：「文帝元嘉二十年免康爲庶人，絶屬籍，幽于安成郡，御史監之。至二十八年，康徙南海。康私謂使者曰：『人生會死，吾豈愛生惜死，恥爲遷客』。後有中詔殺之，以諸侯禮葬于縣南。」

桓修墓。晉元興中，桓玄篡位，以弟修爲安成郡王，及玄敗，修亦卒于郡。墓在縣南五十里。

歐寶墓，在縣南七里。後漢人，居父喪，鄰人格虎，投其廬中，寶以孃衣覆之，〔七一〕鄰人問寶曰「虎豈可舍而藏之乎！」後虎每月送鹿以助祭，時人以爲孝慈通于神明。

廢平都縣，在縣南一百步。按輿地志：「前漢爲安平縣，屬豫章。王莽改曰安寧。和帝更名平都，以屬廬陵郡。吴屬安成。今故縣在。」

廢安福縣。〔七二〕按輿地志云：「漢時爲安成縣。本新茨，屬長沙。豫章太守賈萌與安成侯張普興兵誅王莽，普乃背約，詣莽自陳，萌遂伐普于新茨之野。新茨，今在安成郡安福縣是也。」故縣城郭門有雙闕，高四丈，王孚安成記云張普所造也。有人撤塼而用者，虎必加害，時以爲張普之靈。縣今廢，在縣東六十七里，枕王江之口。

永新縣，西二百二十里。舊十五鄉，今十三鄉。漢廬陵縣地，吴寶鼎中立永新縣，屬安成郡。隋廢郡，而縣併入太和。唐武德五年析太和之地置南平州，復立永新縣以隷焉；八年州廢，縣入太和。顯慶四年，〔七三〕永新之民以太和道路阻遠，請別置縣于禾山東南六十七里，即今理也。

永新山，在縣西九十里。周迴三百里，連峯巉巖，疊嶂相附，有若龍勢，舊名龍頭山，天寶中勅改爲永新山。

姚公石室。按縣圖云：「縣西北一百二十里禾山足有石室，豁然洞開，有大澗，闊數丈，内有泉湧，可以行舟，前不知極，人不敢進，獸不敢窺，今古謂精靈龍蛇之所居。故開元宰相姚元崇布衣之時，曾至其處，愛此殊狀，卜居于側，讀書數載，業成而去，位登台輔。今遺墟松竹猶存。」

義山，在縣東南二十里。峯巒相顧，若有長幼之序，故名。唐天寶初改爲永新山。

寶仙聖洞，在縣東二十里。洞深數百步，内有石柳、石龍、石鼓、石碁枰。又方石若書案，傍二石若童子對立。唐天寶間有言洞藏妙寶真符者，明皇命張均等祠求之。

石郎洞，在縣西北一百里。洞深一二里，中有白石幢、石鼓、石檠、石蓮花。隔石郎

十里，爲元陽洞，清泉湧出，旁有元陽觀，云唐姚元崇讀書其中。〔七四〕

復山。王烈之安成記云：「復山有石室，虚間幽深。又一石室，水流乎其中，所謂石室相距。」

聰明泉，在縣北二十里。水自山下湧出，古今學者飲之，多成事業，土人謂之聰明泉。

鄱陽侯墓，在縣北三里。晉平南將軍、鄱陽侯、廣州刺史尹濯墓，今永新尹氏則其後也，爲松栢之主。

吉水縣，東北四十五里。元十一鄉。本吉陽縣地，縣東古城是也。隋開皇十年廢吉陽縣入廬陵縣。大業末分廬陵水東十一鄉置吉水縣。

仁山，在縣東三十里。按十三州記云：「仁水源出廢石陽縣側。」

吉水，在縣東北十里。源出永安鄉里北，會于贛水。古老傳云此水源出有波文成「吉」字，亦如巴峽之水屈曲成「巴」字也。

懸潭。古來船過者，鑿山爲路避之。後有方士許遜入水與蛟龍鬭，三日三夜後出于嶺上，〔七五〕立鐵柱爲誓。今春夏亦有渦洑，不爲人害。

舊郡城，在縣東北二十五里。隋大業三年置，唐永淳元年移州于舊石陽縣，其城遂廢。

般若巖，在縣東南九里，廣丈餘。相傳般若大師學道于此。

鷓鴣洞，在縣西北五十里。環山四合，中分南洞、西洞。有田數百畝，多鷓鴣。

雪浪閣，在縣北崇元觀。吕洞賓有詩云：「褰裳懶步尋真宿，清景一宵吟不足。月在碧潭風在松，何必洞天三十六。」〔七六〕

吉陽城，在縣東一百二十里。按輿地志云：「吴後主二年立。」隋開皇十年廢。

石陽故城，在縣東北三十里。按輿地志云：「漢和帝分新淦立爲石陽縣，屬豫章郡。獻帝割爲廬陵郡。」隋開皇十年改廬陵爲吉州，石陽爲廬陵縣，〔七七〕今在舊州東北故城是也。

廢興平縣，按輿地志云：「吴孫策二年立。」隋開皇十年廢焉。

龍泉縣，東南一百八十里。〔七八〕元六鄉。本吉州太和縣龍泉鄉什善鎮地，僞唐保大元年析龍泉、光化、遂興、和屬等四鄉置龍泉場，〔七九〕以鄉爲名，採擇材木之故也。顯德七年升爲縣。開寶元年析龍泉等四鄉爲六鄉，在龍泉、懷德、永興、永樂四鄉之地，水源周匝八百里。

卷一百九校勘記

〔一〕其地屬吴國　「國」，底本脱，據宋版、萬本、庫本補。

〔二〕晉太康元年平吴改宜春爲宜陽避太后諱　輿地紀勝卷二八袁州記述改宜春爲宜陽在東晉孝武帝，非西晉武帝，「晉改『春』爲『陽』，非在晉武平吴之時，乃孝武時也。沈約宋書於富陽縣下書富陽，本曰富春，晉簡文鄭太后諱『春』，孝武改曰富陽。於安成郡之宜陽縣下亦書曰本名宜春，晉孝武改名。則改『春』爲『陽』，當在孝武時，非武帝平吴之時，特二君之謚，皆有『武』字，故後人誤以孝武爲武帝。」按晉書卷三二后妃傳：簡文宣鄭太后，諱阿春，東晉元帝建武元年，納爲琅邪王夫人，生簡文帝，咸和元年薨，太元十九年，孝武帝下詔尊爲簡文太后。又輿地廣記卷二五宜春縣，「晉孝武改爲宜陽。」王象之説是也。

〔三〕元帝過江至置江州　晉書卷一五地理志下：「惠帝元康元年，有司奏，荆、揚二州疆土廣遠，統理尤難，於是割揚州之豫章、鄱陽、廬陵、臨川、南康、建安、晉安，荆州之武昌、桂陽、安成，合十郡，因江水之名而置江州。」宋書卷三六州郡志二亦載晉惠帝元康元年以豫章等十郡置江州，按當從晉志、宋志。

〔四〕土人文盛擁衆自守　「衆」，底本作「兵」，據宋版、萬本、庫本及傅校改。

〔五〕南北二百二十五里　「二百」,底本作「三百」,據宋版、萬本、庫本、傅校及元和郡縣圖志卷二八袁州改。

〔六〕二萬二千一百　「二千」,底本作「三千」,萬本、庫本同,據宋版、中大本及傅校改。

〔七〕黄精地黄綿布　宋版、萬本、中大本、庫本皆無,傅校删,非樂史原文,爲後世竄入。

〔八〕隨歲舉上貢　「貢」,底本作「供」,萬本、庫本同,據宋版改。輿地紀勝袁州引王烈之記云:「宜春醇酎,隨歲入貢。」引本書云:宜春水「甘美堪作酒,晉書地道記云:『縣有美酒,隨歲舉上貢』。」本卷下文宜春水條「供」同改「貢」。

〔九〕龍鬚草茶土綾　宋版、萬本、中大本、庫本皆無,傅校删,非樂史原文,爲後世竄入。

〔一〇〕以宜春屬安成郡　「屬」,底本作「入」,據宋版、萬本、庫本、嘉慶重修一統志卷三二六袁州府引本書改。

〔一一〕晉太康元年以太后諱春　按「太康元年」宜作「晉孝武帝太元末」,參見本卷校勘記〔二〕,此誤。

〔一二〕以此爲名　底本無「爲」字,「名」下有「焉」字,並據宋版、萬本、庫本及傅校補删。

〔一三〕玉岡山屹如削玉其下幽曠至轉鐘潭相傳黄巢黨以鐘烹牛鐘靈轉入水　宋版、萬本、中大本、庫本皆無此玉岡山、靈仙洞、桃源洞、落星湖、轉鐘潭五條二一二字,傅校删,非樂史原文,爲後世竄入。

〔一四〕仰山祠　「祠」，萬本、庫本同，宋版作「神」。

〔一五〕湖岡山在州南十五里晉鄧表故宅至黄頗墓在縣北湖塘　宋版、萬本、中大本、庫本皆無此湖岡山、蟠龍山、震山、書堂山、喝斷山、大軍嶺、漠塘洞、盧石、飛劍潭、鸞溪、洗硯池、西池、宜春泉、甘泉、宜春臺、彭徵君釣臺、龜井、將軍易洸墓、袁璞墓、鄭谷墓、宣威將軍湛陀墓、韓滂墓、黄頗墓共二十三條五六三字，傅校删。按宜春泉條已列，此不應重出，可證全非樂史原文，爲後世竄入。又震山條「彭構雲」作「彭雲」，據彭徵君釣臺條及嘉慶重修一統志卷三二六袁州府補「構」字。

〔一六〕縣令盧𡩋常遊宦南越　「𡩋」，底本作「𦵔」，據宋版、萬本、庫本改，下同。「宦」，底本作「官」，萬本、庫本同，據宋版、中大本改。

〔一七〕黄真人臺臺有巨石夷坦至卒葬于此　宋版、萬本、中大本、庫本皆無此黄真人臺、習鑿齒墓二條四十五字，傅校删，非樂史原文，爲後世竄入。

〔一八〕史記長沙王子成封宜陽侯　按史記卷二一建元已來王子侯者年表：「宜春，長沙定王子，元光六年七月乙巳，侯劉成元年。」本書宜春縣序云：「武帝封長沙定王子成爲宜春侯」，此「陽」爲「春」字之誤。

〔一九〕先隸吉州　按隋書卷三一地理志下載，開皇九年平陳，置吉州，前此無吉州之名。輿地廣記卷二五袁州萍鄉縣序云「吳置，屬安成郡」，是也，此誤。

〔二〇〕水懸湊井溢　「水」，底本作「木」，據宋版、萬本、庫本及太平御覽卷四八引王孚安成記改。

〔二一〕楚山在縣北九十里或云楚昭王曾經此至上生叢竹風來垂地如埽　宋版、萬本、中大本、庫本皆無此楚山、韓滸潭、雨湧泉、泰和臺、葛仙壇共五條一〇三字，傅校刪，非樂史原文，爲後世竄入。

〔二二〕大興元年　「元」，底本作「七」，按東晉元帝大興僅四年，無「七年」，據宋版、萬本、中大本、庫本及永樂大典卷八〇九二引本書改。　據資治通鑑卷八六載，西晉惠帝永興二年，陳敏割據江東，遣陳恢寇武昌，江夏太守陶侃屢破之，永嘉元年，陳敏自帥萬餘人將與甘卓戰，本書云云，皆與史實不符。

〔二三〕音叨　宋版、萬本、庫本皆無此二字，傅校刪，蓋非樂史原文。

〔二四〕迴鸞返鵠　「鵠」，底本作「鶴」，據宋版、萬本、庫本及輿地紀勝袁州改。

〔二五〕隋開皇九年平陳　「九」，底本作「元」，宋版、萬本、中大本、庫本同，按隋平陳在開皇九年，此「元」爲「九」字之訛，據改。

〔二六〕至大業年廢吳平其年置袁州　按輿地紀勝卷三四臨江軍新喻縣序引本書云：「隋開皇廢爲吳平縣，屬洪州，尋廢吳平縣，開皇十一年置袁州。」又隋書地理志下：「平陳，置袁州。」又云「開皇十一年廢吳平縣」，本書下文云吳平縣廢於開皇十三年，則此「大業年」乃「開皇年」或「開皇十一年」之誤，本書吴平縣云「十三」爲「十一」之誤。

〔二七〕渝水在縣南至青山遥負向平心　宋版、萬本、中大本、庫本皆無此渝水、覽勝亭、緑陰亭共三條一四七字，傅校删，非樂史原文，爲後世竄入。按全唐詩卷五五一盧肇競渡詩：「石溪久住思端午，館驛樓前看發機。鼙鼓動時雷隱隱，獸頭凌處雪微微。衝波突出人齊譀，躍浪争先鳥退飛。」不作「扁舟鼓浪去如飛，鱗鬣峥嶸各鬬機」。

〔二八〕隋改爲吴平縣　按水經贛水注：「吴平縣，舊漢平也，晉太康元年改爲吴平矣。」西晉改名吴平縣後，歷東晉、宋、齊、梁、陳因之。此云「隋改爲吴平縣」，當誤。

〔二九〕開皇十三年廢入新喻縣　按隋書地理志云開皇十一年廢吴平縣，參見本卷校勘記〔二六〕

〔三〇〕北一百里　「北」，萬本同，宋版、中大本、庫本、嘉慶重修一統志袁州府引本書皆作「去州」，傅校改同；元豐九域志卷六袁州萬載縣：「州北八十里。」輿地紀勝袁州同，所載縣方位正合本書。

〔三一〕宋武帝封臨川内史謝靈運爲康樂侯　底本「宋武帝」下有「時」字，據宋版、萬本、庫本、輿地紀勝袁州及嘉慶重修一統志袁州府引本書删。

〔三二〕湯周山在縣西三十里至曾文辿墓在冠丘山　宋版、萬本、中大本、庫本皆無此湯周山、水晶巖、劍池水、鍋泉巖、習鑿齒書堂、陶公石室、曾文辿墓共七條一七七字，傅校删，非樂史原文，爲後世竄入。

〔三三〕漢爲廬陵縣　「縣」，底本脱，據宋版、萬本、庫本補。按元和郡縣圖志卷二八吉州：「本秦廬陵。」則廬陵縣始置於秦。

〔三四〕桓亭　「桓」，底本作「栢」，萬本、庫本同，據宋版及漢書卷二八地理志上改。

〔三五〕獻帝興平元年始立郡即吴志云孫策所分立　按太平御覽卷一七〇引雷次宗豫章記曰「獻帝初平二年始立郡」，水經贛水注亦載初平二年立郡，今本元和郡縣圖志作「興平二年立郡」，輿地紀勝卷三一吉州總序引作「初平二年」，並辯「興平二年」之誤，盧陵郡「非置於孫策矣，當從元和志在初平二年」。

〔三六〕地理志　「理」，底本脱，據宋版、萬本、庫本及傅校補。

〔三七〕後以永新百姓去太和阻遠　「去」，底本作「云」，據宋版、萬本、中大本、庫本及傅校改。

〔三八〕歐寶至蓋孝感也　宋版、萬本、中大本、庫本皆無歐寶傳略，非樂史原文，爲後世竄入。

〔三九〕曾崇範盧陵人至主默然罷弈　宋版、萬本、中大本、庫本皆無曾崇範、蕭儼傳略，非樂史原文，爲後世竄入。

〔四〇〕玉版筍水晶蔥龍鬚草抱石魚　宋版、萬本、中大本、庫本皆無，傅校删，非樂史原文，爲後世竄入。

〔四一〕紫草橘　宋版、萬本、中大本、庫本皆無，傅校删，非樂史原文，爲後世竄入。

〔四二〕梁改高昌爲石陽縣　原校：「按石陽縣，後漢永元八年置，晉、宋、齊三史志廬陵郡並兼有石陽、高昌二縣，今云梁改高昌爲石陽，當是併二縣爲一，非改也，然未知據何書。」

〔四三〕廬陵太守王希聃于高昌縣仙山獲龍泉光劍二口　「聃」，底本作「呥」，庫本同，據宋版、萬本改。「光」，萬本同，庫本作「銅」，宋版作「耀」，當是。

〔四四〕相山在縣西至雖旱不竭　宋版、萬本、中大本、庫本皆無此相山、石屋巖共二條四十二字，傅校删，蓋非樂史原文，爲後世竄入。

〔四五〕爲景將董紹先至使其舟排之　宋版「爲景將」以下，「立柵」以上空缺，傅校語「爲景將以下空格一八字」，正合底本「董紹先督方舟一萬二千五百餘艘據虎石口」一八字。「其」，底本作「具」，據宋版改。

〔四六〕能嘯相呼　「相」，底本作「能」，據宋版、萬本、庫本及傅校改。輿地紀勝吉州引本書作「能相嘯呼」。

〔四七〕新淦縣　原校：「按『淦』字與『贛』通，韻書皆有平去二聲，或書作『涂』者非。」

〔四八〕地宜稻穀肥美　「稻穀」，底本作「穀稻」，據宋版、萬本、庫本乙正。

〔四九〕有水流出其下如淦色　「色」，底本脱，據宋版、庫本補。「淦色」，萬本、中大本、庫本皆作「金色」，傅校改同。

〔五〇〕溢山在縣東六十二里至永定中蘇爲巴丘令歿葬于此　宋版、萬本、中大本、庫本皆無此溢山、小廬山、黄檗山、仙女峯、楓岡寨、許紹墓、蘇令墓共七條一三八字，傅校删。按小廬山條云「南接樂安，北抵豐城界」，宋史卷八八地理志四撫州樂安縣：「紹興十九年置。」寰宇記時尚無此縣，可證非樂史原文，爲後世所竄入。

〔五一〕陳書云至用拒官軍　「太平二」，底本作「天監元」，宋版、萬本、中大本、庫本同；「蕭勃」，底本作「蕭敷」，宋版、萬本、庫本同；「歐陽頠」，底本作「歐顔」，萬本、庫本同，宋版作「歐頠」。按陳書卷八周文育傳：「廣州刺史蕭勃舉兵踰嶺，詔文育督衆軍討之。時新吴洞主余孝頃舉兵應勃，遣其弟孝勱守郡城，自出豫章，據于石頭。勃使其子孜將兵與孝頃相會，又遣其别將歐陽頠頓軍苦竹灘，傅泰據墌口城，以拒官軍。」同書卷九歐陽頠傳：蕭勃在廣州，「度嶺出南康，以頠爲前軍都督，頓豫章之苦竹灘，周文育擊破之。」其事在梁太平二年，梁書卷六敬帝紀：太平二年二月，「廣州刺史蕭勃舉兵反，遣僞帥歐陽頠、傅泰、勃從子孜爲前軍。」陳書卷一高祖紀及資治通鑑卷一六七皆記時同，則此「天監元」爲「太平二」之誤，「蕭敷」爲「蕭勃」之誤，「歐顔」爲「歐陽頠」之誤，宋版脱「陽」字，並據改。又此「南海郡」應爲「廣州」之誤。

〔五二〕南一百里　底本「百」下衍「八」字，據宋版、萬本、中大本、庫本及傅校删。元和郡縣圖志吉州太和縣：「北至州一百里。」正合。

〔五三〕按縣記云　「云」，底本無，據宋版、萬本、庫本及傅校補。

〔五四〕隋平陳至廢安豐太和二縣　原校：「按隋書地理志太和縣云：『平陳置，曰西昌，十一年省東昌入，更名太和。』又元和郡縣志云：『隋開皇九年平陳，分廬陵縣置西昌縣，十年改爲太和。』今記云：『平陳改爲安豐，尋改爲太和。』與諸書不合。今記又引縣記云：『隋拓定江表，韋沈廢安豐、太和二縣』，疑西昌嘗更名安豐，後自安豐改太和，史志從略，而今記訛舛耳。又下文序西昌故城云『開皇十年廢西昌置太和縣』，亦不言安豐，自相抵牾，皆不可通，不然，即『安豐』字誤。」按隋、唐、宋史志及唐宋諸總志皆不載「安豐」，此疑有誤。

〔五五〕是齊明帝初封西昌侯于此　底本「是」上衍「古城」二字，據宋版、萬本、中大本、庫本及傅校删。

〔五六〕傳擔山在縣西五十里至聲急若潮因名山　宋版、萬本、中大本、庫本皆無此傳擔山、潮山共二條七十四字，傅校删，非樂史原文，爲後世竄入。

〔五七〕廬陵異物志云　「云」，底本作「山」，據宋版、萬本、庫本及傅校改。

〔五八〕人俗云是木客化爲此鳥也　「人」，底本作「又」，據宋版、萬本及傅校改。庫本「人」書於「俗」下，乃倒誤。

〔五九〕種類疏少　底本「類」下衍「甚」字，據宋版、萬本、庫本及傅校删。

〔六〇〕在縣西六十里　「西」，萬本、中大本及嘉慶重修一統志卷三二八吉安府引本書同，宋版作「西北」，輿地紀勝吉州引本書同。

〔六一〕梁天監三年　按梁大寶元年，陳霸先進頓南康，高州刺史李遷仕據大皐，遣杜平虜入贛石，霸先命周文育擊之，又遣杜僧明率二萬人據白口，築城以禦之，遷仕亦立城以相對，二年，僧明攻拔其城，生擒遷仕，載於陳書卷一高祖紀及資治通鑑卷一六三、一六四，此「天監三年」爲「大寶元年、二年」之誤。

〔六二〕臨贛水　宋版、萬本、中大本、庫本同，永樂大典卷八〇九二引本書「臨」上有「東」字。

〔六三〕梁天監二年　「天監二年」，永樂大典卷八〇九二引本書作「大寶中」，按爲「大寶元年」之誤，參見本卷校勘記〔六一〕。

〔六四〕今縣六十里有安成故城存即漢安成侯張普所理也　按永樂大典卷八〇九二、嘉慶重修一統志吉州府引本書「今縣」下有「西」字，當是，此脱。又漢書卷一五王子侯表載，元光六年封長沙定王子劉蒼爲安城侯，即同書卷二八地理志下長沙國之安成，「城」、「成」古字通，續漢書郡國志四長沙郡安城縣。此云「漢安成侯張普」，未見漢書記録。

〔六五〕後漢永元中改安平縣爲平都縣　原校：「按兩漢安成縣屬長沙國，安平縣屬豫章郡，後漢改安平爲平都。吴寶鼎中分豫章、廬陵、長沙立安成郡，平都、安成皆屬焉。晉太康中更安成爲安復，自宋至南齊，二縣屬安成郡不改。隋平陳，始廢安成郡，以安復屬廬陵，而無平都。平都廢縣在今安福縣南百步，則平都當是梁陳以後併入安復，但不見于史耳。今記既不載廢平都入安復之故，而安福縣總序忽出後漢改安平爲平都事，頗爲牴牾。又按舊唐書地理志，安復後改爲安福，亦莫知爲何時，皆今記所闕略者。」按宋書卷三六州郡志二：安復，「本名安成，晉武帝太康元年更名。」原校謂「太康中更安成爲安復」，不確。元和郡縣圖志吉州：隋爲安復縣，「武德中改爲安福縣。」輿地紀勝吉州：「開皇十八年又改曰安復，武德五年改曰安福。」可補本書所闕。

〔六六〕在縣西北五十里　「西北五十」，萬本同，宋版、庫本作「南百五十」，此疑誤。

〔六七〕玉荆山在縣南三十里至山神助師平侯景之亂更名武功　宋版、萬本、中大本、庫本皆無此玉荆山、斑竹山、武功山共三條一三〇字，傅校删，非樂史原文，爲後世竄入。

〔六八〕後出更生　底本「生」下衍「水」字，萬本、庫本同，據宋版删。

〔六九〕并有石窟容百人坐　底本「窟」作「室」，據宋版、萬本、庫本改；「容」上衍「可」字，下脱「百」字，並據宋版、萬本、庫本及傅校删補。

〔七〇〕是朗兄之子　「朗」，底本作「即」，萬本同，據宋版、庫本改。

〔七一〕寶以孃衣覆之　「孃」，底本作「穰」，萬本、庫本同，據宋版及傅校改。輿地紀勝吉州作「襄」，不知是否。

〔七二〕廢安福縣　原校：「按當云安福故城，不應云廢。」

〔七三〕顯慶四年　元和郡縣圖志吉州、唐會要卷七一州縣改置下同，舊唐書卷四〇地理志三、新唐書卷四一地理志五作「顯慶二年」。

〔七四〕義山在縣東南二十里至唐姚元崇讀書其中　宋版、萬本、中大本、庫本皆無此義山、寶仙聖洞、石郎洞共三條一四六字，傅校删，非樂史原文，爲後世竄入。按「石郎洞」，輿地紀勝吉州、嘉慶重修一統志卷三二七吉安府皆作「石廊洞」，疑此「郎」爲「廊」字之誤。

〔七五〕三日三夜後出于嶺上　「後」，底本作「復」，據宋版、萬本、庫本及輿地紀勝吉州引晏公類要改。

〔七六〕般若巖在縣東南九里至何必洞天三十六　宋版、萬本、中大本、庫本皆無此般若巖、鷓鴣洞、雪浪閣共三條九十三字，傅校删，非樂史原文，爲後世竄入。

〔七七〕石陽爲廬陵縣　底本「石陽」上衍「改」字，據宋版、萬本、中大本、庫本及輿地紀勝吉州引本書删。

〔七八〕東南一百八十里　按五代周顯德七年升龍泉場爲龍泉縣，故治在今遂川縣南二十里，北宋明道三年移治今遂川縣，北宋初因襲五代周舊治，其地應在吉州治廬陵縣（即今吉安市）西南二百六、七十里，此記方向里數皆誤。

〔七九〕和屬　「和」，宋版、萬本同，嘉慶重修一統志卷三二八吉安府引本書作「禾」。

太平寰宇記卷之一百一十

江南西道八

撫州　建昌軍

撫州

撫州，臨川郡。今理臨川縣。春秋時爲吴境。秦併天下，屬九江郡。漢立南昌縣，今州即南昌縣地，屬豫章郡。高祖六年，灌嬰分南昌南境爲南城縣。後漢和帝分南城縣西北境爲臨汝縣，又爲臨安縣地。〔一〕續漢書郡國志臨汝屬豫章。〔二〕吴太平二年以南城、臨汝二縣置臨川郡，更增宜黄、安浦、新建、西平、西城、〔三〕東興、南豐、永城八縣。至晉改西平爲西豐，改西城爲西寧。至梁分新建、西寧二縣立巴山縣，更置巴山郡，取廬陵之興平、南昌之豐城以益之；又分臨汝境置定川縣，隸臨川郡。陳封文帝爲臨川王，至三年即帝位。隋平陳，廢郡爲州，時總管楊武通奉使安撫，即以「撫」爲名，因廢巴山郡爲崇仁縣，屬撫州，併新建、興平、宜黄、安浦、巴山、西寧六縣入崇仁，其豐城割還洪州，又併西豐、定川二縣入臨汝，改爲臨川縣。至隋開皇十一年復割豐城屬撫州，十三年又割建州邵武縣入撫州。大業三年割豐城還洪州，復改撫州爲臨川郡。唐武德五年平林士弘，置撫州，領臨川、南城、邵武、宜黄、崇仁、永城、東興、將樂八縣；七年省東興、永城、將樂三縣，以邵武隸建州；八年省宜黄縣。天寶元年改爲臨川郡。乾元元年復爲撫州。僞吴順義九年升爲昭武軍節度使。皇朝因之。

元領縣四。〔四〕今縣四場一。〔五〕臨川，崇仁，南豐，宜黄，金谿場。新置。　一縣割出：南城。爲建昌軍。

州境：東西四百七十八里。南北六百三十七里。

四至八到：西北至東京二千一百里。西北至西京二千五百里。西北至長安三千三百五里，取隨州路二千九百二十五里。東至饒州餘干縣三百二十里。南至虔州一千一十里。西至吉州四百二十五里。北至洪州二百四十里。東南至建州八百三十七里。西南至吉州四百五十里。西北至洪州四百五十里。東北至饒州四百二十里。

户：唐開元户二萬一百。皇朝户主客共六萬一千二百七十九。

風俗：同洪州。

人物：無。

土産：箭幹，柘木，葛，茶，杉，紙。〔六〕朱橘，苧布，牛舌紙。〔七〕

臨川縣，元二十鄉。本漢南昌縣地，屬豫章郡。後漢永元八年分南昌縣西北境立臨汝縣，〔八〕屬豫章。吴太平二年以臨汝縣爲臨川郡，于郡南更置西平縣，晉改爲西豐。梁大通二年分臨川北境置定川縣。隋開皇九年併西豐、定川二縣入臨川縣。

峨峯山，在縣西四十里。出銅，因號銅山。天寶六年勑改爲峨峯山。

英巨山。荀伯子臨川記云：「巖内有石人，坐盤石上，人體有塵穢則興風，潤則致雨，晴日遍體涼朗，如玉瑩淨。」

靈谷山，在縣東四十三里。山中有石靈像，因以爲名。按荀伯子臨川記云：「懸巖半岫有瀑飛流，分于木末，映日望之如掣練。」

雷公山，在縣南六十里。山上有祠宇，州縣四時致祭。

石廪，在縣東三十九里。狀似倉廪，其内可容千斛。按荀伯子臨川記云：「廪口開則歲豐，閉則歲儉。」

連樊溪甘渚。臨川記云：「東興人家曾以甑漬井中，乃流出連樊溪甘渚以得之。」

汝水，〔九〕在縣東北一里。源接盱水，從石門已下，沿流三百二十四里，入洪州界，内有湍瀨三十五。

臨川水，在縣東北五十里。源出定川，沿流十里，與汝水合。本名定水，天寶六年勅改臨川水。

魏夫人壇，在縣西北六里二百步。神仙内傳云：「夫人姓魏，諱華存，任城人也。晉司徒舒之女，少讀老莊，年二十四，父母抑而嫁之，歸太保掾劉文。文卒，夫人避俗江南，遂止臨川西，立壇修道。成帝咸和九年，夫人託劍化形而去，會羣仙于洛陽之宫。其壇在烏龜原，有石龜，每犯田苗，被人擊首。其壇南有九曲池。唐睿宗使道士葉法善祭醮，仍于壇西置洞靈觀，度女道士七人以奉之。刺史顔真卿撰仙壇碑，備詳其事。」

王右軍故宅，在縣東南三里。荀伯子臨川記云：「王羲之嘗爲臨川内史，置宅于郡城東高坡，名曰新城。旁臨迴溪，特據層阜，其地爽塏，山川如畫。」今舊井及墨池猶存。每重陽日，郡守、從事多遊于斯，因立亭曰茱萸亭。隋開皇十二年于此置九仙觀，尋又爲寺，並廢。

繙經臺，在縣北四里。宋書：「謝靈運爲臨川内史，于此繙大涅槃經。」唐大曆四年，于經臺基北立寶應寺。

井山，在縣南四十里。按閭史有花姑者，姓黄氏，名令微，臨川人也。慕道出家，入洪州西山訪道士胡超。超曰：「爾本州南六里烏龜原有魏夫人舊壇，宜于彼修行。又南有井山，魏夫人亦常往來其中。」花姑遂歸，修行八十餘，顏色如處子，時人號曰花姑。嘗于井山遇一狂象，爲毒箭所中，花姑拔去之，後嘗銜蓮藕來置花姑所。唐開元九年，姑謂弟子曰：「吾將化矣，勿釘我棺，但以絳紗幕之。」既而風雨晦合，衆聞天樂異香，但見絳紗有孔，大如雞卵，發而視之，惟被覆木簡而已。座前奠瓜，〔一〇〕數日生蔓結實，如桃子者二。刺史顏真卿撰仙壇碑，具載其事。

鹹池。按陳書：「司空黄法氍，音權俱反。崇仁縣人也。〔一一〕侯景亂，法氍于鄉里聚徒以助高祖有功，薨。」〔一二〕墓在崇仁縣巴山。故老相傳云氍有奇術，常欲變置鹽池于家山六十餘畝，至今水味獨鹹于他水，而湛然清澈，〔一三〕禽畜不敢觸之。

温湯，在縣西三十二里，廣六十步。疾者浴之多愈。

羊角山，在州治内。有石筍出土中，如羊角。昔傳有童子自青城山來，叩角致書而石開。

石龍，在州西南二十四里，巖高一丈五尺，周圍六百五十步。地理志有鱗甲，因號石龍。

寶應寺，在州西隅。唐顔真卿、白居易有記。〔一四〕

陶侃母墓。雷次宗豫章記：「諶氏，豫章新淦人。墓在臨川南五十里抱岡山村。侃至孝，感得仙人來弔，化爲雙鶴而去。」

崇仁縣，西一百二十里。舊十二鄉，今九鄉，三鄉入宜黄縣。〔一五〕本後漢臨汝縣地，屬豫章郡。吴太平二年分臨汝爲新建縣，屬巴山郡。梁大同二年分巴山郡之新建、西寧二縣立臨川郡，分廬陵之興平、南昌之豐城以益之。至隋開皇九年廢巴山郡爲崇仁縣，改臨川郡爲撫州，崇仁縣隸焉；又廢宜黄、安浦二縣，合入崇仁縣，豐城縣還洪州。大業十四年陷入林士弘賊。唐武德五年分興城縣，〔一六〕還吉州。貞觀八年以巴山縣偏僻，併入崇仁縣，即今理。

寶蓋山，在縣南一百二十一里。山形如寶蓋，一名華蓋山。上有浮丘先生壇，王、郭二真人上昇之地。

臨川山，在縣南六十一里。舊名巴山，天寶六年勑改爲臨川山。

豐材山，在縣西一百一十九里。本名麻山，天寶六年勑改爲豐材山。荀伯子臨川記云：「登之者，望廬嶽、彭蠡，皆在其下。出黄連，厚朴，恒生焉。〔一七〕又有楓樹數千年者，如人形，眼鼻口全而無臂。入山者往往見之，或斫之即出血，俗呼爲槐子鬼。」

崇仁山，在縣西四十一里。舊名羅山，天寶六年勑改爲崇仁山。

杯山，在縣西南一百四十五里。以山頂如杅杯爲名。

巴水，源出巴山，沿流合寶塘水。

沸湖山，在縣東南四十里。唐杜光庭煉丹之所。

芙蓉山，在縣西南八十里。跨樂安境，秀麗如芙蓉。上有葛仙祠。

鯉石，在縣南十五里。相傳琴高先生于此修煉，所乘之鯉化爲石。又西南四十里有虎跡石。相傳王、郭二仙嘗跨虎憩此。

元子晳碑，在縣南五步。唐顏真卿爲文并書。

玉田，在縣南三十里。即蕭子雲種玉處。

龍城寺，唐咸亨元年，僧月溪建。〔一八〕

西寧水，在縣西南一百七十里。源出仙蓋鄉，沿流至縣入汝水。

廢巴山縣，在縣西南三十一里。梁大同二年置，〔一九〕以巴山爲名。隋開皇九年併入崇仁縣。

廢巴陵縣，在縣西南一十三里。隋大業九年置，十四年廢。

廢新建縣，在縣西南九十五里。吴太平二年置，隋開皇九年廢，併入崇仁縣。

廢安浦縣，在縣西南二百六十里。吴太平二年置，以安浦村爲名。隋開皇九年併入崇仁縣。

廢西寧縣，在縣南六十三里。吴太平二年置，以寧水爲名。隋開皇九年廢，併入崇仁縣。

南豐縣，東南二百六十里。元六鄉。吴太平二年置。隋開皇九年廢入南城縣。唐景雲二年又置，先天二年廢。開元七年，〔二〇〕刺史盧元敏奏田地豐饒，川谷重深，時多剽劫，乃復置南豐縣。

軍山，在縣西北二十五里。相傳吴芮攻南粤，駐軍于此。〔二一〕下有神祠，能興雲雨，歲旱祈禱皆應。〔二二〕地出斑竹。

百丈嶺，在縣西南八十里。高百丈，與建州將樂縣分界。

梅嶺，在縣西南一百三十五里。與虔州虔化縣分界，有梅嶺水出焉。

盱水，在縣西南。源出南當山，南流經縣下，〔二三〕至南城縣入州。

壺公巖，在縣西九十里，高七十餘丈。舊志云：「昔懸壺先生委蜕于巖。巖高峻，人跡罕到，留一榻若沈香，風雨不脆，丹竈猶存焉。」

狂風障，在縣南五十里。昔傳王、郭二仙夤夜堆結未就，聞雞聲罷去。至今疊石欲墮不墮。

游茂洪墓，在樟潭。妻子凡三家。〔二四〕

譚山，在縣西南一百二十四里。其山出箭幹。

宜黃縣，西一百五十里。〔二五〕元三鄉。本臨川縣地，梁大同二年置巴山郡，因立宜黃縣于宜黃水側，以水爲名。隋開皇九年廢郡，并縣入崇仁。乾德六年，李煜割崇仁之仙桂、崇賢、待賢三鄉復立宜黃縣。〔二六〕

宜黃水，在縣東南二百六十三里。源出黃土嶺，沿流合章水，至西津與汝水同流。

金谿場，東南一百二十里。三鄉。〔二七〕本臨川縣上幕鎮，〔二八〕其山岡出銀礦，唐朝嘗爲銀監，基址猶存。至周顯德五年析臨川近鎮一鄉，并取饒州餘干白馬一鄉，立金谿場，置罏以烹銀礦。〔二九〕

建昌軍

建昌軍，理南城縣。本撫州南城縣，開寶二年，僞唐置建武軍。皇朝太平興國四年改爲建昌軍。

領縣一：南城。

軍境：東西一百四十里。南北一百二十里。

四至八到：圖經未有至東、西二京里數。東至邵武軍三百二十八里。南至南豐縣一百一十八里。西至崇仁縣一百里。北至撫州一百五十里。東南至邵武軍三百七十四里。西南至崇仁縣二百五十五里。西北至崇仁縣一百二十里。東北至饒州五百九十里。

户：舊户載撫州籍。皇朝户主一萬一千二，客七千八百四十五。

風俗：同撫州。

人物：無。

土産：吴茱萸，承露仙，俗謂之白蘗。麻姑酒，麻姑山取神功泉釀者佳。金絲布。唐時入貢。〔三〇〕

南城縣，元十三鄉。東臨盱水。按漢書地理志云：「高帝六年命大將軍灌嬰立豫章，其年分豫章南境立南城縣，以其在郡城之南，故名南城。」〔三一〕吴太平二年更分置臨汝，〔三二〕改爲臨川縣。〔三三〕至開皇年中廢南豐、永城二縣入南城，縣屬撫州。唐武德五年依舊置永城、東興二縣，武德七年省東興、永城二縣，併入南城縣。

麻姑山，在縣西南二十二里。山頂有古壇，〔三四〕相傳麻姑得道于此。壇東南有池，池中有紅蓮，曾變爲碧。壇邊杉松皆偃，蓋時聞鍾磬步虚之音。東南有瀑布，淙下三百餘尺。山頂石中有石螺蚌殼，〔三五〕或爲桑田所變也。西北有麻源，謝靈運題入華子岡，是麻源第三谷詩云：「銅陵映碧澗，石磴瀉紅泉。」即此處也。刺史顔真卿按神仙傳撰仙壇碑，備載其詳。

南城山，在縣東南一百四十里。舊名覆船山，天寶六年勅改名南城山。

飛猿水，在縣東南二百三十三里。〔三六〕源出建州邵武縣界飛猿嶺，沿流入盱水。

落峭石，在縣東南六十五里。去飛猿館一百一十五里，在飛猿水邊。巍峨嵌崆，數里可望。謝靈運題詩云：「朝發飛猿嶠，暮宿落峭石。」即此處也。

禪山，在縣東七十里。遠望端凝如坐禪。舊志云：「山側有金船，遇風雨夜光景著。」

白雲山，在縣南六十里。頂有虎巖。唐光化有虎巖師乘白雲來化于此。

秦人峯，在麻姑山西南，與桃源相值。舊傳秦人避亂于此，後有樵者見之，面黧黑，追之，則如飛鳥疾。

水簾巖，在縣西十二里。沈彬句云：「水簾巖底見龍眠。」〔三七〕

盱水，在縣東二百一十步。源出南當山，西北沿流至臨川縣石門，改名汝水。漢書地理志云：「盱水西北至南昌入湖漢也。」〔三八〕

卷一百一十校勘記

〔一〕又爲臨安縣地　按續漢書郡國志四豫章郡臨汝縣:「永元八年置。」别無「臨安縣」。本書下文臨川縣序云「後漢永元八年分南昌縣(爲南城縣之誤)西北境立臨汝縣,屬豫章,吴太平二年以臨汝縣爲臨川郡」,則自後漢永元八年後至三國吴太平二年,爲臨汝縣,此「臨安」蓋爲「臨汝」之誤,元和郡縣圖志卷二八撫州臨川縣云「後漢和帝永元八年析南城縣爲臨安縣」,「臨安」亦爲「臨汝」之誤,輿地紀勝卷二九撫州臨川縣引作「臨汝縣」,是也。

〔二〕續漢書郡國志　「續」,底本脱,萬本、庫本同,據宋版及輿地紀勝撫州引本書補。

〔三〕西城　宋版、萬本、庫本同,中大本作「西寧」。按本書下文云「晉改西城爲西寧」,以三國吴置西城縣,西晉改名西寧,然本書崇仁縣載西寧縣,「吴太平二年置」,自相牴牾。輿地紀勝撫州亦載西寧縣「吴太平二年置」,則中大本是。

〔四〕元領縣四　「四」,底本作「五」,據宋版、庫本及傅校改。

〔五〕今縣四場一　宋版、萬本、庫本皆作「今五」,傅校改同。按本書後列爲四縣一場,與此合。

〔六〕茶杉紙　「紙」,底本作「秖」,萬本、庫本同,據宋版改。宋本方輿勝覽卷二一撫州土産清江紙,又載:「清江渡在金溪縣,出劄紙。」嘉慶重修一統志卷三二三撫州府引本書云撫州貢紙,不稱

「茶杉紙」，蓋爲「茶、杉、紙」三類。

〔七〕朱橘苧布牛舌紙　宋版、萬本、中大本、庫本皆無，傳校删，非樂史原文，爲後世竄入。

〔八〕後漢永元八年分南昌縣西北境立臨汝縣　按本書撫州總序云「後漢和帝分南城縣西北境爲臨汝縣」，輿地紀勝撫州臨川縣序引元和郡縣圖志亦云「後漢和帝永元八年析南城縣爲臨汝縣」，臨汝縣故址在今江西臨川市西赤岡，位于南城故縣（今南城縣東南）西北，正合記載，此「南昌」蓋爲「南城」之誤。若以南昌縣（即今南昌市）而言，臨汝縣在南昌縣東南境，則不合。

〔九〕汝水　「水」，底本作「泉」，萬本、庫本同，據宋版、嘉慶重修一統志卷三二一撫州府引本書及輿地紀勝撫州改。

〔一〇〕座前莫瓜　「座」，底本作「坐」，據宋版、萬本、庫本改。

〔一一〕崇仁縣人也　按陳書卷一一黄法𣰰傳：「巴山新建人也。」非「崇仁縣人」。又隋書卷三一地理志下崇仁縣：「梁置巴山郡，領大豐、新安、巴山、新建、興平、豐城、西寧七縣。平陳，郡縣並廢，以置縣焉。」則崇仁縣，隋置，此誤。

〔一二〕薨　底本作「卒」，據宋版、萬本、庫本及傳校改。

〔一三〕而湛然清澈　「而」，底本作「水面」，據宋版、萬本、庫本改。

〔一四〕羊角山在州治内至寶應寺在州西隅唐顔真卿白居易有記　宋版、萬本、中大本、庫本皆無羊角山、石龍、寶應寺三條八十餘字，傅校删，非樂史原文，爲後世竄入。

〔一五〕三鄉入宜黄縣 底本「入」下有「于」字，據宋版、萬本、庫本及傅校删。

〔一六〕唐武德五年分興城縣 「興城」，宋版、庫本同，萬本作「興平」。按「興城」，未見他書記録。本書卷一〇九吉州吉水縣：「廢興平縣，按輿地志云：『吴孫策二年立。』隋開皇十年廢焉。」是否即萬本「興平」，亦難得其詳。考舊唐書卷四〇地理志三：「太和縣，「武德五年置南平州，領太和、永新、廣興、東昌四縣；八年廢南平州，以永新等三縣併太和，屬吉州。」新唐書卷四一地理志五同，云廣興縣於武德五年併入太和縣，屬吉州，此「興城」抑或「廣興」之誤，則意與兩唐志略符，然文過簡，不敢妄斷。

〔一七〕恒生焉 「生焉」，底本作「山」，宋版、萬本、庫本同。太平御覽卷四八引荀伯子臨川記：「麻山，「有黄連、厚朴，恒生焉。」此「山」爲「生焉」之訛脱，據改。

〔一八〕沸湖山在縣東南四十里至龍城寺唐咸亨元年僧月溪建 宋版、萬本、庫本皆無此沸湖山、芙蓉山、鯉石、元子晳碑、玉田、龍城寺共六條一三二字，傅校删。按芙蓉山條云「跨樂安境」，據宋會要方域六之二二六—二二七、輿地紀勝撫州載，樂安縣置於南宋紹興十九年，則樂史撰本書時，尚無此縣，可證非樂史原文，爲後世所竄入。

〔一九〕梁大同二年置 按元和郡縣圖志撫州崇仁縣：「吴太平二年分臨汝爲新建縣，「梁普通三年改爲巴縣。」「巴縣」，輿地紀勝撫州引作「巴山縣」，是，與此云置縣年代不同。

〔二〇〕開元七年　按舊唐書卷四〇地理志三、新唐書卷四一地理志五、元和郡縣圖志撫州、唐會要卷七一州縣改置下皆載開元八年復置。

〔二一〕相傳吴芮攻南粤駐軍于此　宋版、萬本、庫本皆無此文，嘉慶重修一統志卷三二〇建昌府引本書同，傅校删，非樂史原文，爲後世竄入。

〔二二〕祈檮皆應　「檮」，底本作「祀」，據宋版、萬本、庫本及嘉慶重修一統志建昌府引本書改。

〔二三〕南流經縣下　按盱水，即今盱江，源出江西廣昌縣南驛前鎮，北流經南豐縣、南城縣，入臨川市，此「南流」蓋爲「北流」之誤。

〔二四〕壺公巖在縣西九十里高七十餘丈至游茂洪墓在樟潭妻子凡三冢　宋版、萬本、中大本、庫本皆無此壺公巖、狂風障、游茂洪墓共三條九十四字，傅校删，非樂史原文，爲後世竄入。

〔二五〕西一百五十里　元豐九域志卷六、輿地紀勝卷二九皆載宜黄縣在「撫州南一百五十里」，按宋撫州治臨川縣，即今臨川市，宜黄縣即今宜黄縣，位於臨川市南偏西，此「西」蓋爲「南」或「西南」之誤。

〔二六〕乾德六年李煜割崇仁之仙桂崇賢待賢三鄉復立宜黄縣　元豐九域志、宋朝事實卷一八、宋史卷八八地理志四、文獻通考卷三一八輿地考皆載「開寳三年以宜黄場升爲縣」，輿地廣記卷二五作

「開寶八年」，輿地紀勝撫州宜黄縣：「乾德六年，李煜置宜黄場，後復爲縣。國朝會要云開寶六年以宜黄場置宜黄縣，年月似不同，然乾德止於五年，即改開寶，是乾德六年，即開寶元年也。」

〔二七〕三鄉　「三」，萬本、庫本作「二」。

〔二八〕上幕鎮　「幕」，底本作「莫」，萬本、庫本同，據輿地紀勝撫州、嘉慶重修一統志卷三二二撫州府引本書改。

〔二九〕立金谿場置鑪以烹銀礦　底本「金谿場」下有「名俱」二字，萬本以二字衍而删。輿地紀勝撫州金谿縣引本書作「周顯德五年析臨川及餘干縣地立金谿場」，嘉慶重修一統志撫州府引本書同，此「名俱」二字衍，據删。

〔三〇〕麻姑酒麻姑山取神功泉釀者佳金絲布唐時入貢　萬本、中大本、庫本皆無此二條二〇字，傅校删，蓋非樂史原文。

〔三一〕漢書地理志云至故名南城　太平御覽卷一七〇引漢書地理志同，唯二「豫章」作「洪州」，按漢書地理志無此文。

〔三二〕吴太平二年更分置臨汝　按續漢書郡國志四豫章郡臨汝縣：「永元八年置。」本卷撫州總序：「後漢和帝分南城縣西北境爲臨汝縣。」是分置臨汝縣在後漢和帝永元八年。三國志卷四八吴書三嗣主傳：「孫亮太平二年，『以豫章東部爲臨川郡。』」本卷撫州總序亦云：「吴太平以南城、臨汝二縣置臨川郡。」此誤以置臨川郡年爲置臨汝縣年。

〔三三〕改爲臨川縣　按輿地廣記卷二五撫州臨川縣：「隋置撫州，改臨汝縣爲臨川。」輿地紀勝撫州臨川縣：「隋平陳，改臨川郡爲撫州，改臨汝縣曰臨川。」此以吴時改名，誤。

〔三四〕山頂有古壇　「古」，底本作「石」，庫本作「石鼓」，據萬本、嘉慶重修一統志建昌府引本書及傅校改。

〔三五〕山頂石中有石螺蚌殻　萬本作「山頂上有石如螺蚌」，庫本作「山頂上有石螺蚌」，傅校於「山頂」下補「上」字。

〔三六〕在縣東南二百三十三里　「二」，嘉慶重修一統志建昌府引本書作「一」，據一統志所記，飛猿水即今流經黎川、南城縣，西北入於盱江之黎灘河，在南城縣東南一百三十三里，則合，此「二」疑爲「一」字之誤。

〔三七〕禪山在縣東七十里至水簾巖底見龍眠　萬本、中大本、庫本皆無此禪山、白雲山、秦人峯、水簾巖共四條一一五字，傅校删，蓋非樂史原文。

〔三八〕盱水西北至南昌入湖漢也　萬本、庫本「也」下注「盱，音香於切」，同漢書卷二八地理志上顔師古注，蓋此脱。

太平寰宇記卷之一百一十一

江南西道九

江州　南康軍

江州

江州，潯陽郡。今理德化縣。禹貢荆、揚二州之境，書曰「彭蠡既豬」，又曰「九江孔殷」，彭蠡在州東南五十三里，九江在州西北二十五里是也。然則彭蠡以東爲揚州之域，九江以西即荆州之域。周景式廬山記云：「柴桑，彭澤之郊，古三苗國，舊屬廬江地。」又按潯陽記云：「春秋時爲吴之西境，楚之東境。本在大江之北，今蘄州界古蘭城是也。」又史記：吴王壽夢十六年，「楚共王伐吴，至于衡山。」則此復爲吴之西境。吴滅，屬越。越衰，還是楚地。秦併天下，以此地屬廬江郡。漢屬淮南國。漢文帝十六年分廬江爲吴王濞屬縣。〔一〕

後漢又爲廬江、豫章二郡。三國之時，此地雖爲督護要津，而未立郡，故吴志云：「黄初中復分尋陽隸武昌。」〔二〕猶爲廬江、武昌二郡地。晉太康十年，有司奏荆、揚二州疆土曠遠，統理爲難，宜立新州，于是割揚州之豫章、鄱陽、廬陵、臨川、南康、建安、晉安，荆州之武昌、桂陽、安成，合十郡，因江水之名置江州。〔三〕初理豫章郡，後至成帝咸和元年移江州理湓城，即今郡是也。晉初理在江北岸，地名蘭城，即舊郡城也。温嶠爲守之日移于此，尋又置尋陽郡。晉地道記云：「潯陽南開六道，塗通五嶺，北導長江，遠行岷、漢，來商納賈，亦一都會也。」〔四〕歷宋、齊、梁、陳，郡與州並理，彈壓九派，襟帶上流，自晉以來，頗爲重鎮。隋平陳，廢郡而州存。大業三年廢州，復爲九江郡。唐武德四年平林士弘，置江州，領湓城、潯陽、彭澤三縣；五年置總管，管江、鄂、智、浩四州，并管昌、洪四總管府，又分湓城置楚城縣，分彭澤置都昌縣；八年廢浩州及樂城縣入彭澤縣，又廢湓城入潯陽。貞觀元年罷都督府，八年廢楚城縣入潯陽。天寶元年改爲潯陽郡。乾元元年復爲江州。

元領縣七。今五：德化，彭澤，德安，瑞昌，湖口。二縣割出：東流，入池州。都昌。入南康軍。

州境：東西五百九十里。南北一百七十七里。

四至八到：西北至東京陸路一千八百里，水路三千一百五十里。西北至西京三千二百二十里，水路三千七百里。西北至長安二千七百六十里。東至宣州一千八百里。南至洪州三百二十五里。西至鄂州七百里。北至蘄州五百九十三里。東南至饒州三百七十四里。西南至鄂州二百五十里。東北至舒州水路五百七十里。東北至池州五百八十里。

户：唐開元户一萬九千八百。皇朝户主一萬二千三百一十九，客一萬二千四十五。

風俗：同洪州。

人物：陶侃，字士行，尋陽人也。漁于雷澤，夢生八翅，飛至天門不得入。博識過人，爲侍中、太尉。人竊官柳植于己門，侃見識之。周訪，字士達，尋陽人。少有明畧，爲縣功曹，薦拔陶侃爲主簿，知有公輔之器，相與結友。有一牛，妹夫弟殺食之，〔五〕訪不形于色。爲中興名將，口未嘗言功。王敦終訪之時，不敢作難。翟湯，字道深，尋陽人。篤行純素，仁讓謹節，〔六〕耕而後食。陶潛。柴桑人。少有高趣，少言，不慕榮利，讀書不求甚解。性嗜酒，或買酒招之，期于必醉。環堵蕭然，不蔽風日。執事者以爲彭澤令，解印，賦歸去來辭。〔七〕

姓氏：潯陽郡三姓：陶、翟、騫。

土産：雲母，葛布，布水紙，石耳，鯆魚，葛，栗，茶。〔八〕

德化縣，二十鄉。本漢尋陽縣，屬廬江郡。吴録云屬武昌。宋書州郡志曰：「尋水注江，因水以名縣。」隋開皇十八年改爲彭蠡縣。大業二年改爲湓城縣。唐武德五年改爲潯陽，自州東移于今所。僞唐改爲德化縣。

廬山，在州南。高二千三百六十丈，周迴二百五十里。其山九疊，川亦九派。郡國志云：「廬山疊障九層，崇巖萬仞。山海經所謂『三天子都，亦曰天子鄣也』。〔九〕周武王時，匡俗字子孝，兄弟七人皆有道術，結廬于此仙去，空廬尚在，故曰廬山。漢武帝時乃封俗爲大明公，稱爲廬君焉。山有三宫，上宫居巖表，人不能及。有三石梁，長十丈，闊止盈尺，〔一〇〕其下虚懸。晉術士吴猛嘗于此樹下見一老翁，以玉盃承甘露漿與猛。〔一一〕次宫隔一谷，有界城，悉是平石，兩邊有小圓峯，呼爲『左右帳峯』，羣石如馳馬之形。下宫在彭蠡湖際。」其山又有紫芝田四十畝，嘗有二仙童採芝。人若逐之，但聞呼曰猖客，若尋芝草，寂無見。

石門澗，在山西。懸崖對聳，〔一二〕形如闕，當雙石之間，懸流數丈。有一石，可坐二十許人。

香爐峯，在山西北。其峯尖圓，烟雲聚散，如博山香爐之狀。孟浩然詩云：「挂席數千里，名山都未逢。泊舟潯陽郡，始見香爐峯。」

蓮花峯，在山北，州南。直望如芙蓉。今州城有蓮花門。

五老峯，在山東。懸崖突出，如五人相逐羅列之狀。

錦繡谷，在山疊。四季芳妍，百花如錦繡。

栗里原，在山南當澗。有陶公醉石。

石鏡山，在山東懸崖之上。其狀團圞，〔一三〕近之則照見形影。

瀑布，在山東。亦名白水，源出高峯，挂流三百丈許，遠望如匹布，故名瀑布。嘗有徐凝題詩云：「瀑泉瀑泉千丈直，雷奔入江無暫息。今古長如白練飛，一條界破青山色。」

温泉，在山南。闊三步，深三尺。今有黄龍湯院，僧居之。

落星山，在山東。周迴一百五十步，高丈許。圖經云：「昔有星墜水，化爲石，當彭蠡灣中，俗呼爲落星灣。」

五松橋，在山之澗北。昔惠遠法師與殷仲堪席澗談易於此，而樹下泉湧，〔一四〕號曰聰明泉。又有虎溪橋，遠大師送客不過此橋。東林寺西有遠大師塔，前進士相里宗題詩云：「古墓石稜稜，寒雲晚景凝。空悲虎溪月，不見鴈門僧。」〔一五〕

匡先生廟，在州南，臨驛道，即匡俗也。

柴桑山，近栗里原。陶潛此中人。

黄金山。潯陽記云：「黄金山上有楠樹，一年東邊榮西邊枯，一年西邊榮東邊枯，年年常然〔一六〕，張華所謂交讓樹也。」

天花井山，去吴章山五里，居廬山之末。其支散爲諸岡阜，所行甚遠，如烏稍嶺、丫髻山，皆其支也。

螺子山，在州南十五里。由雙劍峯發脈，蟠結宛轉如螺子形。

龍門山，在州西南五十里。與落枪山相去百餘步，峙對如門。

雙劍峯，在州南龍門西。下有池，名小天池，峯勢插天，宛如雙劍。

鐵船峯。峯頂有石船，色黑，故曰鐵船。

擲筆峯，在大林寺北。相傳晉慧遠製涅盤經成，擲筆于此。

蓮花洞，在州南二十五里，蓮花峯之北。舊門高丈餘，藤蘿交蔭，晝日常黯，水源不竭。

迴風磯，在州東北四十里。凡舟至此，必轉蓬避風。

白蓮池，在東林寺。晉慧遠鑿，因結白蓮社。

虎跑泉，在東林寺後。慧遠患水遠，有虎跑石出泉。

康王城。述異記：「廬山上北嶺有城，號康王城。天雨聞鼓角之聲。」

歇馬臺。圖經云：「始皇至廬山，歇馬于此。」

稽亭。潯陽志云：「稽亭北瞰大江，南望高嶽，淹留遠客，因以爲名。」

飛魚逕，在州西二里。潯陽志云：「晉義熙中，吴隷爲魚塞于雲湖中，有人語之曰：『晚有大魚攻塞，切勿殺』。隷許之。須臾有大魚至，羣魚從之，同侶誤殺其魚。是夕，風雨暝晦，羣魚悉飛上木間，因名爲飛魚逕。」

陶公舊宅，在州西南五十里柴桑山。晉史：「陶潛家于柴桑。」唐白居易有訪陶公舊宅詩。

九疊樓，在治後一百二十餘步。唐長慶間，李渤爲刺史時建，以對廬山九疊爲名。

蕭郎中舊堂，在西林寺側。韓愈遊西林寺，題蕭二兄郎中舊堂詩云：「中郎有女能傳業，伯道無兒可保家。偶到匡山曾住處，幾行衰淚落烟霞。」按蕭郎中名存，蕭穎士之子也，仕爲金部員外郎，以惡裴延齡棄官歸廬山。

白樂天草堂。貶江州司馬時築，以得青山緑水爲風月主人自喜。

琵琶亭，在州西江邊。白司馬送客湓浦口，夜聞鄰舟琵琶聲，問之，是長安娼女嫁于商人，乃爲作琵琶行，因名亭。

龍泉寺，晉慧遠建。

佛母寺，去州三十里。唐貞觀間創。〔一七〕

九江。尚書注云：「江于此分爲九道。」潯陽記云：「九江在潯陽，去州五里，名白馬江。」〔一八〕是大禹所疏治，于桑落洲上二三百餘里合流。昔秦皇、漢武並登廬山，以望九江也。

盆浦。〔一九〕按郡國志云：「有人此處洗銅盆，〔二〇〕忽水暴漲，乃失盆，遂投水取之，即見一龍銜盆，奪之而出，故曰盆水。又云源出青盆山，因以爲名。」蕭子顯齊書曰：「世祖于盆城得五尺刀十一口，永明享曆之數也。」

甘泉水，在縣南。其水甘味，飲訖猶有餘香。其山亦曰甘泉山。按州圖經云：「昔山頂有船舵從頂沿流而下，土人異之，亦名爲柂下溪。桓伊爲江州刺史，嘗遣左右賫糧尋山之奥，至一處，見有大湖，湖側有敗船。」

彭蠡湖，在縣東南。與都昌縣分界，湖心有大孤山。顧況詩云：「大孤山盡小孤山，月照洞庭歸客船。」按郡國志：「彭蠡湖周迴四百五十里，内有石，高數十丈，大禹刻其石以紀功焉。有乞飯烏隨船行，舟人擲摶飯，烏接之，高下不失粒。」今此烏沿江靈廟多有，不獨在彭蠡湖。

鶴門洞，在縣西四十二里。今接瑞昌界。按郡國志云：「陶侃微時喪母，忽有二客來弔，化爲雙白鶴飛去，後因以爲名。」

彭蠡湖西灣，夏秋水漲，商徒縈紆，牽舟循繞，人力疲勞，號爲西疲灣。亦在湖西，江水泛漲，〔二〕驚波似雪，汹涌嘈囋，因是名焉。又有落星石，又有神林灣，在湖西北。灣中有林木，林下有廟，商旅多于此阻風波，禱廟祈福而獲前進，由是名焉。又有女兒浦，內有女兒廟，禱祈亦有靈應，即未詳所置。

使者廟，在州南。唐玄宗夢神人曰：「吾九天使者，請于廬山立廟。」時開元十九年辛未歲立。

簡寂觀，在州東南百四十里。宋陸修靜，吴興人也。少懷虛素，元嘉末，曾遊京師。宋文帝欽風慕道，製停霞寶輦，使僕射徐湛賜焉。先生因辭，〔三〕遠遊江漢，還入廬山。此其隱地。

宫亭廟。按州圖經云：「在州南彭蠡湖側。周武王十五年置。分風擘流，〔三〕上下皆得舉帆。」

白鹿洞，在廬山東南。本李渤書堂，今爲官學。

浪井。州圖經云：「漢高祖六年，潁陰侯灌嬰所開，年深堙塞，孫權經此，自標井地，命使鑿之，正得此井。有石函，其銘曰：『漢高祖六年，潁陰侯開。』又云：『不滿三百年，當爲應運者所開。』權見而悦，以爲己瑞。江有風浪，此水輒自漂動，土人呼爲浪井。」李白詩云「浪動灌嬰井，潯陽江上風」是也。〔四〕今見在城內。〔五〕

柳萇墓。窮怪録曰：『梁世祖繹承聖二年三月十日，司徒府主簿柳萇字子巡卒，子褒葬于九江。三年，因大雨冢壞，褒移葬换棺，見父棺中目開，心有煖氣，良久，乃謂褒曰：「我生已一歲，無因汝知，九江神知我横死，遣地神以乳飼我，故不死。今雨壞我冢，亦九江神之所爲也」。扶出，更生三十年，復卒。』

楚城驛，在縣南。即舊柴桑縣也。

彭澤縣，東一百八十里。九鄉。本漢縣，屬豫章，取澤以爲名。〔二六〕禹貢：「彭蠡既潴，陽鳥攸居。」地則荆州之分野，東西廣長，南北枕帶江壖，境爲吴地之首。自漢以來，舊號積石。唐武德五年，李大亮安撫江南，張善安歸降，江表既静，於此古城置浩州，以浩山取名，又分楊梅嶺已南更置都昌縣，東南置樂城縣，分饒州鄱陽縣北境置廣晉縣，合四縣並隸浩州；至八年廢浩州及縣，其年彭澤縣仍移入廢浩州内。僞唐昇元初又自浩州故城移向西四十里江次，即今縣理。

馬當山，在古縣北一百二十里。其山横枕大江，山象馬形，迴風急繫，波浪涌沸，〔二七〕爲舟船艱阻。山腹在江中，山際立馬當山廟。

浩山，在古縣東北七十九里。〔二八〕北臨大湖，颶波浩蕩，相傳爲浩山，浩水出焉。

石門山，在縣東北一百七十里。夾澗石形如門。

小孤山，高三十丈，周迴一里，在古縣西北九十里。〔二九〕孤峯聳峻，半入大江。

石壁山，在縣南四十里。有玉壺洞，高七尺，深三十丈，泉流不竭。

遊龍山，在縣南。東接浩山，延袤百里。〔三〇〕

楊葉洲，西頭一半在縣東北三百一十一里，以東屬池州秋浦縣界。洲上多楊柳。〔三一〕又云洲腹稍闊，兩頭尖長，狀如楊葉。

古趙屯城，在縣東北二百五十七里。典籍不載，古老相傳趙屯城。

古太原郡，在縣東北五十里。按顧野王輿地志云：「太原郡，梁武帝立，屬潯陽，領晉陽、天水、和城三縣。」〔三二〕陳亡，廢。

廢天水縣，在縣東五十里。按顧野王輿地志云：「天水縣，梁武帝置。以擬西水縣。」隋平陳後廢，併入彭澤縣。

廢龍城縣，在縣西二里。隋平陳後置，至開皇十八年又改爲彭澤縣。

廢和城縣，在縣東北二百二十里。按顧野王輿地志云：「和城縣，江左立，屬汝南郡。齊之廬江、南頓亦有和城。屬太原郡。」至隋平陳，併入彭澤縣。

廢晉陽縣，在縣東北一百九十四里。顧野王輿地志云：「晉陽縣，梁武帝立，屬太原郡。」隋平陳，併入彭澤縣。

廢樂城縣城，在縣南三十九里。縣城傍山爲之，南北高嶮，東西平下。隋大業十三年賊帥張善安據險。唐武德五年賊平，縣屬浩州；至八年省州及縣，併入彭澤縣。

德安縣，西南一百里。三鄉。本蒲塘。春秋時爲楚之東鄙地，至晉建興初，始以爲郡，乃領尋陽、柴桑、彭澤、上甲、九江五縣。〔三三〕義熙中以尋陽入柴桑，上甲入彭澤。隋平陳，改柴桑爲尋陽，十八年復爲彭澤縣。大業初又爲湓城縣。隋末陷入賊林士弘。唐武德五年，安撫使李大亮析湓城更置潯陽、楚城兩縣，爲三縣；至八年廢湓城入潯陽。貞觀八年又廢楚城歸潯陽。詳其地，即舊屬柴桑，後遂分三鄉，於敷淺水之南爲場，以地有蒲塘爲名。至咸通三年還潯陽，至四年復爲場。僞吴順義七年昇爲德安縣。

石鼓山，在縣西北四十五里。按德化縣記：「每天陰，聞鼓聲。山海經云『長石之山，有鼓鳴焉』，即此類。」

博陽山，在縣南一十三里。按尚書云：「過九江，至于敷淺原。」注云：「敷淺原，一名博陽山，在揚州豫章界。」其上有祠廟。

葛洪山，在縣北四十里。其山與涌一作「浦」。泉觀不遥，〔三四〕蓋葛仙曾遊此，乃名焉。

望夫山，在縣西北二十里。云昔人行役未回，其妻登山而望。今石上雙跡猶在。

石泉碑，在縣北四十里葛洪山。洪見田有蛭害人，爲書符録于石，置之田畔，蛭遂不

生。〔三五〕

敷淺水，即尚書敷淺原也。常流不絶，色頗清泠。其源乃接瑞昌縣及鄂州永興界，屈曲餘二百里方至縣。

瑞昌縣，西一百里。二鄉。本赤烏場地，按吴志「孫權時，有赤烏見于此」，始有地名，蓋柴桑之舊域也。按州圖經：「晉建興元年始立郡，領尋陽、柴桑、彭澤、上甲、九江等五縣。」則尋陽、柴桑各有其地，自後併尋陽入柴桑，復廢柴桑爲尋陽，于是尋陽、柴桑合一縣而名異。唐武德初以江州領潯陽、彭澤、都昌三縣，赤烏之地則潯陽西偏。建中四年以潯陽西偏僻遠，因立爲場。僞唐昇元三年改爲瑞昌縣。

赤顔山，在縣西北一百二十里。舊傳赤松子嘗遊此。

玉華洞，在縣東二十五里。泉湧如雷。唐時僧于洞中獲磬與錢，皆漢代物也。

王喬洞。内有懸旌、滴泉、天窗、石鐘諸勝，舊傳王喬修煉處。〔三六〕

湖口縣，西北一百里。〔三七〕二鄉。本湖口戍，是南朝舊鎮。上據大鐘石，傍臨大江。唐武德五年，安撫使李大亮以爲要衝，遂置鎮在彭蠡湖口。僞唐保大年中昇爲縣。

射蛟浦，在縣西南十里。或云漢武帝自尋陽浮江射蛟獲之，疑此地。

九曲池，在縣南三十里。相傳晉陶潛所鑿。〔三八〕

南康軍

南康軍，理星子縣。本江州星子鎮，以落星石爲名。皇朝太平興國三年以地當要津，改鎮爲星子縣；至七年於縣置南康軍，領星子縣，仍割江州之都昌、洪州之建昌等縣以屬焉。

領縣三：星子，都昌，建昌。

軍境：東西二百二十里。南北二百四十里。

四至八到：北至東京一千八百九十里。北至西京。缺。東至饒州三百七十里。西至江州一百五十里。南至洪州二百七十七里，水路四百五十里。北至江州湖口縣一百二十里。東北至江州湖口縣水陸路一百二十里。〔三九〕西南至江州德安縣界六十里。東南渡江至松口，三十里入都昌縣界。西北至廬山康王觀太源界七十里。

户：舊户載江、洪二州籍。皇朝户主一萬四千六百四十二，客一萬二千三百六。

風俗：具載江州。〔四〇〕

人物：具載江州。

土産：布水紙，雲母，石斛，出廬山縣崖。葛布，蛤粉。〔四一〕

星子縣，二鄉。〔四二〕本星子鎮，皇朝太平興國三年昇爲縣，並載江州德化縣内。

都昌縣，西北一百二十里。〔四三〕一十六鄉。本漢彭蠡縣地，唐武德五年，安撫使李大亮謂土地之饒，井户之阜，道塗之遥遠，水路之阻礙，遂割鄱陽西鴈子橋之南地置此縣，以隸浩州，州廢，屬江州。按鴈子橋，即本縣之地，鄱陽，即饒之北壤也。始置之地有古城，莫知年代，遂因此城創縣，以地名都村，遠與建昌相望，近與南昌相接，遂號都昌。

石鐘山，在縣北二百一十里。西枕彭蠡，連峯疊障，壁立削峻，西南北面皆水，四時如一，白波撼山，其聲若鐘，因名之。按辯石鐘山記云：「水經云彭蠡之口有石鐘山，酈道元以爲下臨深潭，微風鼓浪，水石相搏，響若洪鐘，因受其稱。予幽棲者，因尋繹東湖，沿瀾窮此，遂躋崖穿洞，訪其遺踪，次于南隅。忽遇雙石欹枕潭際，影淪波中，詢諸水濱，乃曰石鐘也，有銅鐵之異焉。扣而聆之，南音函胡，北音清越，枹音浮，擊鼓槌也。〔四四〕止響騰，餘韻徐歇。若非澤滋其山，山含其英，聯氣凝質，發爲至靈，不然則安能産兹奇石乎！乃知山仍石名，舊矣。如善長之論，則瀕流庶峯，皆可以斯名貫之，聊刊前謬，留遺將來。貞元戊寅歲七月八日，白鹿先生記。」白鹿先生姓李，名渤，字濬之。時隱廬山，因所居洞爲號，後任江州刺史、諫議大夫、給事中、桂管觀察使。〔四五〕太和元年八月七日，故吏湖口鎮將吴文幹刻石。今修寰宇記，因全録此記以辨之。又按潯陽記：「術士吴猛過此遇天神，曰此江神不守其官，覆溺生人，吾奉帝命按之，言終而失。」

交石山，在縣北二百三十里。其山西臨大江，石勢交横，乃名交石山。釣磯石，在縣西三十里，傍臨浦嶼。異苑記云：「陶侃嘗釣于此，得織梭一枚，〔四六〕還以插壁，化成赤龍從空而去。」

石壁山，在縣西南一十一里。傍臨清江，有石如壁。山西有僧臺，本謝康樂舊宅，所言精舍者，謝詩云：「昏旦變氣候，山水含清輝。清輝能娛人，遊子澹忘歸。」

七里山，在縣東北一百一十五里。其山盤薄七里。

檀頭山，在縣西北九十里。宋將軍檀道濟領兵登此石室，〔四七〕因名檀頭山。山西南枕彭蠡。

土目山，在縣西北七里，山無石。

元辰山，在縣西四十里。道書第五十一福地，又名蘇山，晉蘇耽居此。

蜈蚣山，在縣西六十里，接新建界。

左蠡山，在縣西八十里，臨彭蠡湖。

洗馬灣，在縣西。晉陶侃洗馬于此。

楊成公營，在縣西北八十里。隋開皇中，兵亂，成公因建此。〔四八〕

五柳館，在棲隱寺側。五柳先生之舊宅也。今廢。

彭澤城，在縣西北一百二十五里。其城漢高帝置，屬豫章。晉陶潛之所理也。隋平陳，廢。舊跡猶存。

左里城，在縣西北四十里。晉盧循所築，在湖左，因爲名。城基猶在。

彭蠡戍，在縣西北七十里。西臨彭蠡湖，北連釣磯山。舊是鎮，〔四九〕唐武德五年以江湖闊遠，遂重置鎮。景龍元年復爲戍，以爲衝要。

檀山廢戍，在縣北九十里，與馬頰相對。武德五年以水陸要衝置戍。貞觀元年廢。

建昌縣，南二百里。舊十六鄉，今二十鄉。舊海昏縣也，漢高祖六年置。前漢地理志曰：「高帝六年，豫章郡置十八縣，艾、海昏屬焉。」艾，春秋時舊名，左傳：「吴公子慶忌出居于艾。」又按雷次宗豫章記云：「後漢永元中分海昏立建昌縣，以其户口昌盛，因以爲名。又中分海昏、建昌立新吴、永修二縣。建安中又分立西安縣。晉太康元年改西安爲豫寧縣。宋永嘉二年廢海昏，移建昌居焉。」顧野王輿地志云：「陳武割建昌、豫寧、永修、艾四縣爲豫寧郡。」又梁僕射沈約、陳僕射徐陵皆封建昌侯，即此邑。

將軍山，在縣北十六里。上有樊將軍廟。

温泉，在縣西六十里。四時温煖，患瘡者，洗之多愈。

七靖井。相傳晉永嘉中，許遜嘗煉丹于黄龍山。有蛟魅爲祟，作洪水，欲漂丹室，擒之，釘于石壁。還郡時，海昏有巨蛇據山爲穴，吐氣爲雲，遜復誅之，法北斗七星作七井以鎮。

冷水臺，在治西。晉吴猛遊憩之所。地有泉，極清冷，因名。

唤渡亭，白居易貶江州司馬，過此作詩，云：「建昌江水縣門前，立馬教人唤渡船。好似當年歸蔡渡，草風花雨渭河邊。」〔五〇〕

羡門鄉，因仙人羡門子居此山得道爲名。去縣一百八十里。

蛇骨洲，在縣東南一十七里。永嘉末，〔五一〕有蛇長三十餘丈斷道，以氣吸人，被吞噬者蓋以數百，行路斷絶。時吴猛有神術，與弟子往殺之。蛇死之處，聚骨成洲。有小蛇走，猛乃云大蛇是蜀精，故蛇死而蜀賊杜弢滅矣。

吴猛泉，在縣北五百步。有瘡痍者，或洗悉愈。時人嘗以寒食及三月三日、九月九日就此祈福，多有徵驗。此是吴猛遊息之處，因以爲臺。其泉清冷，異于餘水，〔五二〕亦謂之冷水泉。

孫慮城，在縣南一百里。城南門有青石井，可深十丈，冬夏常有水。吴書：「孫慮，字子智，權之子。黄武七年封建昌縣侯。」

庾齊臺，在縣東三里，當白湖中洲。梁尚書庾肩吾齊永明三年之所置也。〔五三〕

卷一百十一校勘記

〔一〕漢文帝十六年分廬江爲吴王濞屬縣　按漢書卷四四淮南王傳：文帝十六年，「上憐淮南王廢法不軌，自使失國早夭，乃徙淮南王喜復王故城陽，而立厲王三子王淮南故地，三分之：阜陵侯安爲淮南王，安陽侯勃爲衡山王，陽周侯賜爲廬江王。」是淮南國地三分爲淮南、衡山、廬江三國。同書又載：景帝三年，吴楚七國反，吴使者至廬江，廬江王不應，而往來使越，景帝四年，吴楚已破，「廬江王以邊越，數使使相交，徙爲衡山王，王江北。」則文景之世，廬江國無分縣屬吴王之事，此當有誤。

〔二〕黄初中復分尋陽隸武昌　按三國志卷四七吴書吴主傳：黄初二年四月，「權自公安都鄂，改名武昌，以武昌、下雉、尋陽、陽新、柴桑、沙羨六縣爲武昌郡。」此引作「黄初中」，不確。

〔三〕晉太康十年至因江水之名置江州　「疆」，底本作「區」，據萬本、庫本、傅校及晉書卷一五地理志下改。「鄱陽」，底本作「尋陽」，萬本同，按晉書地理志、宋書卷三六州郡志二皆作「鄱陽」，又二書皆載尋陽郡置於惠帝永興元年，則設置江州時未有尋陽郡，據改。又太康十年置江州，元和郡縣圖志卷二八記載同，晉書地理志、宋書州郡志及資治通鑑卷八二皆載惠帝元康元年置，當是。

〔四〕晉地道記云至亦一都會也　「也」，底本無，據萬本、庫本及傳校補，太平御覽卷一七〇引晉地道記作「尋陽陸通五嶺，北導長江，遠行岷漢，亦一都會也。」

〔五〕妹夫弟殺食之　「妹」，萬本、庫本作「姊」，傳校改同。

〔六〕仁讓謹節　「謹節」，庫本同，萬本據晉書卷九四翟湯傳改爲「廉潔」。

〔七〕賦歸去來辭　萬本同，庫本無「辭」字。晉書卷九四陶潛傳：「解印去縣，乃賦歸去來。其辭曰：歸去來兮，……。」云云，則有「辭」字，下連屬文，無者，應無「辭」字，庫本是也。

〔八〕石耳鱅魚葛栗茶　萬本、庫本並無，傳校删，蓋非樂史原文。

〔九〕三天子都亦曰天子鄣也　「都」，底本作「障」，「鄣」，底本作「都」，萬本、庫本同。按山海經海內東經：「廬江出三天子都，入江，彭澤西。一曰天子鄣。」水經廬江水注引山海經：「三天子都，一曰天子鄣。」據此改前「障」爲「都」，後「都」爲「障」。

〔一〇〕長十丈闊止盈尺　「止」，萬本、庫本作「只」。按水經廬江水注引尋陽記、太平御覽卷四一引述異記皆曰三石梁「長數十丈，廣不盈尺」。

〔一一〕吴猛嘗于此樹下見一老翁以玉盃承甘露漿與猛　輿地紀勝江州引本書同，萬本、庫本作「吴猛嘗過此，見桂樹下一老翁，以玉杯承甘露漿與猛」，略同水經廬江水注引尋陽記、太平御覽引述異記。「承」，底本作「盛」，據萬本、庫本、輿地紀勝引本書及上引兩書改。

〔一二〕懸崖對聳 「懸」，輿地紀勝卷三〇、宋本方輿勝覽卷二二江州引本書皆作「兩」。

〔一三〕石鏡山在山東懸崖之上其狀團圝 「石鏡山」，萬本、庫本作「石鏡」，無「山」字，「圝」，萬本、庫本作「圓」，傅校改同。按北堂書鈔卷一三六引潯陽記曰：「東得石鏡，山前有一圓石懸崖，明淨照人形，有光入石，毫細必察，故號曰石鏡。」藝文類聚卷七〇引潯陽記曰：「石鏡在山東，有一團石懸崖，明淨照人。」太平御覽卷五二引潯陽記曰：「石鏡，山東一圓石懸崖，明淨照人，毫細必察。」則萬本、庫本是。

〔一四〕而樹下泉湧 按輿地紀勝卷三〇江州五松橋引本書作「其下泉湧」，聰明泉引本書作「而其下泉湧」，此「而」下脱「其」字，「樹」字衍。

〔一五〕寒雲晚景凝至不見鴈門僧 「雲」、「鴈」，輿地紀勝江州引相里宗題詩作「光」、「應」。

〔一六〕年年常然 「然」，底本作「如是」，據萬本、庫本及傅校、輿地紀勝江州引潯陽記改。

〔一七〕天花井山去吴章山五里至佛母寺去州三十里唐貞觀間創 萬本、庫本無此天花井山、螺子山、龍門山、雙劍峯、鐵船峯、擲筆峯、蓮花洞、迴風磯、白蓮池、虎跑泉、康王城、歇馬臺、稽亭、飛魚逕、陶公舊宅、九疊樓、蕭郎中舊堂、白樂天草堂、琵琶亭、龍泉寺、佛母寺共二一條六〇四字，傅校删，蓋非樂史原文。

〔一八〕潯陽記云九江在潯陽去州五里名白馬江 按輿地紀勝江州：白馬江，「晏公類要云『九江，一名白馬江』，按潯陽記『去州五里』。」則「九江名白馬江之説出於晏公類要，非潯陽記，此處所引不確。

〔一九〕盆浦　底本「盆浦」下衍「水」字，據萬本、庫本及輿地紀勝江州删。

〔二〇〕有人此處洗銅盆　「人」下底本有「于」字，據萬本、庫本、嘉慶重修一統志卷三一八九江府引本書及輿地紀勝江州引郡國志删。

〔二一〕亦在湖西江水泛漲　「亦在」，萬本作「又云」，庫本作「亦云」。永樂大典卷二二六〇引本書作「亦在湖江水泛漲」，無「西」字。

〔二二〕先生因辭　「因」，傅校改「固」。

〔二三〕分風擘流　庫本同，萬本「分」上有「能」字。按水經廬江注：「宫亭廟，「山廟甚神，能分風擘流，往舟遣使，行旅之人，過必敬祀而後得去。」初學記卷七引盛弘之荆州記曰：「宫亭湖廟神甚有靈驗，塗旅經過，無不祈禱，能使湖中分風而帆南北。」本書卷一〇六洪州南昌縣：宫亭神，「能分風上下。」則萬本是。

〔二四〕李白詩云浪動灌嬰井潯陽江上風是也　萬本及嘉慶重修一統志九江府引本書無此文，傅校删，蓋爲後世竄入。

〔二五〕今見在城内　底本「今」下衍「井」字，據萬本、庫本、嘉慶重修一統志九江府引本書及傅校删。

〔二六〕取澤以爲名　「澤」，底本作「彭蠡」，據宋版、萬本、庫本及傅校改。

〔二七〕波洑涌沸　「洑」，底本作「浪」，庫本同，據宋版改。萬本作「迴風撼浪」。

〔二八〕在古縣東北七十九里　「縣」，底本作「城」，萬本、庫本同，據宋版改。

〔二九〕在古縣西北九十里　「縣」，底本作「城」，萬本、庫本同，據宋版改。

〔三〇〕石壁山在縣南四十里至東接浩山延袤百里　宋版、萬本、庫本皆無此石壁山、遊龍山共二條三七字，傅校删，非樂史原文，爲後世竄入。底本「浩」下脱「山」字，據嘉慶重修一統志九江府補。

〔三一〕洲上多楊柳　「柳」，輿地紀勝江州引本書同，宋版及嘉慶重修一統志九江府引本書皆作「林」。

〔三二〕領晉陽天水和城三縣　按隋書卷三一地理志下：彭澤，「梁置太原郡，領彭澤、晉陽、和城、天水。」通典卷一八二州郡一二彭澤縣：「梁置太原郡，領晉陽等四縣。」洪齮孫補梁疆域志：梁置太原郡，領彭澤、晉陽、和城、天水四縣。此「三」爲「四」字之誤，脱「彭澤」二字。

〔三三〕晉建興初始以爲郡乃領尋陽柴桑彭澤上甲九江五縣　按晉書卷一五地理志下：「惠帝永興元年分廬江之尋陽、武昌之柴桑二縣置尋陽郡。懷帝永嘉元年又以豫章之彭澤縣屬尋陽郡。元帝渡江，尋陽郡又置九江、上甲二縣。」此云「始以爲郡」，謂「始以爲尋陽郡」也。宋書卷三六州郡志二亦載尋陽郡置於惠帝永興元年，此以尋陽郡始立於建興初，即領尋陽、柴桑、彭澤、上甲、九江五縣，誤也。下德安縣序引州圖經所載誤同。

〔三四〕涌一作浦泉觀　萬本作「蒲泉觀」，無「一作浦」三字，庫本同，傅校改「涌」爲「浦」，删「一作浦」。按宋版作「涌泉觀」，無「一作浦」三字，蓋衍文。

〔三五〕望夫山在縣西北二十里至置之田畔蛭遂不生　宋版、萬本、庫本皆無此望夫山、石泉碑共二條六十三字，傅校删，非樂史原文，爲後世竄入。

〔三六〕赤顔山在縣西北一百二十里至舊傳王喬修煉處　宋版、萬本、庫本皆無此赤顔山、玉華洞、王喬洞共三條七十一字，傅校删，非樂史原文，爲後世竄入。

〔三七〕西北一百里　按宋江州治德化縣，即今江西九江市，湖口縣即今湖口縣，在九江市東偏北。元豐九域志卷六、輿地紀勝江州皆載湖口縣，「州東北六十里」，是也，此「西」爲「東」字之誤。

〔三八〕射蛟浦在縣西南十里至相傳晉陶潛所鑿　宋版、萬本、庫本皆無此射蛟浦、九曲池共二條四十二字，傅校删，非樂史原文，爲後世竄入。

〔三九〕東北至江州湖口縣水陸路一百二十里　「陸」，底本脱，萬本、庫本同，據宋版補。

〔四〇〕具載江州　「具載」，底本作「同」，據宋版、萬本、庫本及傅校改。

〔四一〕葛布蛤粉　宋版、萬本、庫本皆無，傅校删，非樂史原文，爲後世竄入。

〔四二〕二鄉　「二」，底本作「一」，據宋版、萬本、庫本改。

〔四三〕西北一百二十里　按宋南康軍治星子縣，即今江西星子縣，都昌縣即今都昌縣，位於星子縣東南。元豐九域志卷六南康軍都昌縣：「軍東七十五里。」輿地紀勝卷二五南康軍都昌縣：「在軍東一百七十五里。」此「西北」爲「東南」或爲「東」字之誤。

〔四四〕音浮擊鼓槌也　宋版、萬本、庫本皆無此文，蓋非樂史原文。

〔四五〕桂管觀察使　「桂」，底本作「權」，萬本、庫本同，宋版作「桂」。按舊唐書卷一七一李渤傳：「出爲桂州刺史、兼御史中丞，充桂管都防禦觀察使。」此「權」爲「桂」字之誤，據改。

〔四六〕得織梭一枚　「織」，底本作「赤」，據宋版、萬本、庫本改。

〔四七〕宋將軍檀道濟領兵登此石室　「領」，底本作「引」，據宋版、萬本、庫本及嘉慶重修一統志卷三一六南康府引本書改。

〔四八〕元辰山在縣西四十里至成公因建此　宋版、萬本、庫本皆無此元辰山、蜈蚣山、左蠡山、洗馬灣、楊成公營共五條八十七字，傅校删，非樂史原文，爲後世竄入。

〔四九〕舊是鎮　「鎮」，宋版、庫本同，嘉慶重修一統志卷三一七南康府引本書作「戍」，萬本據改。按此下文云唐武德五年重置鎮，「景龍元年復爲戍」，則作「戍」是。

〔五〇〕將軍山在縣北十六里至草風花雨渭河邊　宋版、萬本、庫本皆無此將軍山、温泉、七靖井、冷水臺、唤渡亭共五條一六五字，傅校删，非樂史原文，爲後世竄入。

〔五一〕永嘉末　按輿地紀勝南康軍引方輿記作「晉永嘉中」。

〔五二〕異于餘水　「水」，底本作「所」，據宋版及輿地紀勝南康軍引方輿記改。「餘水」，庫本作「他處」，非。

〔五三〕永明三年之所置也　按輿地紀勝南康軍李萬卷墓引本書云：「在白鹿洞邊。或云萬卷即唐之李渤也。」底本、宋版、萬本、庫本皆無，今附記於此。

太平寰宇記卷之一百一十二

江南西道十

鄂州

鄂州，江夏郡。今理江夏縣。禹貢：「江、漢朝宗于海。」按今江、漢二水會于州之西界。春秋時謂夏汭，乃楚地，傳謂「吴伐楚，沈尹射奔命于夏汭。」又世本云「楚子熊渠封中子紅于鄂」，今武昌縣地也。至戰國末，猶屬楚。秦併天下，爲南郡地。按晉地理志云：「漢高祖初，分南郡置江夏郡。」漢志應劭注云：「沔水自江別至南郡華容爲夏水，過郡入江，故曰江夏。」今州即江夏郡之沙羡縣地。後漢因之，後劉表以黄祖爲江夏太守。又江夏記云：「一名夏口，亦名魯口。」按三國志：「吴主破黄祖于沙羡，收其地爲都，遂改名武昌。〔一〕」又武昌記云：「大帝築城于江夏山，爲江夏城，即今郡，以程普爲江夏太守，督夏口，遂欲都鄂，改爲武昌。其民謡曰：『寧飲建業水，不食武昌魚。寧歸建業死，不向武昌居。』繇是徙都建業。」此爲郡如故，其後亦爲重鎮。及西晉伐吴，使王戎襲武昌，胡奮襲夏口，是歷古爲兵衝之地。至義熙元年，冠軍將軍劉毅以爲夏口，二州之中，地居形要，控接湘川，邊帶漢沔，請荆州刺史劉道規鎮之；至六年自臨鄣徙江夏郡於夏口，乃割荆、湘、江三州之地，于此立爲郢州〔二〕。故宋書云：「孝武帝嫌上游强盛，遂以竟陵、安陸、江夏、武陵、巴陵、武昌、西陽、齊安等八郡置郢州。〔三〕」則江夏爲郢州之地。至順帝時，荆州刺史沈攸之起兵，素蓄士馬，資用豐積，戰士十萬，鐵馬二千，軍至郢州，府功曹臧寅以爲：「攻守勢異，非旬日所拔，若不能時舉，挫鋭損威。今順流長驅，計日可捷，既傾根本，則郢城豈能自固！」攸之不從。郢州刺史柳世隆拒守，〔四〕攸之盡鋭攻之不尅，衆離沮，遂潰散。故齊書列傳云：劉懷珍言于高帝曰：「夏口兵衝要地，宜得其人。」遂令柳世隆鎮焉。其後梁武起兵襄陽，東下攻圍二百餘日，方降，因分置北新州，尋分北新州爲土、富、洄、泉、豪五州。〔五〕梁末，北齊得之，遣慕容儼守之，爲陳將侯瑱攻圍，凡二百日，不下。後因二國通和，乃復歸陳。〔六〕隋平陳，改爲鄂州，取鄂渚以爲州名。煬帝初州廢，復爲江夏郡。唐武德四年平蕭銑，復置鄂州。天寶元年改爲江夏郡。乾元元年復爲鄂州。永泰之後，置鄂岳觀察使，以鄂州爲治所。皇朝爲武清軍節度。〔七〕

元領縣九。今六：江夏，武昌，蒲圻，嘉魚，崇陽，永安。三縣割出：永興，置興國軍。

通山，入興國軍。大冶。入興國軍。

州境：東西九百三十九里。南北三百八十八里。

四至八到：北至東京一千四百一十里。北至西京一千五百三十里。西北至長安二千三百三十里。〔八〕東至江州六百里。南至岳州七百里。西至漢陽渡二里。北至黄州二百八十五里。東南至洪州水陸相兼一千九百三十八里。西北至沔州北界漢江四里。西南至沔州界七里。東北至蘄州五百里。

户：唐開元户二萬九千七百。皇朝户主一萬四百七十，客一萬五千一十四。

風俗：火耕水耨，人食魚稻，以漁獵山伐爲業。〔九〕贏、蛤、食物常足，人偷生，朝夕取給而無積聚。重巫鬼之祀。

姓氏：江夏郡三姓：黄、喻、潘。

人物：鬻子，名熊。爲文王師。　孟宗，字恭武，江夏人。至孝，冬日母嗜筍，宗入林哀泣，筍忽生。爲吴司空。〔一〇〕　孟陋，字少孤，武昌人。曾祖宗，爲吴司空，陋幼而貞潔，〔一一〕喪母過禮。　孟嘉，江夏人。侍桓温宴龍山，風吹帽墮。〔一二〕　郭翻，字長翔，武昌人。隱居臨川。〔一三〕　唐李鄘，江夏人。自淮南節度詔入拜相。　李善，字次璪，江夏人。淹貫今古，注文選。　李邕。字太和，以文章詞翰名一世，官北海太守。〔一四〕

土產：銀，麻，紵布，秀柑，火紙，〔一五〕茶。茶譜云：「鄂州之東山、蒲圻、唐年縣大□黑色，如韭葉，極軟，治頭疼。」

江夏縣，舊十鄉，今十五鄉。漢沙羨音怡。縣地，漢書地理志沙羨縣屬江夏郡。自漢至晉，猶爲沙羨縣地，晉太康元年改爲沙陽。按沙陽今蒲圻縣界魚嶽山東南沙陽故城是也。東晉汝南郡流人寓于夏口，因僑立汝南郡，又爲汝南縣焉。晉末改爲江夏縣。按應仲遠注水經云：「夏水入江，是爲江夏。」江夏地記云：「涓水西四十里汊川界安州故城，〔一六〕古江夏郡也。」據輿地志云：「郡有沙羨縣，吴時置督將于魯山口。」吴記云：「孫權擒江夏太守黄祖於沙羨，以程普爲江夏太守。」晉、宋並爲江夏郡，齊因之，亦名重鎮。隋平陳後，置鄂州治於此，以江夏郡爲縣，居舊汝南縣界。荆湘記云：「金水北岸有汝南舊城。」是也。隋開皇十年，使人韋焜就州東南焦度樓下置。大業十三年，州賊董道冲陷没，其縣遂廢。洎唐武德四年又權置縣宇。貞觀三年移于城南平地置。又縣圖云：「縣先一十八鄉，〔一七〕于大曆二年分金城、豐樂、宣化等三鄉置永安場。今十五鄉存焉。」

金城山，在縣東南二百三里。下有村，在金口水南，村人堰水成塘，以此爲名。

輞山，〔一八〕在縣東南二百七十三里。山形圓曲，有如車輞。

鈷鉧山，在縣東南一百一十七里。山形似鈷鉧。

靜山，在縣東南一百一十里。其山迴聳，曲澗清流，茂林高峻，可以息諸仁智，故名靜山。

驚磯山，在縣東九十里。西南俯臨大江，下有石磯，波濤迅急，商旅驚駭，故以爲名。

白頭山，在縣東南七十里。上有四石俱白，故曰白頭山。

江夏山，在縣東南。有小山池邐東入武昌界，西去縣六十里。其山重疊，本名峽山，天寶六年改爲江夏山

金華山，在縣東南五十里。其山土石紅赤，因名。

冶唐山，在縣東南二十六里。舊記云：「先是晉、宋之時，依山置冶，故以爲名。」

黄鶴山，在縣東九里。其山斷絶。耆舊相傳云昔有仙人控黄鶴從天而夜響。〔一九〕

雞翅山，在縣南八十里。昔有金雞飛集此山。

金水，在縣南九十里。出秦山，西注入大江。舊記云：「有金雞從雞翅山南飛，産金于此，故名金水。」

鄂渚。輿地志云：「雲夢之南，是爲鄂渚。」

曲池水，在縣東三里。梁太清四年，邵陵王蕭綸爲富水郡太守，雅好賓客，樂于詩酒，每慕王右軍蘭亭流觴曲水之興，故以效之。

鸚鵡洲，在大江東，縣西南二里。西過此洲，從北頭七十步大江中流，與漢陽縣分界。後漢書云：「黄祖爲江夏太守時，黄祖長子射大會賓客，有獻鸚鵡于此洲，故爲名。」又荆州記云：「江夏郡城西臨江，有黄鶴磯，又有鸚鵡洲。侯景令宋子仙夜襲江夏，藏船于鸚鵡之洲。」

南浦，在縣南三里。離騷云：「送美人兮南浦。」其源出景首山，〔三〇〕西入江。春冬涸竭，秋夏泛漲，商旅往來，皆于浦停泊。以其在郭之南，故曰南浦。

黄鶴樓，在縣西二百八十步。昔費禕登仙，每乘黄鶴於此樓憩駕，〔三一〕故號爲黄鶴樓。唐崔顥有登黄鶴樓詩，云：「昔人已乘白雲去，此地空餘黄鶴樓。黄鶴一去不復返，白雲千載空悠悠。晴川歷歷漢陽樹，芳草萋萋鸚鵡洲。日暮鄉關何處是，〔三二〕煙波江上使人愁。」

焦明本祠。晉列將，自後致仕尋醫，行至鸚鵡洲，結茆而止。唐建中四年，李希烈反，城下交戰，神力衛助，軍城得康。觀察使李謙奏聞，貞元四年封爲城隍王，廟號萬勝鎮安王。

蔣帝祠。金陵蔣山之神也。〔三三〕

宋無忌祠。初，州多有火災，占之，曰：「東南聖水坡，宋無忌遺跡。」觀察使牛僧孺

立廟祀之。〔二四〕

邵陵王廟。自梁朝之時，邵陵王捨宅爲寺，因之立廟。

白馬廟。耆舊相傳云蜀時張飛之靈也。

横江廟。即吴將魯肅也。

丁固宅。母作大被以招賢，故學爲時高。後母疾思筍，泣竹，冬月筍生。

武昌縣，東一百七十里。舊七鄉，今九鄉。舊名東鄂，系本云：「楚子熊渠封中子紅于鄂。」漢爲鄂縣。又江夏記云：「漢高祖析南郡置江夏郡，處于鄂。」是武帝封鄂長公主之邑也，漢書地理志云屬江夏郡。又吴志云：「甘露初析江夏置武昌郡，大帝嘗都之。〔二五〕」晉、宋不改。然扼上流者，或治武昌，悉以名臣，皆爲重鎮。宋又置郢州，領江夏、武昌、竟陵、安陸、西陽、齊安八郡。後改郢州，移理江夏，武昌復爲鄂州之東境矣。武德中建鄂州，領縣五，而武昌、江夏實其最焉。續搜神記：「晉孝武世，宣城人秦精嘗入武昌山中採茗，遇一毛人，長丈餘，引精至山曲，示以叢茗而後去。俄而復還，乃探懷中橘遺精，精怖，負茗而歸。」

樊山，在州西一百七十三里。〔二六〕出紫石英。山東十步有岡，岡下有寒溪，溪中有蟠龍石。謝玄暉詩云「樊山開廣宴」是也。又干寶搜神記云：「若天大旱，以火燒山，即致大雨。今往往有驗。」

西塞山，按江夏風俗記云：「高一百里，在州西，水路二百九十一里。」峻崿横江，袁宏東征賦云：「沿西塞之峻崿。」又江表傳云：「劉勳敗于彭澤，走入楚江，聞皖已没，遂投西塞。」

白雉山，在縣西北二百三十五里，山高一百二十五丈。其山有芙蓉峯，前有獅子嶺，後有金雞石，南出銅鉚，自晉、宋、梁、陳以來，置爐烹煉。

鳳栖山，在州西北二百二十五里。吴建興年，鳳凰降此山，因以爲名。山有石鼓，鳴則雨降。

神人山，在州西，水路一百八十一里。歷代帝紀云：「吴建衡二年有神人乘白鹿從此山出。」

郊壇岡，在縣東南。輿地志云：「吴帝郊壇，黄龍元年即位于此。」武昌記云：「安樂宫八里，有南郊壇」是也。

吴造峴，在州西一百七十一里。輿地志云：「孫權于樊口被風破船，鑿樊嶺而歸，因以爲名。」

五丈湖，在縣東。有長湖通江南，冬即乾涸。陶侃作塘以遏水，於是水不竭，因取琅邪攝湖魚、菱置湖内，其菱異于他處。有鯽魚，長三尺。永嘉年初頹破，太守褚雋之重修復。

敗橋湖，在縣西。秋夏水深一丈餘，凡春冬即涸。昔吴主於此造橋遊獵，其後橋敗，因以爲名。

浮石湖，〔二七〕闊七十里。在州西一百八十五里。春冬乾涸。中有一石獨立，周迴二十步，形狀極下，縱水泛漲而不能没。

盤龍石，在州西一百七十五里，周迴七十餘丈。冬出夏没，曾有盤龍于此。

節度石，在州西一百八十四里。其石在江中。輿地志云：「節度石，西陵與武昌分界之處。」

江右。水經注云：〔二八〕「江之右岸，北對崢嶸洲，冠軍劉毅破桓玄處。」

釣臺。武昌城下有石圻，臨江懸峙，四眺極目。〔二九〕武昌記：「釣臺在城南。」

崢嶸洲，在縣西。即晉時劉毅破桓玄處。

寒溪浦，在縣西二里。樊山下有寒溪，盛暑之月，嘗有寒氣。

敗舶灣，在縣西北，水路七里。吴志云：「孫權於武昌新裝大船試泛之時，風大盛，權欲取瀰洲。〔三〇〕谷利拔刀向舵工曰：『不取樊口者斬。』工即轉舵，入樊口，風遂猛不可行，乃還。」武昌記：「權與羣臣泛船中流，值風，至樊口十里餘便敗，因名敗舶灣。」

灑洲，水路去州一百九十三里。輿地志云：「伍子胥叛楚出關，于江上見漁父求渡，時旁多人，漁父歌曰：『灼灼兮侵已私，與子期兮蘆之漪。』子胥既渡，解百金之劍與漁父。漁父曰：『楚購子，粟五萬，爵執圭，豈百金之劍乎！』子胥行未數步，回顧漁父已覆舟而死。」其處是也。

樊港。源出青溪山，三百里至大港，闊三十丈，水曲並在縣內界。又吳志云：「谷利拔劍擬舵工，急趨樊口。」即其處也。

安樂宫，在州西北，水路二百四十里。吳黄武二年築宫于此。赤烏十三年取武昌縣材瓦繕修建業，因遂停廢。

南郊壇，在州西北百八十里，在縣南。吳主孫權黄龍三年郊天之處。

吳大帝城，在州西百八十里。魏黄初三年，吳主置。城有五門，各以所向爲名。西角一門謂之流津，北臨大江。又晉中興書云：「陶侃領江州刺史，鎮武昌，課種柳。都尉夏施夜盜，拔郡西門柳爲己所種，侃後因駐車施門，問此是郡西門柳，何以盜種？施怖，謝罪。時人憚之。其城黄龍元年遷都建業，因此停廢。」

鄂王城，在州西北百八十里。楚子熊渠封中子紅于鄂，僭稱王，居此城。九州記曰「今武昌」是也。九州記略同。〔三〕今鄂人事鄂王神，即遺像也。

黄石城，在州西北二百九十里。江表傳云：「劉勳敗于彭澤，走入楚江，從尋陽步上，聞皖已没，及西塞，將兵救皖，爲孫權所破，遂奔曹公。」即此城也。

廢城塘縣，在州西北百十里。隋末，縣令義士暄置。西有小城塘，以爲名。大業九年廢。

故鄂縣城，在州西北百八十三里。輿地志云：「漢舊鄂縣，屬江夏，吴之武昌。晉太康年復立鄂州，此縣廢矣。」

陶侃廟，在州東一百七十五里。侃薨于樊口，百姓思焉。咸康五年立廟祀之，有碑在。又至興元年中，縣令唐平以其荒凉無庇，遷在縣西北一百步，俯臨大江。

樊姥廟，西去州百七十二里。〔三二〕武昌記云：「孫權嘗獵于樊口山，〔三三〕見一姥，問獵得何物？〔三四〕荅曰得一豹。姥曰何不豎其尾？言訖不見。權於後立廟祀之。」

庾雲墓，西北去州一百八十五里。是晉征西將軍祠。

桓宣武墓，西去州一百八十里。大司馬、揚州牧桓元子也。

戴淵墓，西北去州一百九十六里。晉右光禄大夫、開府儀同三司，謚簡侯，字若思。

蒲圻縣，西南四百一十里。舊五鄉，今四鄉。漢沙羡縣之地，地理志江夏郡有沙羡縣。又吴黄武二年於沙羡縣置蒲圻縣，在競江口，屬長沙郡，因湖以稱，故曰蒲圻。盛弘之荆州記云長沙郡有蒲圻縣。宋元嘉七年屬巴陵郡。〔三五〕孝建元年屬江夏。大同五年於巴陵郡下雋立樂化縣，還屬上雋郡。陳又改上雋郡爲雋州。天嘉元年還復本名。其沙陽縣，本名沙羡，晉安帝改爲沙陽縣，〔三六〕仍舊屬上雋。梁承聖三年改爲沙州。陳初復還縣，又屬上雋。隋開皇元年，使人韋焜省上雋郡，又立樂化縣，廢沙陽入蒲圻，始屬鄂州。開皇十二年，使人牛强又省樂化縣，〔三七〕併入蒲圻；其年洪水泛溢，縣遂漂流，就鮑口權時創立。大業十三年，董道冲爲亂，蕭銑敗之。武德四年，使人王弘讓、刺史周和舉權在陸溪川中爲縣。貞觀七年移還鮑口。天祐之後，析鮎漬鎮下界鄉里爲嘉魚縣。

赤壁，在縣西北一百五十里，江岸北。即曹操爲周瑜所敗之處。

太平城，在縣西南八十八里。即吴孫權遣魯肅征零陵，于此築城。

嘉魚縣，西南四百六十五里。舊一鄉，今二鄉。本蒲圻縣，隋之鮎漬鎮，以多生鮎魚爲鎮名。唐天祐三年，〔三八〕本道以鎮界所管懷仁、宣化三里合爲一鄉，屬鎮徵科。僞吴昇爲嘉魚縣。〔三九〕

魚嶽山，去舊縣一百二十里。按荆州記云：〔四〇〕蒲圻縣下流有魚嶽小山，孤峙于中洲，近在江南。」

蒲圻湖，東北沿流去州三百里，在蒲圻縣西北一百五里。舊云多生蒲草。吴大帝初置蒲圻縣在北湖側，故以爲名，屬鮎漬鎮。

吕蒙城，東北沿流去州三百九十三里，在蒲圻縣西北。〔四一〕即吕蒙所築，屯兵于此，地屬鲇漬鎮。

吕蒙墓。江夏記云：「蒲圻縣南對陸溪口，一名刀鐶山，〔四二〕泝流八十里有吕蒙城，城中有蒙墓。孫權使陸遜拒劉備于西陵，權屯陸溪口，爲衆軍節度。」是此也。

崇陽縣，西南六百二十里。今五鄉。〔四三〕古下雋縣，漢地理志屬長沙國。宋元嘉七年入岳州。〔四四〕梁大同五年於下雋縣置上雋郡，乃分爲樂化縣。至承聖三年改爲雋州。陳天嘉四年州廢。洎隋開皇九年廢州，省樂化、下雋兩縣入蒲圻。唐天寶元年，江西採訪使奏以蒲圻梓洞中二千餘户，去縣六百餘里，若不别置縣則難以統攝；二年勅于其洞桃花溪口置唐年縣。僞吴順義七年改爲崇陽。僞唐改爲唐年。皇朝改爲崇陽。其地唐末已屬淮南，楊行密割據，改爲崇陽縣。梁于郡國志上存其空名，改爲臨夏縣。後唐同光初復舊。晉天福初改爲臨江縣。

壺頭山，在縣東北，水路六十里。其山幽谷深邃，山下有溪，穿入山中，名桃花洞水，入溪合流，山名壺頭山，水名壺頭灘，三里皆平石，石脈流水，纔通小舟。若水泛漲，即方可濟，行旅憚之。後漢馬援征五溪，至下雋没于壺頭之灘，即其處也。川如毘壺之口，以爲名。

弩牙山，在縣南四十里。有吴城港，水繞巖下過。其巖勢如弩牙。

雲溪山，在縣西二百二十里。山之峭峻中有清流，界道如帶。尚書曰「至于敷淺原」，即此處也。

九嶺山，在縣西南二百里。有九山連接。

伏波祠，在壺頭山下，在縣東北五十里。舊圖經云：「漢伏波將軍馬援征五溪，軍次下雋，頓壺頭之灘。時逢暑熱，〔四五〕將士多死，援遇病，遂穿岸爲室，殁于此岸之室。室猶在，〔四六〕因此立祠。」

温湯，在龍頭山岸。可以愈疾。

永安縣，西南三百里。元三鄉。本江夏縣之南界，去舊縣三百里，〔四七〕徵發調賦，動經浹旬。唐大曆二年割金城、豐樂、宣化等鄉置鎮。〔四八〕僞吴乾貞三年改爲永安場。僞唐保大十二年昇爲縣。

鍾臺山，在縣東南一百里。上有桃花洞，即李邕讀書之所，石室見存。上有石臺，臺上有石鍾，或時自鳴，遠近皆聞。

牛鼻山，在縣東八十里。有深潭一百尺，〔四九〕四面青蘿緑竹可觀。山形似牛鼻也。

卷一百一十二校勘記

〔一〕吳主破黄祖于沙羡收其地爲都遂改名武昌　「收」，底本作「取」，據宋版、萬本、庫本改。按三國志卷四七吳書吳主傳載：建安四年，進討黄祖於沙羡，十三年復征黄祖，淩統、董襲攻屠其城。黄初二年，「權自公安都鄂，改名武昌。」則攻取沙羡和建都鄂，改名武昌，爲二事二地，此混淆爲一。

〔二〕六年自臨鄣徙江夏郡於夏口乃割荆湘江三州之地于此立爲郢州　按宋書卷三七州郡志二：郢州，「孝武孝建元年，分荆州之江夏、竟陵、隨、武陵、天門，湘州之巴陵，江州之武昌，豫州之西陽，又以南郡之州陵、監利二縣度屬巴陵，立郢州。」資治通鑑卷一二八：宋孝武帝孝建元年，「分荆、湘、江、豫州之八郡置郢州，治江夏。」則設置郢州治江夏，在宋孝建元年，非東晉義熙六年。元和郡縣圖志卷二七鄂州總序：義熙初，劉毅請荆州刺史劉道規鎮夏口，至六年自臨嶂徙理夏口，「宋孝武帝以方鎮太重，分荆、湘、江三州之八郡爲郢州，以分上流之勢。」則此「乃割荆、湘、江三州之地，于此立爲郢州」之文應繫於下文「故宋書云孝武帝嫌上游强盛」之後，屬錯簡。又「臨鄣」，晉書卷五孝愍帝紀、水經沔水注江水注作「林鄣」，資治通鑑卷八九晉愍帝建興二年作「林障」，元和志作「臨嶂」。

〔三〕遂以竟陵安陸江夏武陵巴陵武昌西陽齊安等八郡置郢州　原校：「以宋書州郡志前後所載考之，孝武孝建元年分荆州之江夏、竟陵、隨、武陵、天門，湘州之巴陵，江州之武昌，豫州之西陽，又分江夏爲安陸，立郢州，凡九郡，天門後還荆州，隨及安陸後還司州，但領郡六，今記脱天門、隨兩郡，增齊安一郡，爲八郡，此略據元和郡縣志總數而言耳。按齊安，南齊分西陽所置，見黄州序，不應誤出於此，下武昌縣敍所載尤爲舛略。」按宋書州郡志二明載以八郡立郢州，以安陸係分江夏於同年設置，概不計入，據隋書卷三一地理志下載，齊安郡設於南齊，此列「齊安」，實誤，故本書之安陸、齊安，不應計入，宋書州郡志所載之八郡是也。下武昌縣序記述宋郢州領八郡誤同。

〔四〕郢州刺史柳世隆　按南齊書卷二四柳世隆傳，沈攸之反時，世隆爲武陵王前軍長史、江夏内史、行郢州事；資治通鑑卷一三四宋順帝昇明元年亦載：「蕭道成以世隆爲武陵王贊長史，行郢州事。」非「郢州刺史」。

〔五〕土富洄泉豪五州　「土」，原作「士」，據隋書卷三一地理志下、通典卷一八三州郡一三改。資治通鑑卷一六〇：梁太清元年，兖州刺史桓和等趣懸瓠，胡注：「梁紀作土州刺史桓和。五代志：漢東郡土山縣，梁曰龍巢，置土州及東、西二永寧、真陽三郡。」

〔六〕乃復歸陳　「乃」，底本脱，據宋版、萬本、庫本補。按通典卷一八三州郡一三江夏郡鄂州總序：

「後二國通和，乃歸梁。」輿地紀勝卷六六鄂州總序：「梁末，郢州降北齊，已而復歸于梁。」又資治通鑑卷一六六梁天成元年：「齊慕容儼始入郢州而侯瑱等奄至城下，儼隨方備禦，瑱等不能克；乘間出擊瑱等軍，大破之。城中食盡，煮草木根葉及靴皮帶角食之，與士卒分甘共苦，堅守半歲，人無異志。貞陽侯淵明立，乃命瑱等解圍，瑱還鎮豫章。齊人以城在江外難守，因割以梁。」時尚爲梁朝，通典、紀勝作「歸梁」，是，此作「歸陳」，實誤。

〔七〕皇朝爲武清軍節度　按元豐九域志卷六鄂州：「唐武昌軍節度，後唐改武清軍，皇朝太平興國三年復舊。」宋會要方域五之六同，則此「武清軍」應作「武昌軍」，又脱載「後唐改武清軍」。

〔八〕西北至長安二千三百三十里　「二」，底本作「三」，萬本、庫本同，據宋版改。元和郡縣圖志鄂州：「西北至上都二千二百六十里。」按唐上都，即長安也。通典江夏郡鄂州：「去西京二千三百四十六里。」按唐西京，即長安也。

〔九〕以漁獵山伐爲業　「山伐」，底本作「伐山」，據宋版乙正。

〔一〇〕鬻子名熊至爲吴司空　宋版、萬本、庫本皆無鬻子、孟宗傳略，傳校删，非樂史原文，爲後世竄入。

〔一一〕曾祖宗爲吴司空陋幼而貞潔　「曾祖宗爲吴司空」，底本作「宗曾孫」，脱「陋」字，並據宋版、萬本、庫本及傅校改補。

〔一二〕江夏人侍桓温宴龍山風吹帽墮　底本作「字萬年，宗曾孫，庾亮辟爲從事」，據宋版、萬本、庫本及傳校改。

〔一三〕郭翻字長翔武昌人隱居臨川　宋版、萬本、庫本皆無，傳校删，非樂史原文，爲後世竄入。

〔一四〕李善字次孫江夏人至官北海太守　宋版、萬本、庫本皆無李善、李邕傳略，傳校删，非樂史原文，爲後世竄入。

〔一五〕秀柑火紙　宋版、萬本、庫本皆無，傳校删，非樂史原文，爲後世竄入。

〔一六〕溳水西四十里汊川界安州故城　「西」，萬本同，宋版、庫本作「内」，意不可釋，疑誤。

〔一七〕縣先一十八鄉　「先」，底本作「元」，據宋版、萬本、庫本改。

〔一八〕輞山　「輞」，底本作「輌」，據宋版、萬本、庫本及傳校改。下文「有如車輞」之「輞」，底本作「輌」，同改。

〔一九〕耆舊相傳云昔有仙人控黄鶴從天而夜響　「相」，底本脱，據宋版、萬本、庫本及傳校補。

〔二〇〕景首山　「景」，萬本、庫本同，宋版作「京」。按輿地紀勝鄂州引本書、宋本方輿勝覽卷二八鄂州皆作「景」，太平御覽卷七五引江夏記作「京」。

〔二一〕每乘黄鶴於此樓憩駕　「樓」，底本脱，據宋版、萬本、庫本及傳校補。

〔二二〕此地空餘黄鶴樓至日暮鄉關何處是　「餘」，宋版、萬本、庫本作「留」，按輿地紀勝、宋本方輿勝覽皆作「餘」；「樹」，萬本、庫本同，宋版作「渡」，按輿地紀勝、宋本方輿勝覽作「樹」；「芳」，萬本同，宋版、庫本作「春」，按輿地紀勝、宋本方輿勝覽皆作「芳」；「是」，萬本、庫本同，宋版作「在」，按輿地紀勝、宋本方輿勝覽作「是」。

〔二三〕蔣山之神也　「之」，底本無，據宋版、萬本、庫本及傳校補。

〔二四〕牛僧孺　「孺」，底本作「儒」，據宋版、萬本、庫本改。按舊唐書卷一七二牛僧孺傳載，唐敬宗寶曆中，爲鄂州刺史、武昌軍節度、鄂岳蘄黄觀察使，在江夏屢建政績。

〔二五〕甘露初析江夏置武昌郡大帝嘗都之　元和郡縣圖志鄂州武昌縣序載：「建安二十五年，吳大帝置武昌郡，黄武初，自建鄴徙都，廢，黄龍元年於此即尊位，還都建業，皇太子登留守武昌，以陸遜輔之，嘉禾元年，太子還建業，立皇子奮爲齊王，居武昌，甘露元年，歸命侯又都武昌，復還都建業。」則知武昌郡置於東漢建安末，廢於三國吳黄武初。武昌郡廢後，終吳末未復，三國志卷五八陸遜傳：「黄龍元年，孫權東巡建業，留太子鎮武昌，「徵遜輔太子，並掌荆州及豫章三郡事」，赤烏七年，代顧雍爲丞相，詔曰：「其州牧都護領武昌如故。」同書卷六〇吳書呂岱傳：「及陸遜卒，諸葛恪代遜，權乃分武昌爲兩部，岱督右部。」同書卷六四吳書諸葛恪傳：「遜卒，恪遷大將軍，假節，駐武昌，代遜領荆州事。」並可爲證，此引吳志云云，誤。

〔二六〕在州西一百七十三里　「三」，底本作「二」，據宋版、萬本、庫本改。按元和郡縣圖志鄂州武昌縣：「樊山，在縣西三里。」宋本方輿勝覽卷二八壽昌軍同，輿地紀勝卷八一壽昌軍作「四里」，本書下列寒溪浦云：「在縣西二里，樊山下有寒溪。」此「州」疑爲「縣」字之誤，「一百七十」屬衍文。

〔二七〕浮石湖 「湖」，萬本及嘉慶重修一統志卷三三五武昌府引本書同，宋版及輿地紀勝卷八一壽昌軍引本書皆作「山」。

〔二八〕水經注 宋版作「水經」。 按水經江水注：江之右岸有李姥浦，「北對崢嶸洲，冠軍將軍劉毅破桓玄于此洲。」則底本是。

〔二九〕武昌城下有石圻臨江懸峙四眺極目 「城」、「圻」，底本作「池」、「折」，宋版同，據輿地紀勝壽昌軍、壽昌乘引本書改。「懸」、「眺」，輿地紀勝、壽昌乘皆引作「垂」、「望」。

〔三〇〕灑洲 「洲」，底本作「州」，據宋版、庫本及本書灑洲條改。按三國志吴書吴主傳注引江表傳作「羅州」，水經江水注作「蘆洲」，又云蘆洲，「亦謂之羅洲矣。」輿地紀勝壽昌軍引本書又作邏洲，壽昌乘作「蘆洲」。

〔三一〕九州記畧同 「同」，底本脱，據宋版及傳校補。

〔三二〕西去州百七十二里 「西去州」，底本作「在州西北」，據宋版、萬本、庫本及傳校改。

〔三三〕孫權嘗獵于樊口山 「樊口山」，萬本、庫本同，宋版作「樊山」。按藝文類聚卷一〇、太平御覽卷四八、太平廣記卷一三五引武昌記皆作「樊山」。又水經江水注：武昌城「南有袁山，即樊山也。」

武昌記曰：『樊口南有大姥廟，孫權常獵于山下，依夕，見一姥，問權獵何所得？』」太平御覽卷六八〇引武昌記曰：「樊口南百步有樊山，孫權獵于山下。」則此「樊口山」亦是。

〔三四〕問獵得何物　「得」，底本脱，萬本、庫本同，據宋版及太平御覽卷四八引武昌記補。

〔三五〕元嘉七年屬巴陵郡　按宋書卷三七州郡志三蒲圻縣：「本屬長沙，文帝元嘉十六年度巴陵。」水經江水注同，疑此誤。

〔三六〕晉安帝改爲沙陽縣　按宋書州郡志三沙陽縣：「本名沙羨，屬武昌，晉武帝太康元年更名。」水經江水注：「沙陽縣本沙羨，晉太康中改曰沙陽縣。」疑此誤。

〔三七〕牛强　按本書卷一一三興國軍作「牛弘」，此「强」蓋爲「弘」字之誤。參見本書卷一一三校勘記〔一四〕。

〔三八〕天祐三年　「天祐」，底本作「天寶」，萬本、庫本及嘉慶重修一統志武昌府引本書同，據宋版改。本書卷蒲圻縣序載「天祐之後，析鮎漬鎮下界鄉里爲嘉魚縣」，則以鮎漬鎮三里合爲一鄉不會早於天寶。

〔三九〕僞吳昇爲嘉魚縣　「吳」，底本作「唐」，萬本同，據宋版、庫本及嘉慶重修一統志武昌府引本書改。輿地紀勝鄂州嘉魚縣：「僞唐改鮎漬鎮爲場，保大十一年升場爲縣。」與底本合。

〔四〇〕荆州記云　「云」底本無，據宋版、萬本、庫本補。

〔四一〕在蒲圻縣西北　「西北」，萬本、庫本同，宋版作「西南」。按水經江水注載：江之右岸得蒲磯口，即陸口也，陸水出下雋縣三山溪，西北流，「入蒲圻縣北，逕吕蒙城西，昔孫權征長沙、零、桂所鎮也，陸水又逕蒲磯山，北入大江。」蒲磯山即今嘉魚縣西南蒲圻山；蒲圻縣在今嘉魚縣西南江邊石磯頭，隋開皇十二年移治今蒲圻縣；陸水上中流即今陸水，下流經今蒲圻山，于今龍口南入于長江，則吕蒙城在今嘉魚縣西南石磯頭之東北，在唐宋蒲圻縣西北，似不在「西南」。

〔四二〕蒲圻縣南對陸溪口一名刀鐶山　「陸溪口」，底本作「陸路漢口」，萬本、庫本作「陸溪陸路口」，據宋版改。按水經江水注：「陸水又逕蒲磯山，北入大江，謂之刀環口。」則此當作「蒲圻縣南對陸溪口，一名刀環口」。

〔四三〕今五鄉　「五」，底本作「九」，據宋版、萬本、庫本及傅校改。

〔四四〕宋元嘉七年入岳州　按宋書州郡志三：「巴陵太守，文帝元嘉十六年分長沙之巴陵、蒲圻、下雋，江夏之沙陽四縣立，屬湘州。」水經江水注載同，是下雋縣於宋元嘉十六年由長沙郡改屬巴陵郡。又隋書地理志下：「巴陵郡，梁置巴州，平陳，改曰岳州。」則岳州置於隋開皇九年。此誤。

〔四五〕時逢暑熱　「逢」，底本脱，據宋版、萬本、庫本補。

〔四六〕室猶在　宋版、萬本皆無「室」字。庫本作「其室猶在」。

〔四七〕本江夏縣之南界去舊縣三百里　「南」，底本錯於「界」下，萬本及嘉慶重修一統志武昌府引本書同，據宋版乙正。輿地紀勝鄂州咸寧縣（北宋景德四年改永安縣爲咸寧縣）云「本江夏縣之南境」，可證。

〔四八〕唐大曆二年割金城豐樂宣化等鄉置鎮　按上江夏縣序引縣圖作「大曆二年分金城、豐樂、宣化等三鄉置永安場」，二者不一，未知孰是。

〔四九〕有深潭一百尺　「尺」，底本作「丈」，萬本同，據宋版及輿地紀勝鄂州引本書改。

太平寰宇記卷之一百一十三

江南西道十一

岳州　興國軍

岳　州

岳州，巴陵郡。今理巴陵縣。南鄰蒼梧之野。古三苗國地，又爲麇子國。春秋文公十一年，「楚子伐麇」，即此。有青草、洞庭、巴丘三湖在焉。戰國末，猶屬楚，亦爲楚羅國之地，故楚辭言汨羅是也。羅縣北有汨水，即屈原所溺處。秦併天下，爲長沙郡地。按楚地記云：「巴陵即瀟、湘之淵，在九江之間。」二漢因之。吴以爲要扼之地，置戍兵以鎮之。建安中，孫權使魯肅，孫皓時萬彧，皆屯於此。又吴録云：「晉分長沙之巴陵等六縣置建昌郡，在巴陵。」按今州，即晉建昌郡也。以陶侃鎮之。後省入長沙。至宋文帝又分其地置巴陵郡。按齊永明二年封子倫爲巴陵王，後爲廢帝所害。梁武帝又封齊明帝子寶義爲巴陵郡王，奉齊後，以繼三恪。至武帝末，湘東王遣陸法和等據赤亭，擒侯景將任約於此。今郡西華容界有赤亭故城是也。城近赤亭湖，因以名之。尋至元帝都荆，别立巴州，領巴陵郡。至隋平陳，廢郡，改巴州爲岳州。煬帝元年改爲羅州；三年又改爲巴陵郡；至十三年，郡人董景珍等以羅縣令蕭銑爲主，起兵於此。唐武德四年平蕭銑，置巴州，領巴陵、華容、沅江、羅、湘陰五縣；六年改爲岳州，省羅縣。天寶元年改爲巴陵郡。乾元元年復爲岳州。

元領場縣六。今縣四場一：巴陵，華容，平江，橋江。舊名沅江。王朝場。一縣割出：湘陰。入潭州。

州境：東西三百四十七里。南北一百二十里。

四至八到：東北至東京陸路一千八百一十六里，水路四千三百四十四里。西北至西京一千八百六十五里。西北至長安二千一百二十五里。東至鄂州七百里。南至潭州二百八十里。西至澧州三百二十里。北至復州沔陽縣五百五十里。東南至洪州一千八百五十六里。西南至朗州六百里。西北至江陵府五百七十五里。東北至鄂州五百七十五里。

户：唐開元户一萬七千一百。皇朝户主六千二百九十八，客八千二百九十七。

風俗：同湘州。

人物：無。

土産：白紵布，魚，稻，鱉甲，貢。船魚，龜甲，鱓魚。

巴陵縣，舊五鄉，今一鄉。本漢下雋縣之巴丘地，漢書地理志下雋縣屬長沙國。按漢下雋縣，在今鄂州蒲圻縣界，此即其地。又按輿地志云：「巴丘有大屯戍，魯肅守之。」按郡城，即肅所築也。蜀志曰：「西增白帝之兵，北增巴丘之戍。」皆此地。吴爲巴陵縣。吴録地理志云巴丘縣屬長沙郡。江源記云：「昔羿屠巴蛇於洞庭，其骨若陵，故曰巴陵。」淮南子曰：「斬脩蛇於洞庭。」是此地也。自吴至唐，州皆理於此。縣界有古巴丘。

岳陽樓。唐開元四年，張説自中書令爲岳州刺史，常與才士登此樓，有詩百餘篇，列於樓壁。

大江，在縣北五里。東流入洞庭。

湖水，在縣西南一里五步。會洞庭。

雲夢澤。半在江南，半在江北。其水中平，土丘半出，有篠幹森松之翠。

五渚。戰國時，秦破荆襲郢，取洞庭、五渚是也。

望夫山。郡國志云：「巴陵望夫山，昔婦人望夫，因化爲石。」

君山。博物志云：「君山，洞庭之山是也。帝之二女居之，曰湘夫人。帝女遣精衛至王母取西山之玉印，印東海北山。」庾穆之湘州記云：「昔秦皇欲入湘觀衡山，而遇風浪溺敗，至此山而免，因號爲君山。」又荆州圖經云：「湘君所遊，故曰君山。有神，祈之則利涉。山下有道，與吳包山潛通。上有美酒數斗，得飲者不死。」漢武帝故事云：「帝齋七日，遣欒賓將男女數十人至君山，〔一〕得酒欲飲之。東方朔曰：『臣識此酒，請視之。』因即便飲，帝欲殺之，朔曰：『臣若死，此酒不驗。如其有驗，殺亦不死。』帝赦之。」

洞庭湖。山海經云：「洞庭之山，帝二女居之，是遊於江淵。澧沅之風，交瀟湘之淵，是在九江之間。」唐孟浩然詩云：「氣蒸雲夢澤，波撼岳陽城。」許渾詩云：「四顧疑無地，中流忽有山。」

巴丘湖。湖中有曹由洲，即曹公爲孫權所敗處。

夏口浦。郡國志云：「夏口浦有龍魚，昔禹南濟，黄龍夾舟之所。」

曹由洲。按通典、括地志云：「巴湖中有曹由洲，即曹公爲吳所敗燒舡處，在今縣南四十里。」又云：「今鄂州蒲圻縣有赤壁山，即曹公敗處。」按三國志云：「劉表卒，其子琮代，屯襄陽，劉備屯樊。琮降曹公，備遂南走。曹公恐備先據江陵，將精騎急追，乃於當陽之長坂。備與數十騎走，斜趣漢津，濟沔，到夏口。曹公進軍江陵，得劉琮水軍舡步數十萬，自江陵征備至巴丘，遂至赤壁。孫權遣周瑜水軍數萬，與備併力逆之。曹公泊江北岸，瑜部將黄蓋詐降，戰艦數十艘，因風放火。曹公大敗，從華容道步歸，退保南郡。備、瑜等復追之，曹公留曹仁守江陵城，自徑北歸。」而漢陽郡圖經云：「赤壁城，一名烏林，在郡西北二百二十里，在汊川縣西八十里，跨汊南北。」此大誤也。曹公既從江陵水軍沿流已至巴丘，則今巴陵郡赤壁只在巴丘郡之下，軍敗引還南郡，劉備、周瑜水軍追躡，並是大江之中，與汊川西殊爲乖角。今據括地志爲是，當在巴陵、江夏二郡界，其漢陽郡圖經及俗説，悉皆訛謬，所以備録國志，以爲證據爾。

生江湖。與青草湖相連，大小與太湖相似。

青草湖，側有青草，因以爲名。在縣西南七十九里。有青草神廟。沅水亦經此城下，故水經云「注洞庭，方入大江」〔二〕是也。

象湖。巴蛇吞象，曝骨於此，因以名湖。

鴨欄磯。郡國志云：「巴陵之地有鴨欄磯，即建昌侯孫慮作鬭鴨欄於此，陸遜諫止之所，因得名。」

華容縣，西一百六十六里。隔洞庭、赤陂二湖，水路二百三十五里。舊五鄉，今四鄉。漢孱陵縣城，吴大帝分孱陵縣地，於今縣東北二里置安南縣。〔三〕至隋平陳，改安南爲華容縣，〔四〕屬羅州，取古華容城以名之。按古華容在竟陵郡界，與今邑相近爾。大業三年以羅州爲巴陵郡，十年以縣移於今理。垂拱二年犯武氏諱，改爲容城縣。神龍元年又改爲華容縣。

方臺山，在縣南二十二里。蕭誠荆南志云：「山出雲母，土人採之，先候雲所出之處，於下掘取，無不獲。往往長五尺者，可以爲屏風。當掘之時，忌有聲響，則所得麁惡。」

神護山，在縣西南三十五里。

玄石山。楚詞云：「馳余車於玄石。」又云：「步余馬於洞庭」是也。

雲母泉。李華雲母泉詩序云：「洞庭户西玄石山，〔五〕俗謂之墨山。山南有佛寺，倚松嶺。嶺下有雲母泉，泉出石引流分渠，周遍庭宇，發源如乳湩，末派如淳漿，烹茶、灌園、漱濯皆用之，大浸不盈，大旱不耗。自墨山西北至石門，東南至東陵，廣輪二十里，盡生雲母，墻堦道路，炯如列星，井泉溪澗，色皆純白，鄉人多壽考，無癖痼疥搔之疾，華深樂之」是也。

青草湖，中有大江，在縣東一百里，屈而南，與沅、湘二水合。湘水春夏漲，冬入零陵，則大江見。

赤沙湖，在縣南六十里。

楊子洲。洞庭記云：「此洲之間，嘗苦蛟患。昔荆有佽飛者，將太阿渡江，江神奪之，兩蛟夾船，佽飛入水，斬蛟而出波焉。今廟在洲上。」

屈原祠，今號三閭大夫祠，與湖神祠相並。

橋江縣，西南三百七十里。隔洞庭、赤陂二湖并沅、湘二江。元四鄉。漢益陽縣地，梁元帝於今縣北十里分置重華縣。隋平陳，併所領縣入重華，仍改爲安樂〔六〕；其年又南移於今縣西南十五里故城；十三年復移於今理；十八年改安樂縣爲沅江縣，蓋取沅水爲名。大業三年以縣屬羅州，州即今岳州是也。自來所隸不改，乾寧之後，馬氏割據，改爲橋江縣，以湘江北橋口分流，因水爲名。

風山，在縣西南七十四里。山與朗州龍陽縣分界。

資水，南自益陽界北流，經縣西十步，又北流合沅水。

赤鼻湖，半入朗州龍陽縣界。湖中有赤鼻山，因以爲名。

平江縣，東南六百五十里。〔七〕隔洞庭、青草二湖并汨羅江。元四鄉。本漢羅縣地，後漢分其地爲漢昌縣。孫權又於縣立漢昌郡，以魯肅爲太守，又改爲吴昌縣。隋平陳，省。唐神龍三年析湘陰地，又於吴昌故城置，以界内昌江爲邑之名。亦曾隸潭，今隸岳。後唐改爲平江縣。

純山，在縣東南七十里。有純水，在縣南三十步。其源出此山，北流合汨水。〔八〕

王朝場，北六十里。元縣只管五鄉。本巴陵縣地，後唐清泰三年，潭州節度使析巴陵縣置王朝場，以便人户輸納。出茶。

幕府山，奉國山，迴田江，暹江，皆郡界之山水。

興國軍

興國軍，理永興縣。本鄂州永興縣，開寶七年，僞唐國建爲制置院。皇朝太平興國二年四月昇爲軍，〔九〕仍割鄂州通山、大冶并永興三縣屬焉。

領縣三：永興，通山，大冶。

軍境：東西三百七十五里。南北三百一十里。

四至八到：圖經未有至二京地里數。東至江州德化縣二百三十五里。南至德化縣四百六十五里。西至通山縣二百里。北至大冶縣一百三十里。東南至大將嶺與德化縣界二百里。西南至洪州武寧縣四百三十五里。西北至鄂州四百六十里。東北至大江中流與蘄州蘄春縣界一百里。

户：舊户載鄂州籍。皇朝户一萬二千二百六十四，客一萬九百九十六。

風俗：與鄂州同。

人物：無。

土産：茶，銅，鐵，銀。

永興縣，東南四百里。〔一〇〕舊十鄉，今八鄉。本漢鄂縣地，屬江夏郡。吳大帝分鄂立陽新縣。按吳書云：「孫權自公安還居鄂，改名武昌，以武昌、下雉、潯陽、陽新、柴桑、沙羨六縣權立武昌郡。」未屬武昌已前，屬豫章。晉惠帝元康元年以豫章等郡爲江州，據元康已前，屬荆州，元康已後，屬江州。晉義熙中，下雉併入新吳。宋書云：「孝建元年，嫌上流强盛，遂分荆州之竟陵、安陸、江夏三郡，湘州之武陵、巴陵二郡，江州之武昌、西陵、齊安三郡，分置郢州。〔一一〕」廢新吳、安昌二縣，又改郢州，此縣屬焉。〔一二〕陳授黄普爲桂州刺史，領五百户爲衛。隋開皇元年，普不得到任，其五百户仍住仲謀故城。〔一三〕其年，使人韋焜以五百户取東界江州廢永興縣，號闔閭城。開皇九年，黄普被誅；至十一年，使人牛弘併永興縣入富川縣；〔一四〕至十八年又改富川縣爲永興縣，居高陵故城。貞元八年，民請再移於長樂鄉深湖口置縣，〔一五〕即今理也。太平興國二年建爲興國軍。〔一六〕

闔閭山，在州東四百七十里，在縣之北。史記云：闔閭九年，「子胥伐楚」。吳越春秋云：「子胥將兵破楚，掘平王之墓，屯軍，城於此山。」

峻山，在州東南四百六十里。〔一七〕武昌縣記云：〔一八〕「其山嶮峻，有黄蘗，多毒蛇，無人敢取。」

印山，西去州四百六十九里。〔一九〕武昌縣記云：「奉新縣有渚石，臨水，高三十丈，上有字，髣髴相似。」輿地志云：「縣西有石，臨水，有書字，名爲印山，即此也。」

朔山，在州西五百六十里。武昌縣記云：「朔山有竹，長一十餘丈，圍數尺，嘗有聲，天將欲雨，此竹鳴焉。今無此竹。」

父子山，在州西北三百六十里。武昌記云：「其山北面有一高巖嶮峻，飛走莫及，巖下有父子二人緣山採䕺，俱墜巖下，從此爲名。」

千仞山，在州西四百一十里。武昌記云：「其山高一百丈。」〔二〇〕

五龍山，在州西三百一十五里。武昌記云：「其山有五嶺，狀似龍形。」

石鼓峴山，在州西三百四十里。武昌記云：「峴山有石鼓鳴，天必雨。峴山南有冷澗，夏寒不可入。」驗今無此水及鼓。

龍角山，在州西三百五里。〔二一〕頂上兩峯相對，本名熊耳山，天寶四年勑改爲龍角山。

菁山。輿地志云：「上有望夫石，石上曾生蕪菁。山上有石，高三丈，形如女人，謂之望夫石。傳云昔有貞婦，其夫赴國難，婦送於此，遂化爲石。」

翠屏山，在州西北七百一十里。輿地志云：「江水入富池，一百八十里，得奉新上流，三百里有城山，三面壁立，一面峻極。水是奉新大源。本名石城山，〔三〕天寶五載改爲翠屏山。」

九宮山，在州西北五百八十里。晉安王兄弟九人，造九宮殿於山。

角山，在州西三百七十四里大冶場界。武昌記云：「天欲雨，其山有聲，如吹角。」

慕容暐廟，在縣西南一十里。苻堅爲東晉謝玄所敗，暐遂奔江表，依山爲栅自固。後立祠焉。

高陵王廟，在縣東二百五十步。秦高陵王居秦地，後封楚王居此，因立祠焉。

梁王太尉廟，在縣西三十五里。梁太尉王君才爲陳武先所害於白茆洲。今廟在洙村是也。

張平子宅，在縣西南四百一十里。衡少居翠屏山，今開鑿之所儼然。

鍾繇墨池，在縣西南一百七十里。漢書云：「鍾繇少學於此山，臨池學書，池水盡黑。其地石甃，并下築蔬圃，畦壟見存，遂名鍾山。」〔三〕

紀詢宅，在縣西七十五里。

孟嘉宅，在縣西南一百一十里。武昌記云：「嘉有重名，爲桓温長史。有墓在縣西。」

故下雉縣，在今縣東，山路六十里。今無基址。漢書云高帝置江夏郡，此縣屬焉。武昌記云：「晉義熙中併入奉新縣。」

故安昌縣，在今縣西北九十里平川。雖有縣名，今無基址。梁普通七年置。隋開皇九年廢，併入富川縣。

故富川縣，在今縣西南五十里平川。隋開皇九年，户部侍郎韋焜立，十一年併入永興縣。

故奉新縣，在今縣西南一百八十三里。〔二四〕輿地志云：「奉新，吴大帝立，去溪五十步。」武昌記云：「晉義熙中，下雉縣併入奉新。至隋開皇九年，奉新又廢入富川縣。」

故永興縣，在今縣北八十里。〔二五〕武昌記云：「隋開皇九年，黄普授桂州刺史，不得到任，領五百户住闔閭城。使人韋焜取東界江州廢永興縣，别置永興縣，至十一年，使人牛弘併永興縣入富川縣；十八年改富川縣爲永興縣，居高陵故城。唐大曆十三年，觀察使吴仲孺以縣在東北角，百姓往來隔山湖，奏移居富池深湖側。至貞元八年，觀察使何士幹奏移於長安鄉深湖口置縣，即今縣是。

通山縣，西二百四十里。一鄉。本永興縣新豐之一鄉也。淮南僞吴武義年中隸羊山鎮徵賦。〔二六〕周顯德六年，唐國建爲通山縣。〔二七〕皇朝太平興國二年來屬。

通羊山，在縣西八十里。與鄂州永安、崇陽分界。

翠屏山，在縣南八十里。山上有石城，三面有石壁，一面峻極。本名石城山，天寶六載勑改爲翠屏山。

九宮山，在縣南一百二十里，〔二八〕與翠屏山接連。圖經云：「晉始安王兄弟九人造殿於此。」

張平子宅。後漢書云：「張衡，字平子，南陽西鄂人也。」作歸田賦，即此也。

大冶縣，北一百二十里。四鄉。本鄂州武昌縣地，天祐二年，僞吴析置大冶青山場院，主鹽鐵。乾德五年，唐國昇爲大冶縣。〔二九〕國朝太平興國二年，來屬。

白雉山，山高一百一十五丈。其山有芙蓉峯，前有獅子嶺，後有金鷄石，西南出銅鉚。自晉、宋、梁、陳已來，置鑪烹鍊。

金牛墪，在州西北二百七十六里。輿地志云：「昔有金牛從墪出，金牛長數丈，所露出墪邊磧上有遺跡。」

卷一百一十三校勘記

〔一〕欒賓　按事類賦注卷七引括地志、輿地紀勝卷六九岳州引湘州記皆作「欒巴」。

〔二〕水經云注洞庭方入大江　按水經沅水注：「沅水下注洞庭湖，方會于江。」此「水經」應作「水經注」，「入」應作「會」。

〔三〕吴大帝分孱陵縣地於今縣東北二里置安南縣　「安南」，宋書卷三七州郡志三、南齊書卷一五州郡志下、隋書卷三一地理志下、輿地廣記卷二八岳州同，元和郡縣圖志卷二七、舊唐書卷四〇地理志三岳州皆作「南安」，錯出已久，難以定爲孰是。元和志云吴置，同此，舊唐志云劉表改置，宋志、廣記皆載晉武帝置，水經澧水注：「晉太康元年分孱陵立。」按宋志、水經注、廣記所載是，當在晉武帝太康元年。

〔四〕隋平陳改安南爲華容縣　按隋書地理志下、元和郡縣圖志岳州皆載隋開皇十八年改安南縣爲華容縣，不在隋開皇九年平陳時。

〔五〕洞庭户西玄石山　「户」，全唐詩卷一五三李華雲母泉詩并序作「湖」，宜是。

〔六〕隋平陳併所領縣入重華仍改爲安樂　按隋書地理志下載「梁置曰欒山。平陳，縣改曰安樂」，與此異。

〔七〕東南六百五十里　按宋岳州治巴陵縣，即今湖南岳陽市，平江縣，即今平江縣，在岳陽市東南二百五十里。元豐九域志卷六：「岳州平江縣，『州東南二百五十里。』」此「六」蓋爲「二」字之誤。

〔八〕汨水　按輿地紀勝岳州引本書云：「楚辭有汨羅，是也。羅縣北有汨水，即屈原所溺處。」未知是否。

〔九〕太平興國二年四月昇爲軍　按宋會要方域六之二七：「永興縣，太平興國二年以鄂州永興縣建永興軍，以縣爲治所，三年改興國軍。」續資治通鑑長編卷一八記太平興國二年二月建鄂州永興縣爲永興軍，同書卷一九載太平興國三年十二月改永興軍爲興國軍，此云「太平興國二年昇爲興國軍」，誤。

〔一〇〕東南四百里　按永興縣爲興國軍附郭縣，應無此里數，元豐九域志卷六、輿地紀勝卷三三皆不載，是也。元和郡縣圖志鄂州永興縣：「西北至州四百里。」則此云「東南四百里」者以鄂州而言，此沿襲舊載而誤。

〔一一〕遂分荆州之竟陵安陸江夏三郡湘州之武陵巴陵二郡江州之武昌西陵齊安三郡分置郢州　按宋書卷三七州郡志三：郢州，「孝武孝建元年分荆州之江夏、竟陵、隨、武陵、天門，湘州之巴陵，江州之武昌，豫州之西陽，立郢州。」此脱荆州之隨、天門二郡，誤武陵郡原屬荆州爲屬湘州，又誤西陽爲「西陵」。據隋書地理志下記載，齊安郡設於南齊，此列齊安郡，誤甚。

〔一二〕廢新吴安昌二縣又改郢州此縣屬焉　按本書下文載：安昌縣，「梁普通七年置，隋開皇九年廢，併入富川縣。」則隋廢安昌縣，非宋或齊、梁廢，新吴縣不詳。又本書上文載宋孝武帝孝建元年置郢州，此又云「又改郢州」，不言何時何州所改。宋書州郡志三載，陽新縣屬郢州之武昌郡，南齊書卷一五州郡志下載同，至梁、陳不改。此文蓋有舛誤。

〔一三〕陳授黄普爲桂州刺史至住仲謀故城　按本書卷故永興縣條引武昌記云：「隋開皇九年，黄普授桂州刺史，不得到任，領五百户住闔閭城。」與此有别，此疑誤。

〔一四〕牛弘　「弘」，本作「引」，本書卷故永興縣條作「弘」，輿地紀勝卷三三興國軍作「洪」，「弘」、「洪」音同，據改爲「弘」。

〔一五〕再移於長樂鄉深湖口置縣　「深湖口」，輿地紀勝興國軍作「深口」。嘉慶重修一統志卷三三六武昌府引同，並云：「深口，即今興國州治。」

〔一六〕太平興國二年建爲興國軍　按太平興國二年建爲永興軍，三年改爲興國軍，此誤，參見本卷校勘記〔九〕。

〔一七〕在州東南四百六十里　按輿地紀勝興國軍引晏公類要云「在州東南一百七十里」，此疑誤。

〔一八〕武昌縣記　按太平御覽卷四八、輿地紀勝興國軍皆作「武昌記」，本書下列父子山、千仞山、五龍山、石鼓峴山諸條並作「武昌記」，此「縣」字蓋衍，下列印山、朔山條作「武昌縣記」，據太平御覽、輿地紀勝所引，亦衍「縣」字。

〔一九〕西去州四百六十九里　按輿地紀勝、宋本方輿勝覽卷三三興國軍皆作「在永興縣西南一百里」，此疑誤。

〔二○〕其山高一百丈　按輿地紀勝興國軍引武昌記云「其山高萬丈」，此「一百」蓋爲「萬」字之誤。

〔二一〕在州西三百五里　按輿地紀勝、宋本方輿勝覽興國軍皆作「在永興西八十里」，此蓋誤。

〔二二〕江水入富池至本名石城山　「江」、「得」、「山」三字脱，據太平御覽卷四八引輿地志補。按水經江水注云：「江之右岸，富水注之。水出陽新縣之青湓山，西北流逕陽新縣，又東流注于江，謂之富口。」據此太平御覽是。

〔二三〕漢書云至遂名鍾山　按漢書無此文，宋本方輿勝覽興國軍記爲舊傳云云，當是，此「漢書云」，疑誤。

〔二四〕在今縣西南一百八十三里　「八十三」，輿地紀勝興國軍引本書作「二十」。

〔二五〕在今縣北八十里　按元和郡縣圖志永興縣：「陳永興故城，在縣東五十里，東臨江水。」所載方位里數與此異。

〔二六〕羊山鎮　「羊」，本作「中」，輿地紀勝興國軍引本書作「羊」。宋會要方域六之二七：「興國軍通山縣，舊係羊山鎮，隸鄂州永興縣，太平興國中改永興縣爲興國軍，遂改羊山鎮爲通山縣。」此「中」爲「羊」字之誤，據改。

〔二七〕周顯德六年唐國建爲通山縣　按宋會要方域六之二七載「太平興國中改羊山鎮爲通山縣」，輿地紀勝興國軍引國朝會要云：「太平興國二年以羊山鎮爲縣，後改通山縣。」宋史卷八八地理志四：通山縣，「太平興國二年升羊山鎮爲縣。」並與此别。

〔二八〕在縣南一百二十里　「南」，輿地紀勝興國軍引本書作「西南」；「二」引作「三」。

〔二九〕唐國昇爲大冶縣　按輿地紀勝興國軍大冶縣引本書云：「乾德五年，南唐陞爲大冶縣，屬鄂州。」此蓋脱「屬鄂州」三字。

太平寰宇記卷之一百一十四

江南西道十二〔一〕

潭州

潭州，長沙郡。今理長沙縣。〔二〕禹貢荆州之域。古三苗地。春秋及戰國時爲楚黔中地之南境，即史記所謂昭襄王使司馬錯由蜀路取巫、黔，因置黔中郡。故甄烈湘州記云：「秦始皇二十五年併天下，分黔中以南之沙鄉爲長沙郡，以統湘川。」史記天官書云：〔三〕「翼、軫爲楚分，傍一小星，爲長沙星。」星分之南，謂之南楚。今州即秦之長沙郡青陽地。按郡國志云：「炎帝神農氏葬於長沙。長沙之尾，東至江夏，謂之沙羡，是其地。」又始皇本紀「荆王獻青陽以西」，即此。闞駰十三州志云：「西自湘江至東萊萬里，故曰長沙。」又遁甲經所謂：「長沙，土之福地，雲陽之墟，可以避難，可以隱居。」漢高五年爲國，以封番君吴芮爲王，四葉無嗣，國除。至景帝二年封唐姬之子發於長沙，號曰定王。長沙國領縣十三，後益以豫章、南海、武陵、桂陽、岳陽五郡，盡屬焉。〔四〕相承七世，國滅。後復爲郡，歷吴不改。郭仲産湘州記云：「晉永嘉元年分諸部置湘州，以西臨湘水爲名。」東晉咸和三年省湘州。義熙八年復立湘州，十二年省。宋永初三年又立，仍封弟道憐於長沙。〔五〕元嘉八年又省，十七年又置，〔六〕仍爲國，兼有湘州，領郡十，理於此。齊因之，高帝封子晃於長沙。至梁武帝追封兄懿爲長沙王，尋又改爲郡。按通典云：「湘川之奥，人豐土闢，南通嶺嶠，脣齒荆、雍，亦爲重鎮。梁、陳以來，皆因而不改。」隋平陳，改湘州爲潭州，蓋取州南七十里昭潭爲名。煬帝初改爲長沙郡。唐武德四年平蕭銑，置潭州總管府，管潭、衡、永、郴、連、南梁、南雲、南營八州，領長沙、衡山、醴陵、湘鄉、益陽、新康六縣；〔七〕七年廢雲州，改南梁爲邵州，南營爲道州，省新康縣，督潭、衡、郴、連、永、邵、道等七州。天寶元年改爲長沙郡。乾元元年復爲潭州。皇朝爲武安軍節度。

元領縣六。今十：長沙，湘潭，益陽，湘鄉，醴陵，瀏陽，攸縣，衡州割到。衡山，衡州割到。湘陰，岳州割到。寧鄉。新置。

州境：東西六百三十九里。南北七百七十九里。

四至八到：北至東京二千二百六十里。北至西京二千四百四十里。北至長安二千六百四十里。東至洪州一千二百里。南至衡州四百五十里。西至辰州屈曲一千一百二十五里。北至岳州水路五百五十里。東南至袁州屈曲五百二十六里。西北至邵州屈曲五百三十四里。〔八〕西北至朗州四百里。東北至鄂州七百里。

户:唐開元户五萬七千。皇朝户主一萬八千五百七十三,客三萬四千三百三十三。

風俗:按湘中記云:「其城有舜之遺風,人多純朴,士少宦情,今古老猶彈五絃琴,好爲漁父吟。」又按湖南風土記云:「長沙下濕,丈夫多夭折,俗信鬼,好淫祀,茅蘆爲室,頗雜越風。」又漢志云:「火耕水耨,人食魚稻,以漁獵伐山爲業。果蓏蠃蛤,食物常足,故偷生無積聚,不憂凍餓,亦少千金之家。」有夷人莫傜,自言先祖有功,免於徭役,性頗獷悍,時謂難理。

姓氏:長沙郡五姓:劉、茹、曾、秦、彭。

人物:唐歐陽詢,臨湘人。太子率更令。子通。夏官尚書。

土産:絲布,葛布,紵布,橝皮,烏梅,木瓜,楮皮,魚稻,竹木,雲母,抱朴子云:「長沙雲母,服之不朽。」茶。長沙之石楠,其樹如棠、柟,採其芽,謂之茶。湘人以四月摘楊、桐葉,搗其汁,伴米而蒸,猶蒸糜之類,必啜此茶,乃其風也,尤宜暑月飲之。潭、邵之間有渠江,中有茶,而多毒蛇猛獸,鄉人每年採擷,不過十六七斤。其色如鐵,而芳香異常,烹之無滓也。

長沙縣,舊二十五鄉,今二十鄉。古青陽之地,秦始皇時,荆王所獻。秦末,爲湘縣。漢爲臨湘縣，以地臨湘水爲名，屬長沙國。吴志「孫權改封步騭爲臨湘侯」，即此。隋平陳，廢長沙郡，改臨湘爲長沙縣，屬潭州。

東華山，在縣北二里。亦名石室，亦名神仙之洞府也。

嶽麓山，在縣西南，隔江六里。盛弘之荆州記云：「長沙之西岸有麓山，其中有精舍，左右林嶺，環迴泉澗。精舍旁有白礬石，〔九〕每至嚴冬，其上不停霜雪。」宗淵麓山記云：「山足曰麓，蓋衡山之足也。」

昭山，在縣南七十里。山臨湘水，下有潭。宋永初山川記云：「山下有旋潭，深無底，是湘水最深之處。〔一〇〕昔有人舟覆於此潭，其甑後於洞庭得之，即知暗通。」

雲母山，在縣西北九十里。山出雲母。列仙傳云：「長沙雲母，服之長生。」

雲山，在縣西六里，隔江，乃衡岳之足。時有白鹿現。有精舍，曰道林。」

金牛山，在縣西南九里。

弦歌山，在縣東南三十里。晉太尉陶侃葬女之處，山頂時聞弦歌之音。

湘水，在縣治西一里。又北流注洞庭湖。酈道元注水經云：「湘水又北，經南津城西，西對橘洲。」諺曰：「昭潭無底橘洲浮。」又按郡國志云：「湘水邊有石魚山，本名玄石山，高八十餘丈，石色黑而重疊若雲母，每發一重，則有自然魚形，有若刻畫，長數寸，燒之作魚膏腥。」

潙水。注水經云：「潙水東入臨湘。」

五美水。湘中記云：「五美水在長沙縣東二十五里。光武時，有五美女居於此溪之側，後因爲名。」

程蒲，在縣南一十里，對今古城。吴黄武二年使將程普爲都尉征賊，立盟於此。後人語訛，湘人或謂鄭浦，非也。

陶侃湖，在縣北八里，周迴七里。湖中出菱藕。今俗謂陶湖塘。

城湟。郡國志云：「州城東池湟，名含香。沼水不曾竭，竭則有兵。」

石虎，在縣東四里。每食倉廩。當吴芮爲王之時，倉廩廢耗，芮以生肉祭之，後截其頭，截其身，由是長沙人謡曰：「石虎頭截，倉廩不闕。」

橘洲，在縣西南四里江中。時有大水，諸洲皆没，此洲獨浮。上多美橘，故以爲名。晉惠帝永興二年，生此洲。

新市，在縣東北一里半。昔吴芮爲長沙王，百姓種植，累年不熟，民乏困弊。王遣人訪問，至澧州，有一道士有狀聞王云：「郡東南皆流水，此土豐，可置市。」王遂徙市以背流水，自此五穀歲熟，人無災患。

龜塘，在縣東南八里。塘下有良田數百頃。晉太始中，有神龜，皎然白色，其形長四尺，數出其塘，土人名之。

三石山下城，〔二〕在縣西北十里。昔吴主孫權以程普爲長沙都尉，以防關羽，因此爲名。

定王廟，在縣東北一里。百姓歲時祀之不絶。廟連岡，高七丈，俗謂定王岡。

漢文帝廟。史記云：景帝二年，〔三〕「諸侯郡國置太宗廟」。因而立在湘水西，臨嶽麓山下。水旱，迄今祈之。

賈誼廟，在縣南六十步。〔三〕漢時爲長沙王傅廟，即誼宅也。中有井，上圓下方，泉與洪州禪林寺井通。誼没後，晉有道人許旌陽入井，趁龍仍出彼井。誼有局脚石床，猶在廟中。廟與孫破虜廟相並竪，亦有石床、碁局并庭松一株存。

吴王廟。漢吴芮墓，在縣北四里。諸葛誕長史吴綱，時有人見綱云：「君酷似吴芮，但微短。」綱驚曰：「君何由知之？」客曰：「黄初二年至長沙，見人發芮冢，内多玉器，芮僵屍容貌，儼然如生，衣服不朽。」綱曰：「是吾十一世祖。〔四〕所見玉器，今復何在？」云：「在孫堅廟中。」

陶侃墓，在縣南二十里。晉永興二年，帝遣使掘斷陶侃冢岡，日夜併工，日掘夜合。

有人夜聞人云：「若以青布袋盛土拋於江中，此須爲斷。」後人語聞官，即時穿斷。今猶謂之陶岡。

雙女墓。即漢長沙王葬程、唐二姬之冢。墳高七丈，在縣側十里，號曰雙女墳。

古初墳。後漢古初遭父喪，未葬，鄰人失火，延及初家，力不能遷柩，乃伏其上，以身捍火，火遂滅。長沙異之，以爲至誠所致。

陶侃宅。今爲南寺。

廢湘南縣，在縣西六十里，臨漣水。漢書地理志云秦所立。〔一五〕兩漢不改。至晉惠帝時置衡州。〔一六〕梁天監六年廢入湘潭縣。

廢湘西縣，在州西。

銅官山，在縣北，水路一百里。甄烈湘川記云：「蓋楚之鑄錢處，故曰銅官山。」

寒泉井，在縣南一里。宋永初山川記云：「長沙有寒泉，炎夏飲之，令人寒顫。」郭仲產湘州記云：「其水清美，汲之則注而不竭，不汲則滿而不溢。」今按其泉有穴，相去四尺。

温泉井，在縣西二百九十里孤山之側。其水常沸，近蔣琬宅。

湘潭縣，西一百四十里。〔一七〕舊二十二鄉，今十三鄉。本漢陽山、湘南二縣地，屬長沙國。後改陽山爲陰山，今縣西六十二里故湘南城是，東臨漣水。蕭齊省入湘潭縣。又按吴書云：「孫亮太平二年分長沙西部立衡陽郡。」至晉以郡爲衡山縣。〔一八〕至永嘉元年丁卯立湘州，領八郡，即此縣是其數也。〔一九〕宋武封子義季爲衡陽王，〔二〇〕即此地。本在西岸，何承天任郡，移置湘水岸北。未移已前，自行其地，見一蛇長數丈圍遶，俄而雷電暴至，當蛇之所有白氣衝天，雨静不知所止，遂因其處立縣。梁書謂武帝天監中分陰山縣爲湘潭縣，屬長沙國是也。

武陽山。

衡山，一名岣嶁山，宿當翼、軫，度應機、衡，故曰衡山。有朱陵之靈臺，太虚之寶洞，上承翼宿，銓德鈞物，故名衡山。下踞離宫，攝統火師，故號南嶽。赤帝館其嶺，祝融託其陽。前後爽秀，峙立無雙，逮于軒轅，始以灊、霍二山爲副焉。甄烈湘州記云：「漢武以衡山遥遠，以廬江霍山假而謂焉，後人誤以衡山爲霍山。」按會稽山亦名衡山，灊之天柱亦名衡山，並非此也。羅含湘中記云：「衡山有玉牒，遥望衡山如陣雲。」又有峯名華蓋，一名紫蓋，即山東北準也。庾仲雍湘州記云：「其峯有石困。昔禹治洪水，登而祭之，因夢遇玄夷使者，遂獲金簡玉字之書，果得通水之理。」吴越春秋：「禹所得金簡玉字，在會稽山。」山海經云：「衡山周旋二千里。」是其山原回曲之數。夏禹刻石書名，在山之上。南嶽記云高四千五百丈。

犀峯。湘中記云：「高陵峯東南，上有犀峯，其峯有駭鷄，犀常戲其上。」

青壇。羅含湘中記云：「祝融峯山有青玉壇，方五丈，即仙人行道之所。」

仙宮。南嶽記云：「流丹崖南五里，得仙人宮。道士非絶穀養氣，不得入此宮。」

蛟井。湘州記云：「衡山石廩峯最高，巨木千尋，蛟井連屬。」

岣嶁峯。有響石，如人共語而不可解，但唱岣嶁，猶言拘留也。

石廩峯。一如倉庾，有二户，一開一閉，閉者有鎖鑰之形。

紫蓋峯。上有赤鷺雙飛，白雉成群，鵁鶄夜鳴，有似更轉。又有白鶴翱翔，黄馬夜遊。

祝融峯。上有青玉壇。壇上望見衡陽及長沙，壇名魏夫人壇，有瀑水懸灑壇上，一名飛流壇。

鷄頭陂。陂西有石室，内有白玉床榻、瓦香鑪一，又有銅鐺一，鐺中猶有藥氣。

石鼓。懸在山傍，鳴則兵，與灌陽縣裴巖下石鼓相類也。

風穴。一謂之風都，即風井焉。

迴鴈峯。衡山之南峯也。鴈到此不過而迴，故曰迴鴈峯。

湘水。源出桂州界及永州湘川縣楊梅山，〔三〕東北流經永州，又北入衡山縣，又北至岳州，合洞庭湖入九江。郭景純謂湘水出永州陽朔山北，小異也。

嶽祠。南嶽廟，歲以太牢祀之，餘胙必失血味，廟號司天王。開元中，五嶽同時封。

益陽縣，西北一百八十里。元三鄉。本漢舊縣，屬長沙國。按地圖云：「今縣東八十里，即漢之益陽故城也。」又郡國志云：「益陽故城，魯肅築。登之望見長沙，城邑、人馬形色宛然，相去三百里。」故老云：「長沙、益陽，一時相望。」即此地。以其邑在益水之陽，故名。貞觀二十年移理於此。

五溪山，在縣西北五十八里。北入朗州界。

卷一百一十四校勘記

〔一〕江南西道　「西」，宋版脱，萬本、庫本、局本本卷原缺，據宋版上下卷次補。

〔二〕今理長沙縣　「縣」，本作「郡」。按本卷潭州首縣長沙，即爲潭州治。此「郡」乃「縣」字之誤，據改。

〔三〕史記天官書　「書」，原本脱，據太平御覽卷一七一、輿地紀勝卷五六永州總序引史記天官書補。

〔四〕後益以豫章南海武陵桂陽岳陽五郡盡屬焉　據周振鶴西漢政區地理，漢高帝五年以長沙郡和武陵郡置長沙國，封番君吴芮，象郡、桂林、南海三郡實爲南越趙佗所據，僅虚封而已。吴芮受封後，分長沙郡南部置桂陽郡，爲長沙國之南邊郡。文帝後元七年，長沙王無後，國除爲長沙、桂陽、武陵三郡。景帝二年，以長沙郡復置長沙國，封子發，爲長沙定王，僅有一郡之地。又據隋書卷三一地理志下，南朝梁置岳陽郡，隋開皇九年平陳廢，漢無此郡。此誤。

〔五〕宋永初三年又立仍封弟道憐於長沙　按宋書卷三武帝紀載：永初元年六月，「以司空道憐爲太尉，封長沙王」，三年二月，「分荆州十郡還立湘王。」同書卷五一長沙景王道憐傳：「高祖受命，進位太尉，封長沙王。」即在永初元年。此云道憐封長沙王亦在永初三年，誤。

〔六〕十七年又置　按宋書卷五文帝紀：元嘉十六年，「復分荆州置湘州。」此「七」爲「六」字之誤。

〔七〕領長沙衡山醴陵湘鄉益陽新康六縣　按舊唐書卷四〇地理志三載，此「領」上脱「潭州」二字。

〔八〕西北至邵州屈曲五百三十四　按宋潭州治長沙縣，即今湖南長沙市，邵州治邵陽縣，即今邵陽市，在潭州西南。本書卷一一五邵州：「東北至潭州陸路五百三十四里。」元豐九域志卷六：潭州，「西南至本州界二百九十八里，自界首至邵州一百二十五里。」此「北」蓋爲「南」字之誤。

〔九〕精舍旁有白礬石　按太平御覽卷四九引盛弘之荆州記作「精舍旁有礬石」，無「白」字。

〔一〇〕是湘水最深之處　按宋本方輿勝覽卷二三潭州昭山下引本書云：「昔昭王南征而不返，没于此潭，故曰昭潭。」此無，疑脱。

〔一一〕三石山下城　「石山」，本作「山石」。水經湘水注：「湘水又北逕三石山東。山枕側湘川，北即三石水口也，水北有三石戍，戍城爲二水之會也。」此「山石」爲「石山」之倒誤，據以乙正。

〔一二〕景帝二年　按史記卷一〇孝文本紀：孝景皇帝元年十月，丞相申屠嘉言：「郡國諸侯宜各爲孝文皇帝立太宗之廟。」制曰：「可。」此「二年」爲「元年」之誤。

〔一三〕在縣南六十步　按史記卷八四賈生列傳正義引括地志：「賈誼宅在長沙縣南三十步。」湘水記云誼宅中有一井。」元和郡縣圖志卷二九潭州長沙縣：「賈誼宅在縣南四十步。」記載距離皆有別。

〔一四〕是吾十一世祖　按三國志卷二八諸葛誕傳注引世語曰：「綱，芮之十六世孫。」太平御覽卷五五八引世語同，此「十一」蓋爲「十六」之誤。

〔一五〕漢書地理志云秦所立　按漢書卷二八地理志下長沙國湘南縣無「秦所立」之文，元和郡縣圖志云「漢湘南縣」，此云「秦所立」，蓋誤。

〔一六〕至晉惠帝時置衡州　按水經湘水注：「魏甘露二年，吴孫亮分長沙西部立衡陽郡，治湘南。太守何承天徙治湘西。」據宋書卷六四何承天傳，承天爲衡陽内史，在元嘉十餘年。則三國吴於湘南縣置衡陽郡，此誤爲「衡州」，又誤爲「晉惠帝時置」。

〔一七〕西一百四十里　按唐天寶八年湘潭縣遷治洛口，即今湘潭縣治東南下攝司，位于潭州南稍西，元豐九域志潭州湘潭縣：「州南一百六十里。」此「西」疑爲「南」字之誤，或「西」下脱「南」字。

〔一八〕至晉以郡爲衡山縣　宋書卷三七州郡志三衡陽内史衡山縣：「吴立曰衡陽，晉惠帝更名。」元和郡縣圖志亦云：「吴分立衡陽縣，晉惠帝更名衡山。」此蓋爲「至晉更衡陽縣爲衡山縣」之誤。

〔一九〕即此縣是其數也　按晉書卷五孝懷帝紀：永嘉元年，「分荆州、江州八郡爲湘州。」衡陽郡爲湘州領郡之一，此「縣」爲「郡」字之誤。

〔二〇〕宋武封子義季爲衡陽王　按宋書卷五文帝紀：元嘉元年，「皇弟義季爲衡陽王。」同書卷六一武三王衡陽文王義季傳：「元嘉元年封衡陽王。」則宋武帝子義季封衡陽王在宋文帝即皇帝的元嘉元年，非宋武帝封，此誤。

〔二一〕楊梅山　按漢書卷二八地理志上零陵郡零陵縣：「陽海山，湘水所出。」續漢書郡國志四零陵郡零陵縣：「陽朔山，湘水出。」水經湘水篇：「湘水出零陵始安縣陽海山。」注云「即陽朔山也。」本書卷一六二桂州興安縣：陽海山，「即湘、灕二水之源，南爲灕水，北爲湘水。」輿地紀勝卷五五衡州：「湘水，自陽海發源。」宋本方輿勝覽卷二四衡州同，此「楊梅」爲「陽海」之形訛。

太平寰宇記卷之一百一十五

江南西道十三

衡州　邵州

衡　州

衡州，衡陽郡。今理衡陽縣。禹貢「荆及衡陽惟荆州」，即此地。春秋時屬楚。秦屬長沙郡。漢爲酃縣地，屬長沙國，今衡陽縣東十二里故酃城是也。其實桂陽郡地。後漢屬長沙、桂陽二郡之境。又郡國志云：「衡州郡城，諸葛誕築。」吴少帝太平二年分長沙之東部，立爲湘東、衡陽二郡，湘東郡理酃縣。晉太元中省酃縣，〔一〕併入臨蒸。宋元嘉二十九年改封淮陽王爲湘東王，此地又爲國。至泰始元年踐祚，是爲明帝。按甄烈湘州記云：「大明中，望氣者云湘中有天子氣，遣日者巡視，斬山岡以厭之，遂立湘東王爲天子。」至齊初改國爲郡。明帝封武帝子建爲湘東王，梁武帝又封皇子繹爲湘東王。隋平陳，省湘東、衡陽二郡，因置爲衡州，因衡山之陽以取州名。大業三年廢州爲郡。唐武德四年平蕭銑，置衡州，領臨蒸、湘潭、耒陽、新寧、重安、新城六縣；七年省重安、新城二縣。貞觀元年以廢南雲州之攸縣來屬。天寶元年爲衡陽郡。乾元元年復爲衡州。

元領縣六。今五：衡陽，茶陵，耒陽，常寧，安仁。潭州割到。二縣割出：衡山，攸縣。已上二縣入潭州。

州境。

四至八到：西北至東京二千七百一十里。西北至西京二千七百六十里。西北至長安三千九百里。東至吉州九百里。南至永州五百八十里。西至邵州三百五十六里。西至永州五百七十里。北至潭州四百五十里。東南至郴州三百七十里。西南至永州同上。西北至潭州湘潭縣五百八十里。〔二〕東北至吉州同上。

户：唐開元户三萬八千七百。皇朝户主六千九百七十二，客七千五百二十二。

風俗：與潭州同。

人物：蔡倫。桂陽人。爲常侍，造紙天下，謂之蔡侯紙。

土産：美酒，水銀，朱砂，茶。

衡陽縣，十五鄉。本漢酃縣之地，因酃湖以爲名，屬長沙國。吴太平二年分酃縣立爲臨蒸縣，即今郡西七十四里蒸陽故城是也。〔三〕郡國志云：「俯臨蒸水，水氣如蒸，故曰臨蒸。」東晉省此縣入衡陽。武德四年平蕭銑，改衡山爲衡陽，〔四〕因山之陽以爲名。

岣嶁山，在縣北五十二里。按湘水記云：「衡山南有岣嶁山，東西闊七十里，高一千五百尺。下有白露江、黄江。」

雨母山，在縣南三十七里，〔五〕東西一百五十里。上有祠壇，每亢旱，祭祀即雨。

茶溪。括地圖云：「臨蒸縣東一百四十里有茶溪。」〔六〕

蒸水，源出縣西，水氣如蒸。水經云：「蒸水源出重安縣南，又東北至臨蒸，入于湘，謂之蒸口也。」〔七〕

酃湖。郭仲産湘州記云：「縣東有酃湖，〔八〕周二十里，深八尺，湛然緑色。土人取此水以釀酒，其味醇美，所謂酃酒，每年嘗獻之。晉帝平吴，始薦酃酒于太廟」是也。

鍾武故城，在縣西八十里。後漢永建二年改爲重安，〔九〕又移於鍾武故城東二十里。今謂之重安故城。隋平陳，省重安入臨蒸。其鍾武故城西十里有武溪，入溪四里，又有古城，相傳云此城是鍾武故城。蓋初理在溪内，後移於溪水外。

茶陵縣，東四百五十里。七鄉。漢舊縣，屬長沙國。又按圖經云：「茶陵者，所謂陵谷名焉。」今攸縣東一百四十里茶陵故城是漢爲理所，俗名茶王城。隋平陳，省，以城入湘潭縣。唐武德四年又於故城立雲州，〔一〇〕仍立茶陵縣。貞觀九年省州并縣。聖曆元年又置爲縣，即今理也。

茶水，源出雲陽山，〔一一〕北流至縣，合雲秋山水。

雲秋山，在縣南五百里，〔一二〕高二千九百丈。嘗雲屯於上，經日不散，有如秋景。

雲陽山，在縣西十里，蒸陽東一百里。茶水源出北山，西北流，經縣理北，西入攸縣界。

耒陽縣，東南一百一十六里。七鄉。本漢舊縣，郡國志云：「龍山口，〔一三〕即耒陽也。」漢書地理志屬桂陽郡，因耒水以取名。按耒陽縣西有桂陽故城，後漢志云「建武中自郴縣移理桂陽」，是此城。隋平陳，改爲耒陰縣。武德四年改爲耒陽縣。

侯曇山。山有溪。豪神祠壇傍有石井，嘗無水，祀之即水出，事畢即乾。

飜石山。郡國志云：「耒陽與湘潭争界，立碑爲誌，飜覆偷送，因以爲名。」

耒水，經縣東，又北流合湘水。東又有古郡城，未詳所置年代。

歷水。郡國志云：「耒陽有歷水，一名池水，中有大歷，可容百斛。其字應作鬲，鼎鑊類也。」

蘆塘。劉義慶幽明録曰：「耒陽縣東北有蘆塘，淹地八頃，其深不可測。中有大魚，嘗至五日，一躍奮出，大可三圍。每出水則小魚奔迸，隨水上岸，不可勝計。」卓異記云：「有鮫魚，五日一化，或爲美婦人，或爲男子，至於變化尤多，郡人相戒，故不敢有害心，鮫亦不能爲計。後爲雷電所殺，塘自此遂涸。」

蔡倫宅，在縣西南一里。後漢小黄門蔡倫，桂陽人也。今有蔡子池，又有魚池，并搗網爲紙石臼存。見郡國志。

羅含墓，在縣南四十里。碑文訛缺，其墓猶存。

杜甫墓，在縣北二里。〔一四〕

常寧縣，南一百八十里。三鄉。本秦耒陽縣地，屬桂陽郡。吴分耒陽，於今縣桂陽一百里春水西岸置新平縣。至宋元徽中，三洞蠻抄掠州縣，遂移縣就江東紙上村置，因蠻寇止息，遂改爲新寧縣，即今理是也。又按吴録地理志云：「新平屬湘東郡。」神龍二年又移於今縣北八十里湘水東岸，麻溪之西置。開元九年復移於今理。天寶元年改爲常寧。按縣東俯潭水，西枕宜江。

遥遥山，〔一五〕在縣東南一百一十六里。

湘水，在縣理北六十里。臨湘岸有陽父驛。

宜溪水，湘州記云：「傍有穴，天旱以水灌之，輒致暴雨，即吴都賦云所謂『龍穴内蒸，零雨所儲』也。」

安仁縣，〔一六〕二鄉。本安仁鎮，後唐清泰二年徙潭州衡山縣，割宜陽、熊耳兩鄉爲場，在熊耳鄉。周顯德元年，賊亂燒掠，移向北五十里宜陽鄉置。皇朝乾德二年昇爲縣。〔一七〕

邵州

邵州，邵陽郡。今理邵陽縣。禹貢荆州之域。春秋時屬楚。秦爲長沙郡地。漢爲昭陵縣，屬長沙國。後漢屬長沙、零陵二郡地。故吴志云「寶鼎元年分零陵郡北部立爲邵陵郡」，屬荆州，即今郡是也。晉武帝改昭陵縣曰邵陵，後曰邵陽。〔一八〕宋、齊只爲邵陵郡，梁、陳亦然。隋平陳，廢邵陵郡，以其地爲縣，屬潭州；十年又於邵陽縣立建州，十一年又廢州爲邵陽縣。唐武德四年平蕭銑，置南梁州，領邵陽、邵陵、建興、武崗四縣；七年省建興入武崗，省邵陵併邵陽。貞觀十年改名邵州。天寶元年改爲邵陽郡。乾元元年復爲邵州。晉天福初改爲敏州，避廟諱。漢初仍舊。

元領縣二：邵陽，武崗。

州境：東西四百七十里。南北三百七十六里。

四至八到：北至東京二千五百七十里。西北至西京二千五百八十五里。西北至長安二千八百四十五里。東至衡州三百五十六里。南至永州三百里。西至辰州八百里。北至潭州湘鄉縣二百四十里。東南至永州三百一十里。西南至巫州水陸屈曲一千八百六十里。西北至辰州同上。東北至潭州陸路五百三十四里。

户：唐開元户一萬八千。皇朝主六千三百七十六，客三千六百九十六。

人物：無。

土産：銀，水銀，朱砂，鍾乳，白䳘，鵁鶄鮓。舊貢。

邵陽縣，舊十五鄉，今十七鄉。本漢昭陵縣，屬長沙國。今縣東一百一十里邵陽故城是舊理。後漢改曰昭陽，屬零陵郡。吴立邵陵郡。〔一九〕晉武帝改爲邵陽，居邵水之北。晉天福初改爲敏政縣。漢初復舊。

文竹山。湘州記云：「文竹山上有石床，方高一丈，四面緑竹扶疎，嘗隨風委拂此床，天旱則禱雨時應。」

邵陵水。水經注云：「邵陵水出邑界，東會雲泉水。」

桃花源。雖云武陵地，實斯郡。按郡國志云：「此源有夫人祠在焉。」

仙人石室。郡國志云：「邵陽有仙人石室，到則往往聞諷誦之聲。」

白公城。即楚大夫白公之邑也。

漁父廟。屈原所逢漁父於此，今有漁父廟在焉。

古建州城，在縣北二里，隔資水。昔邵州理此城，隋開皇九年改爲建州，〔三〇〕至十八年即移理所於水南，今州城也。

古高平縣城，在縣北七十五里。隋開皇九年以其地併入邵陽縣，其城廢。

古新縣城，在縣東九十里。孫吴置，晉永嘉中併入邵陽縣，其城廢。

武岡縣，西南四百三十里。五鄉。漢都梁縣地，屬零陵郡。晉武帝分都梁立爲武岡縣。今岡東五十里有漢都梁故城是也。縣因後漢武陵蠻爲漢所伐，來保此岡，故謂之武岡。又郡國志云：「武岡，岡接武陵，因以得名。」隋平陳，省武岡入邵陽縣。大業末改爲武强縣。〔三一〕唐武德四年復爲武岡縣焉。

唐糾山。漢志所謂都梁之路山，資水出焉。

資水，源出縣西南一百里唐糾山，東北經流縣南，又東經都梁故城南，又北過扶縣北，又東北經州理西，又東北至益陽縣，北與沅水合。

夫夷故城，漢縣，故城在今縣東北二百四十里扶水之地。東晉以大司馬桓元子父名同，改爲扶縣。至隋平陳，省，以地入邵陽。今城在。

廢扶陽場，在州西南二百二十里。隋平陳，以邵陽郡七縣併二縣，此即扶夷縣北界也，舊爲扶陽場。

廢龍潭場，在縣西一百三十里。舊爲場。

廢白沙場，在縣北一百三十里。舊爲場。已上三場，今並廢。

招屈亭。

緑蘿山。亦灣也。

明月池。深百丈，見底。

白香湖。

薔薇水。

丹砂井。即廖立宅也。

採菱城。

滄浪水。

漁父亭。即漁父見屈原處。

娘子神祠。云是范蠡女也。

放鶴陂。梁崔穆於此羅得雙鶴放之，得玉璧一雙，送穆庭處。

紫苑洲。洲出此藥。

李陵廟。李陵爲臨沅令，後没匈奴，邑人思而立廟。已上出郡國志。

卷一百一十五校勘記

〔一〕晉太元中省鄮縣　按宋書卷三七州郡志三載：「孝武太元二十年省鄮縣。」輿地紀勝卷五五衡州同，乃太元末，非「太元中」。

〔二〕西北至潭州湘潭縣五百八十里　按宋衡州治衡陽縣，即今湖南衡陽市，湘潭縣即今湘潭市東南下攝司，在衡州東北，此「西北」疑爲「東北」之誤。

〔三〕即今郡西七十四里蒸陽故城是也　按元和郡縣圖志卷二九衡州衡陽縣：「蒸陽故城，在縣西一百七十里。」輿地紀勝衡州引晏公類要同，此云「七十四里」，蓋誤。

〔四〕改衡山爲衡陽　按舊唐書卷四〇地理志三載，唐武德四年，衡山縣屬潭州，後割屬衡州，又云：「吴末分長沙東界立湘東郡，宋、齊、梁不改。隋罷湘東郡爲衡州，改臨蒸爲衡陽縣。武德四年復爲臨蒸。開元二十年復爲衡陽。」新唐書卷四一地理志五：衡陽縣，「本臨蒸，武德四年置，開元二十年更名。」唐會要卷七一州縣改置下：「衡陽縣，武德初，蕭銑改爲臨蒸縣，因茲不改，至開元二十年復改爲衡陽縣。」則唐初自有衡山縣，衡陽縣乃臨蒸縣改名，此疑誤。

〔五〕在縣南三十七里　按輿地紀勝衡州引本書作「三十里」，無「七」字。

〔六〕臨蒸縣東一百四十里有茶溪　「東」，太平御覽卷八六七引括地圖作「東北」。

〔七〕水經云至謂之蒸口也　按水經湘水篇：「湘水東北過酃縣西，承水從東南來注之。」注云：承水出衡陽重安縣西，邵陵縣界邪薑山，「至臨承縣北，東注于湘，謂之承口。」此「水經」下脱「注」字，「南」爲「西」字之誤。

〔八〕縣東有酃湖　「東」，太平御覽卷八四五引郭仲産湘州記作「東南」。按元和郡縣圖志、輿地紀勝衡州引祥符圖經皆載酃湖在衡陽縣東二十里。

〔九〕後漢永建二年改爲重安　按續漢書郡國志四：重安，「故鍾武，永建三年更名。」宋書州郡志載同，此「二年」蓋爲「三年」之誤。

〔一〇〕唐武德四年又於故城立雲州　按輿地紀勝卷六三茶陵軍：「唐平蕭銑，於故城立南雲州。」輿地廣記卷二六衡州茶陵縣：「唐武德四年析攸縣復置，屬南雲州。」此「雲州」上蓋脱「南」字。

〔一一〕源出雲陽山　按輿地紀勝茶陵軍：茶水源，「祥符圖經云：在縣西一百二十里，出景陽山。」又云：景陽山，在茶陵縣東一百里，高一千五十丈，周迴一百四十里，茶水源出於此。」又别載雲陽山。宋本方輿勝覽卷二六茶陵軍：「茶水源，在縣西一百二十里，出景陽山。」嘉慶重修一統志卷三五四長沙府記載同，並與此别。

〔一二〕在縣南五百里　「五」，輿地紀勝茶陵軍引本書作「二」。

〔一三〕鼇山口　「鼇」，輿地紀勝衡州作「鷔」。

〔一四〕在縣北二里　「二」，輿地紀勝衡州引本書作「三」。

〔一五〕遥遥山　按輿地廣記、輿地紀勝衡州皆作「逍遥山」，此前一「遥」字疑爲「逍」字之誤。

〔一六〕安仁縣　按元豐九域志卷六衡州安仁縣：「州東一百四十三里。」輿地紀勝衡州安仁縣：「在州東一百四十里。」此「縣」下脱載方向里數。

〔一七〕乾德二年昇爲縣　「二年」，元豐九域志、輿地廣記、輿地紀勝衡州、宋朝事實卷一九皆作「三年」。

〔一八〕後曰邵陽　按續漢書郡國志四長沙郡有昭陵，零陵郡有昭陽，則昭陵、昭陽二縣並立。孫吴寶鼎元年分零陵郡北部都尉置邵陵郡，治昭陵，水經資水注：「吴寶鼎元年，孫皓分零陵北部，立邵陵郡于邵陵縣，縣故昭陵也。」晉武帝改昭陵爲邵陵，又改昭陽爲邵陽，宋書州郡志三：「邵陽，吴曰昭陽，「晉武改」。」輿地廣記卷二六邵州邵陽縣：「漢曰昭陵，屬長沙郡，吴置邵陵郡，晉改縣曰邵陵，宋因之。邵陽，本昭陽，東漢置，屬零陵郡，晉武帝改焉，屬邵陵郡，宋因之。」此云「後改邵陵曰邵陽」，誤。

〔一九〕後漢改曰昭陽屬零陵郡吴立邵陵郡　按後漢立昭陽縣，屬零陵郡，與長沙郡之昭陵爲二縣，孫吴於昭陵縣設邵陵郡，晉武帝改昭陵爲邵陵，改昭陽爲邵陽，此誤，詳見本卷校勘記〔一八〕。

〔二〇〕隋開皇九年改爲建州　按本卷邵州總序云：「隋開皇十年又於邵陽縣立建州。」一云「九年」，又云「十年」，自相牴牾。

〔二一〕大業末改爲武强縣　元和郡縣圖志卷二九邵州武岡縣：「梁天監元年以太子諱『綱』，故爲武强。」輿地紀勝卷六二武岡軍引同。洪齮孫補梁疆域志卷三：「按天監元年，昭明太子尚在，簡文時爲晉安王，不應避諱，當是大通三年立晉安王爲太子時改。」

太平寰宇記卷之一百一十六

江南西道十四

道州　永州　全州

道州

道州，江華郡。今理營道縣。昔舜封象有鼻國，〔一〕即其地也。春秋及漢初，其地所隸，並同零陵。武帝元鼎六年分長沙置零陵郡，〔二〕屬荆州部。後漢因之。吴寶鼎元年分零陵北部爲營陽郡，理營浦，今郡是也。西晉亦因之。宋景平二年，傅亮廢少帝爲營陽王，尋被害，國除。梁天監十四年改爲永陽郡。至隋平陳，郡廢，併其地置永州。煬帝初，州廢爲永陽縣，屬零陵郡。唐武德四年平蕭銑，復割其地置營州，領營道、唐興、江華、永陽四縣；五年以北有營州，改爲南營州。貞觀八年改爲道州，仍省永陽縣；十七年廢永州，併入。上元二年又析置永州。天寶元年改爲江華郡。乾元元年復爲道州。今郡界有都龐嶺，亦謂之永明嶺。又有甿渚嶺，今謂之白芒嶺是也。

元領縣五。今四：營道，寧遠，永明，江華。一縣廢：大曆。併入寧遠。

州境：東西一百九十五里。南北三百一十里。

四至八到：西北至東京三千五百八十二里。西北至西京三千五百八十里。西北至長安三千九百三十一里。東至郴州六百里。南至賀州四百四十里。西至永州二百六十里。北至永州三百里。東南至郴州三百里。西南至永州嶮峻無路。西北至永州嶮峻無路。東北至韶州五百里。〔三〕

户：唐開元户二萬二千五百五十一。皇朝户主九千七百二十五，客七千五十。

風俗：與五嶺接界，大抵炎熱，元無瘴氣。〔四〕俗尚韶歌，因舜二妃泣望瀟湘，風俗號曰湘夫人，又云湘君，遂作此辭，其來久矣。織造麻葛、竹簟、草席。别有山傜、白蠻、倮人三種類，與百姓異居，親族各别。書曰「島夷卉服」是也。

人物：無。

土産：零陵香，白紵布，朱砂，水銀，鍾乳，荔枝，折税徵白蠟。

道州土地産民多矮，每年嘗配鄉户貢其男，號爲「矮奴」。唐陽城爲刺史，不平以良爲賤，又憫其編甿歲有離異之苦，乃抗疏論而免之。自是乃停其貢，民皆賴之，無不泣荷。

營道縣，元十三鄉。本漢之營浦縣地，屬零陵。隋平陳，改營浦爲永陽。唐武德四年自今延唐縣移營道縣於此理，移永陽縣於今郡西南一百一十里。天寶六年改營道爲弘道。〔五〕今復舊名。

營水，在縣西一里。經故城合巢水，自東南來，西流，於故城南合營水，謂之營陽峽。其故城今已堙滅，無復遺址。

舜廟。先在九疑山寧遠縣界，永泰二年，刺史元結奏置。在縣西一里。〔六〕

五老人廟。古老相傳國子司業陽城除道州，至于襄陽，見五老人臨江拜迎，自稱道州百姓，因各與絹并幞頭，問其所居，曰家住城西北五里。城至州訪之，吏曰：「城西北無居人，唯有五龍井。」往驗之，見所遺物皆置石上，遂立五龍及五老人廟也。

營道山，在縣北五十里。先名龍山，其山形屈曲如龍。天寶六年勑改爲弘道山。

沲水。源從九疑山沲洞出，自江華縣女紘潭流經縣前過。

寧遠縣，東七十五里。元十五鄉。本漢泠道縣地，屬零陵郡。今縣東南四十里泠水東泠道故城即是，漢理於此。晉分屬營陽郡。宋、齊不改。梁、陳屬永陽郡。隋平陳，廢入營道。自奔、巢二水口移漢營道縣於此。唐武德四年移營道縣就州郭，於此置唐興縣。長壽二年改名武盛。神龍元年復改爲唐興。天寶元年又改爲延唐縣。梁改爲延昌縣。後唐同光初復舊。晉天復初改爲延喜縣。後復舊。皇朝乾德二年，〔七〕荆湖轉運使張永錫奏以户口少，其大曆縣、春陵場割入延唐縣，其延唐縣又奉勑改爲寧遠縣。

舜廟，在縣南六十里九疑山。乾德六年勑置。

九疑山，在縣南六十里，永、郴、連三州界。山有九峯參差，互相隱映。湘中記云：「九峯狀貌相似，行者疑之，故曰九疑。」舜所葬，爲永陵是也。秦皇、漢武曾望祀焉。

天門山，在縣東南四十里。平地直上一千餘尺，雖晴霽望之，於下亦見其頂。〔八〕

泠道水，在縣南五十里。沿流至縣前，三十里入大陽江口。

春山，在縣東北七十里。五山相接，山勢峭秀，春水出焉。

廢泠道縣，在縣東四十里。隋開皇九年廢入營道縣。其縣臨泠道水爲名。齊蕩寇將軍李道辯所封之邑。今唐樂洞姓李者，是其裔也。

蕩寇將軍古城，即李道辯古城，在縣東六十里。齊朝以道辯爲南道開拓南蠻大使，築城於此。

廢春陵古城，在縣北五十里。不詳建置，隋開皇九年廢入營道縣。其春陵乃漢長沙定王子劉買所封之地。有廟，在縣北八十里。

廢大曆縣，亦漢營道縣地，後爲延唐縣地。唐大曆二年，湖南觀察使韋貫之奏延唐縣於故春陵侯城北十五里置大曆縣，〔九〕以年號爲名。皇朝乾德二年以户口不多，割入寧遠縣焉。〔一〇〕

上流水，源出縣西四十里上流山。東流縣理南，又東入郴州平陽縣界。在衆流之上爲名。

永明縣，西八十里。元八鄉。本漢營浦縣地，隋平陳，改營浦爲永陽縣。武德四年自今延唐縣移營道縣於今州理，因移永陽縣於州西南置，即今縣是也。貞觀八年省永陽入營道。天授二年再置。天寶元年改名永明縣，因縣界永明嶺爲名。

掩山，在縣西北三十里，接營山，又西連青山。有一巖穴口，有石掩塞，因爲名。

江華縣，南九十里。舊十鄉，今七鄉。本漢泠道縣地，〔一一〕唐武德四年於此立江華縣。文明元年改爲雲溪縣。神龍初仍舊。

吴望山，在縣南五十里。本名秦山。其水嗚咽，如秦川隴水，因以爲名。湘中記云：「縣界有山，孫權未建號初，忽聲如雷，因開洞穴，石有文彩，權以爲瑞。」天寶六年勑改爲吴望山。山下有巖，名秦巖，長二百九十一丈。從巖口入，用火而行，至一處如毬場平正，穴有透明。

永州

永州，零陵郡。今理零陵縣。永州，春秋及戰國時，皆爲楚之南境。秦併天下，屬長沙郡。漢武帝析置零陵郡，〔三〕屬荆州。後漢及三國皆因之。故後漢書云：「零陵太守陳球，先爲郡多下濕，築土城不得，乃編木爲城。」球明方略，有守備，故後人賴之，即今郡城也。至宋永初元年封晉恭帝爲零陵王國於此，以爲三恪，傳國四葉。梁、陳皆爲郡，故梁書列傳云：「孫謙，字長遜，爲零陵太守。有善績，吏人安之。先是，部多猛獸，〔三〕謙至絶迹。及去官之夜，猛獸即害居人。」隋平陳，廢郡，置永州，蓋以永水名郡也。煬帝初，州廢，後爲郡。唐武德四年平蕭銑，置永州，領零陵、湘源、祁陽、灌陽四縣，七年省灌陽。貞觀元年省祁陽縣，四年復置。天寶元年改爲零陵郡。乾元元年復爲永州。南去湘水八里，西去瀟水三十步。

元領縣五。今三：零陵，祁陽，東安。二縣割出：湘源，灌陽。二縣爲全州。

州境：東西二百八十五里。南北二百五十里。

四至八到：北至東京三千一百一十五里。西北至西京三千一百里。西北至長安三千二百里。東至道州水路三百里。〔四〕南至道州界一百一十五里。西至邵州武岡縣界二百二十二里。北至衡州五百八十里。東南至道州二百一十五里。西南至桂州五百五十里。西北至邵州三百一十二里。東北至衡州陸路五百七十里。

户：唐開元户一萬五千一百。皇朝户主八千一百四十八，客六千二百三十。

風俗：與桂州同。

人物：蔣琬，爲蜀丞相。黄蓋，零陵人，隨周瑜拒曹公於赤壁，建營，拜中郎將，有大功。臧榮緒，晉御史大夫。唐沙門懷素。善草書。

土産：白花蛇，細葛，零陵香，班竹，朱砂，石薷。磬石，荆州記云：「零陵郡界通出石磬，亞於徐州。」苞茅，山川記云：「野有香茅，貢以縮酒。」左氏謂「楚貢包茅不入」是也。湘州記云：「其俗八月上辛日，把以祓神。」

零陵縣，元十五鄉。本漢泉陵縣地，地理志屬零陵郡，在州東南八十步。縣南有鳴石。又有香茅，芬馥數里，古人以縮酒，即禹貢荆州所貢者也。自魏、晉迄于梁、陳，相次不革。隋平陳，大將軍周法尚巡撫江南，遂改零陵郡爲永州，因廢泉陵縣爲零陵縣，〔一五〕仍移於州城南三里，即今縣城是也。

麻山，在州西北一百一十五里。其山野麻周遍，與種植無異，人多採之，故曰麻山。

乳泉山，在州西北一百四十里。其山有水懸流，潺湲似乳，因名之。

舡槽山，在州東南一百里。其山兩岸壁立，十里翳天，有路中過，激瀨屈曲三十六處。渡河掩映，狀若舡槽，因而立名。

鵶山，在州南一百五里。山有怪石，纍纍成形，望之似鵶。

大陽山，在州西二百四十里。其山在大陽水際。

俞山，在州南三十里。一名石室山。山面臨瀟水，聳峻萬峯。古老相傳郡有名人，累朝不絕，因此山。〔一六〕

焦山，在州西北一百里。上有一池及堦砌圓壇，左右梨、橘，春足名花。傳云是昔舜南巡所憩之處。

永山，在州南一百五十二里。〔一七〕其山接永陽，在永水之上，故曰永山。至於州名，亦由此山。

蘭巖。王韶之神境記云：「蘭巖山，其路阻嶮，絶人行跡。有石室，嘗有雙白鵠翔集其上。復有孤松千丈，石路松隥，乃雲霞之中舘宇矣。」

九疑山。山海經云：「蒼梧之丘，九疑山，舜葬之所。」湘中記云：「九山相似，行者疑惑，故曰九疑。」神境記云：「九疑山裏，復有三峯，〔一八〕望之似人形。」

三叢山。郭仲產湘州記云：「三叢山石室高二丈。」

秦川山。水聲如秦川水之嗚咽。

乳穴，有一穴，名深穴，在州南九十里。穴門最深。

鵶山穴，在州南一百二里。所謂鵶山穴者，在鵶山之中。

太平穴，在州南一百里。穴口平野，可以遊樂，故有太平之稱。

三門穴，在州南九十里。穴口有三重石門。

瀟水，在州西三十步。源出營道縣九疑山，亦曰營水，至麻灘與永水合，流一百四十里，入湘水，謂之瀟湘。今二水合流之處，東岸有瀟湘館，水闊五十丈，深五丈。

湘水，經州西十餘里北流。營水亦東來，經州南。又西北合營水，成湘江。

都溪。水經注云：「都溪水出舂陵縣西，〔一九〕有五溪俱會於縣。有五色山，山有一溪，五水會於其間，〔二〇〕故云都溪。」

菁口。湘州記云：「都溪水又西北合營水，謂之菁口。」

呂蒙城，在縣北二里。昔吴命呂蒙收湘潭，唯永州刺史郝普不降，〔二一〕蒙築城以守之。今雖歲久，竹木參天，城壍宛然。唐大中十四年州境炎旱，祈禱有應，遂創廟宇。

泉道故城，〔二二〕漢縣廢城，在今縣正北二里。隋移縣於今理，此城遂廢。

舜廟。按湘中記云在縣北角，是漢泉陵縣也。今在縣北二里，廟貌儼然。風俗通云：「章帝時，零陵文學奚景於舜祠下獲玉琯十三枚，即王母所獻玉琯也。」

湘妃廟。堯之二女降于虞舜，舜狩蒼梧不返，二妃奔喪，泣望九疑。傳于湘渚之竹班，皆其淚痕也。今有古廟存焉。

龍伯高冢，在州西，隔湘水一里，即縣西北二里。按地理志云泉陵之西有龍伯高冢。昔馬援戒其子曰：「龍伯高敦厚周慎，口無擇言，吾敬重之，欲汝曹効之。」龍伯高時爲零陵太守，没後葬此。冢存。

雷石戍，本是雷石鎮，唐神龍年中改爲戍，在州南一百二十里。本爲南賊侵掠地境，以道州弘道縣接界，御史趙履温置此鎮，以押瀧口兼斷水陸姦虞。四旱峻嶺，東臨瀟水，有奇石激浪，騰波汹湧，聲如雷震，聞於數里，因名雷石。

鳴水栅，在州南一百一十四里。以延載年中置。所謂鳴水者，有水從石崖而出，懸空數十丈而落，下注盤石，其聲聞於數里，故曰鳴水。今爲鎮矣。

更生鄉。楚國先賢傳云：「鄭産，泉陵人，爲白土嗇夫。泉陵故城在縣北三里，舊有白土鄉。漢末，民凡産子一歲，輒出口錢，人多不舉子，産乃勸百姓勿得殺子，口錢當自代出。其郡縣爲表上，口錢因得除。更名白土爲更生鄉是也。」

筆冢。唐時，草聖沙門懷素，零陵人也，立臺塔，在州東五里，有墨池、筆冢見存。

祁陽縣，北九十里。元十四鄉。漢泉陵縣地，吴分泉陵，於今縣東北九十里立祁陽縣，屬零陵郡。隋平陳，省，併入零陵縣。武德四年復置於今所。貞觀元年又省，四年又置。

石鷰山，在縣西北一百一十五里。一名石鷰洞。按甄烈湘州記云：「石形似鷰，大小如一。山明雲淨，即翩翩飛翔。」羅含湘中記云：「石鷰在泉陵縣，雷風則群飛翩翩。然其土人未有見者。今合藥或用。」

湘水，南自零陵縣界來，東北流經縣南三十步，又東北流入新寧縣界。

白水山，在縣東南一百四十里。有水懸流，色白，因號曰白水，入湘川。

白鶴嶺，在縣東五十里。南接九疑，北連衡岳。下有洞天，通循州羅浮山。

唐中興頌碑，在縣南五里浯溪口。上元二年，荆南節度判官元結文，撫州刺史魯國公顔真卿書，其字甚大。大曆六年刻其頌，末云：「湘江東西，中有浯溪。石崖天齊，可磨可鐫。刊此頌焉。」俗謂之磨崖碑。

東安縣，西一百二十里。二鄉。本零陵縣地，丙申歲，馬氏割據時，析零陵縣置東安場，以近東安江岸爲名。皇朝太平興國七年改爲縣。〔三〕

龍山，在縣東二里。山下有湧泉。嘗有龍影現，因號龍山。

趙家山，即在縣南二十里。上有石泉長滿。

黄華山。人有獵者，見二鹿，有人問云：「見二馬不？」答曰：「但見二鹿。」人云：「吾爲虞帝，使至衡山，與安上道士相鬬，此是吾馬也。」〔三四〕

石鼓。若鳴，有師旅。扣之，鳴者勝，不鳴者敗。

全州

全州，今理清湘縣。本漢洮陽縣地，在湘江之西岸。晉天福四年，於永州清湘縣置全州，仍割清湘、灌陽二縣以屬焉，從潭州節度使馬希範之請也。

今領縣二：清湘，灌陽。

州境：東西一百二十五里。南北二百五十五里。

四至八到：東北至東京三千一百九十二里。東北至西京三千一百七里。北至長安三千三百六十里。東至永州一百三十里。西至桂州二百五十里。南至昭州三百三十六里。北至邵州四百二十里。東南至道州一百四十里。西南至桂州一百四十三里。東北至永州一百九十五里。西北至邵州扶陽場一百三十里。

户：舊户載永州籍。皇朝户主五千一百一十七，客二千四百六十二。

風俗：與永州同。

土產：貢班竹簾篁，長通箭幹，零陵香，細白葛。已上二物，唐永徽年中罷貢。

清湘縣，舊六鄉，今五鄉。本漢洮陽縣，以洮山爲名，屬零陵郡。晉武帝太康末於此立湘源縣，〔二五〕以湘水源爲名。按零陵郡古理，在今縣南七十八里，有古城存。隋平陳，廢零陵郡，地入湘源縣。唐武德四年再置永州，湘源爲屬邑。後唐時，節度使馬殷改爲清湘縣，以地扼桂嶺之路。晉天福四年割入全州。

三湘，湘源、湘潭、湘鄉，是謂三湘。

湘山，在縣西四十六里。

宜湘水，在縣北九十五里。出縣界之歌山，東流入湘江。

滔水，〔二六〕在縣北五十里。南流入湘江。

故洮陽縣，在縣西北三十五里。漢元鼎六年置在平川。〔二七〕隋開皇九年廢。

金坑七所，採金之所，今廢。

乳穴三所，今廢焉。

灌陽縣，北去州九十里。今五鄉。本漢零陵縣地，隋大業十三年，蕭銑析湘源縣置。唐武德七年併還湘源。至上元二年，觀察使呂諲奏置。

梔子山，在縣東二十里。

笏山，在縣南五里。山形如笏。

抱子山，在縣東南五十里。其山重疊，如人抱子。

乳穴四所，在縣界。今廢。

灌陽水，源出桂州全義縣，經縣界一百九十里，至州東合湘水。

卷一百一十六校勘記

〔一〕有鼻國　「鼻」，輿地紀勝卷五八道州引本書作「庳」。按史記卷一五帝本紀正義引帝王紀、太平御覽卷一七一引圖經作「鼻」，宋本方輿勝覽卷二四道州作「庳」。

〔二〕武帝元鼎六年分長沙置零陵郡　「分」，原本脱，據晉書卷一五地理志下、元和郡縣圖志卷二九道州、輿地紀勝道州引本書補。按水經湘水注云零陵郡，「漢武帝元鼎六年分桂陽置」，此云「分長沙置」，實誤。

〔三〕東北至韶州五百里　按韶州在道州東南，中間隔連州、郴州，無緣相鄰。道州西南相鄰昭州，元豐九域志卷六道州：「西南至本州界一百六十五里，自界首至昭州二百里。」此「東北」疑爲「西南」之誤，「韶」爲「昭」字之誤。

〔四〕大抵炎熱元無瘴氣　輿地紀勝道州引本書作「有炎熱而無瘴氣」，宋本方輿勝覽道州引本書同，此「元」疑爲「而」字之誤。

〔五〕天寶六年　「六年」，元和郡縣圖志道州同，舊唐書卷四〇地理志三、新唐書卷四一地理志五皆作「元年」。

〔六〕在縣西一里　「一」，輿地紀勝道州引晏公類要作「三」。

〔七〕乾德二年　「二年」，輿地紀勝道州寧遠縣引國朝會要同，元豐九域志、輿地廣記卷二六、宋朝事實卷一九皆作「三年」。下廢大曆縣條同。

〔八〕於下亦見其頂　按輿地紀勝道州引本書作「於下不見其頂」，此「亦」蓋爲「不」字之誤。

〔九〕唐大曆二年至置大曆縣　舊唐書地理志三亦載大曆二年，湖南觀察使韋貫之奏置大曆縣。按舊唐書卷一五八韋貫之傳載，憲宗時爲相，元和末出爲湖南觀察使。新唐書卷七四上宰相世系表四上：「貫之字正理，相憲宗。」元和末去大曆四十年，故此云大曆二年湖南觀察使韋貫之奏置，誤。元和郡縣圖志云大曆二年觀察使韋之晉奏置，當有所據。

〔一〇〕皇朝乾德二年以户口不多割入寧遠縣焉　按元豐九域志、輿地紀勝道州載，乾德三年省大曆縣入寧遠縣，宋史卷八八地理志同，此「二」爲「三」字之誤。

〔一一〕本漢泠道縣地　按舊唐書地理志三、元和郡縣圖志、輿地廣記、輿地紀勝道州皆載本漢馮乘縣地，新唐書地理志五亦載武德四年析賀州馮乘縣置江華縣，此疑誤。

〔一二〕屬長沙郡漢武帝析置零陵郡　按零陵郡乃漢武帝元鼎六年分桂陽郡置，此云分長沙郡置，誤，參見本卷校勘記〔二〕。

〔一三〕部多猛獸　「部」，梁書卷五三良吏傳、南史卷七〇循吏傳及輿地紀勝卷五六永州官吏孫謙皆作「郡」，此「部」疑爲「郡」字形訛。

〔一四〕東至道州水路三百里　按元和郡縣圖志卷二九永州：「東南至道州水路二百六十里。」此疑脱「南」字。

〔一五〕因廢泉陵縣爲零陵縣　按舊唐書地理志三、元和郡縣圖志、輿地廣記卷二六、輿地紀勝卷五六永州皆作「改泉陵縣爲零陵縣」，此「廢」當作「改」。

〔一六〕山面臨瀟水至因此山　「面」，輿地紀勝永州引本書作「西」。「此」下蓋脱「名」字。

〔一七〕在州南一百五十二里　按輿地紀勝永州引本書作「在零陵縣南九十里」，宋本方輿勝覽卷二五永州亦載：「永山，在零陵縣南九十里。」此恐誤。

〔一八〕九疑山裏復有三峯　「裏」、「三」，太平御覽卷四一引王韶之神境記作「表」、「二」。

〔一九〕都溪水出春陵縣西　按水經湘水注：「都溪水出春陵縣北二十里仰山，南逕其縣西。」此「西」爲「北」字之誤。

〔二〇〕有五色山山有一溪五水會於其間　輿地紀勝永州引本書同。按水經湘水注：「縣有五山，山有一溪，五水會於縣門。」初學記卷八引同，此衍「色」字，「其間」爲「縣門」之誤。

〔二一〕昔吳命呂蒙收湘潭唯永州刺史郝普不降　「湘潭」，輿地紀勝永州引本書作「瀟湘」。三國志卷五四吳書呂蒙傳：「權命蒙西取長沙、零、桂三郡。蒙移書二郡，望風歸服，惟零陵太守郝普城守不降。……蒙既定長沙，當之零陵，過酃，載南陽鄧玄之，玄之者郝普之舊也，欲令誘普。」按瀟湘指湘水中游與瀟水會合後一段，爲今湖南零陵地區，即魏晉零陵郡地，則此「湘潭」應作「瀟湘」，又「永州刺史」爲「零陵太守」之誤。

〔二二〕泉道故城　舊唐書地理志三永州零陵縣：「漢零陵郡治泉陵縣，故城在今州北二里。隋平陳，改泉陵爲零陵縣，仍移於今理。」輿地廣記、輿地紀勝永州皆載泉陵故城在零陵縣北二里，此「道」爲「陵」字之誤。

〔二三〕太平興國七年改爲縣　按元豐九域志、輿地廣記永州、宋朝事實卷一九及輿地紀勝永州引國朝會要皆載雍熙元年置縣，與此不同。

〔二四〕使至衡山與安上道士相聞此是吾馬也　輿地紀勝永州引本書作「五至衡山，與安上道士相聞，是五馬也」。

〔二五〕晉武帝太康末於此立湘源縣　輿地紀勝卷六〇全州清湘縣：「象之謹按皇朝郡縣志謂隋平陳，廢洮陽、灌陽、零陵三縣，置湘源縣，此隋志之文也，而晉志零陵郡下爲縣十一，無所謂『湘源縣』，而齊志於零陵郡下凡領縣六，第有洮陽、灌陽、零陵三縣，而無『湘源縣』之文，至隋平陳，始廢洮陽、灌陽、零陵三縣合爲湘源，則湘源非置於晉也，當依隋志及元和志書曰隋立湘源縣。」按輿地廣記卷二六全州亦云隋置湘源縣，王象之説是也。

〔二六〕滔水　按續漢書郡國志四零陵郡零陵縣劉昭注引羅含湘中記有洮水。水經湘水注：洮水出洮陽縣西南大山，「其水東流注於湘水。」隋書卷三一地理志下湘源縣有洮水。輿地紀勝全州：「洮水，在清湘縣北五十里，出文山，南流入湘江。」宋本方輿勝覽卷二六全州同，此「滔」疑爲「洮」字之誤。

〔二七〕元鼎六年置　按史記卷二一建元已來王子侯者年表：「元朔五年六月，封長沙定王子靖侯劉狗彘爲洮陽侯。」漢書卷十五王子侯表同，惟「狗彘」作「狩燕」，水經湘水注記載同史記。此「元鼎六年」爲「元朔五年」之誤。

太平寰宇記卷之一百一十七

江南西道十五

郴州　連州　桂陽監

郴州

郴州，桂陽郡。今理郴縣。春秋戰國時屬楚。秦屬長沙郡。史記：「項羽徙義帝於長沙，都郴。」即此地。漢高祖二年分長沙南境立桂陽郡，領縣十一，理郴，屬荆州。後漢光武四年移理耒陽，後復還郴。宋孝武帝徙順陽主休範爲桂陽王，齊高帝封子鑠爲桂陽王，明帝封子寶貞爲桂陽王，梁武帝封弟融爲桂陽王，皆此地。梁元帝又分其地置桂陽、盧陽二郡，〔一〕俱屬東衡州。隋平陳，廢桂陽、盧陽二郡，立郴州，因漢縣名也。至大業三年以州爲桂陽郡。唐武德四年平蕭銑，置郴州，領郴、盧陽、義章、臨武、平陽、晉興六縣；七年廢義章、平陽二縣;八年省晉興。天寶元年改爲桂陽郡。乾元元年復爲郴州。晉天福初改爲敦州,避廟諱。漢初復舊名。

元領縣八:郴縣,臨武,藍山,高亭,資興,平陽,義昌,義章。

州境:東西。南北。

四至八到:西北至東京三千里。西北至西京三千一十里。西北至長安三千二百七十里。東至吉州一千二百五十里。南至韶州五百里。西至道州六百里。北至衡州三百里。東南至虔州一千一十二里。西南至連州三百九十三里。西北至衡州同上。東北至吉州五百一十里。

户:開元户一萬六千。皇朝户主六千三百三十八,客一千一百六十二。

風俗:與潭州同。

人物:郭玷。字叔平,桂陽郴人。遭父憂,哀號毁瘠,有白鹿來偶焉。

土産:白紵布,朱砂。青茆,可以染青,尤勝於藍。

郴縣,一十六鄉。本漢舊縣,項羽徙義帝之所都也。漢高帝立桂陽縣於此,〔三〕屬桂陽郡。晉天福初改爲敦化。漢初復舊。

萬歲山,有靈壽草,仙方服之不死。漢平帝賜孔光靈壽杖,出於此山。山有圓泉,一邊水暖，一邊水冷。

話石山。石有聲，如人共語。

黄箱山，一名黄岑山，在縣東南三十六里。其山，郴水所出，〔三〕即是五嶺之一，從東第二騎田嶺也。又有浪井，井三日一湧。

馬嶺山。按輿地志云：「馬嶺山在縣東北五里。昔有仙人蘇耽入此山學道，白日上昇，今有祠甚嚴。山與黄箱山相連。」又按庾穆之湘州記云：「馬嶺山者，以蘇耽昇仙之後，其母每來此候之，見耽乘白馬飄然，故謂之馬嶺。」

温泉。荆州記云：「郴縣温泉下流有田，資以溉灌。常十二月下種，至明年三月新穀登，重種可一年二熟也。〔四〕其源出縣北留岡。」

横溪，貪泉，在郴縣西岑山。山即騎田之嶠，五嶺之第二嶺也。盛弘之云：「衆山水出注于大溪，號曰横流溪。溪水甚小，冬夏不乾，亦謂之貪泉。飲者輒冒於財賄，同於廣州石門貪泉矣。」

酒官山水。作酒最佳，在邑界。

緑溪水。如真緑，可染色。

桂陽水。

郴水，水經郡東一里，北流入耒水。

臨武縣，西南二百一十三里。三鄉。漢舊縣也，屬桂陽郡。蓋因縣南武溪水爲名。按漢志注云：「秦水東南至湞陽入匯。〔五〕」今縣理南有溱水，東流入武水，又東經義章縣南五十里，又東入韶州界。縣南六十里有小順嶺，與連州分界。

九疑山。甄烈湘州記云：「其山峯數有九，秀峙若一。」

萬歲山。湘州記云：「萬歲山有千秋水。」又荆州記云：「萬歲山有千秋池」是也。

熱石。輿地志云：「臨武縣有熱石，置物其上，立見焦爛。」

藍山縣，西南三百三十里。四鄉。本漢南平縣也，今縣東七里有南平故城存，即隋平陳，廢此縣移臨武縣焉。武德七年，臨武又還本理。咸亨二年復置南平於今理。天寶元年改爲藍山縣，因縣南藍山爲名也。

九疑山，在縣西南五十里。

舜源水，在縣南九十步。

藍山，在縣南七十里。

黄蘗山，今謂之都龐山，在縣南九十里，與連州分界。山南有洭水南流。即是五嶺從東第三都龐嶺是也。

高亭縣，北九十里。四鄉。本漢便縣地，屬零陵。〔六〕今縣東南一里有古便城，即漢爲邑理所，其城亦南臨耒水。晉初省。〔七〕陳復置。隋平陳，復廢，以地入郴縣。開元十三年，安撫使宇文融奏割郴縣北界四鄉置安陵縣。天寶元年改爲高亭縣，因山爲名。

高亭山，在今縣東一百三十里。〔八〕

安陵水，在縣北一百步。初建縣名因此水。

資興縣，東一十二里。〔九〕五鄉。本漢郴縣地，後漢於此置漢寧縣。吴改曰陽安。晉太始元年又改爲晉寧。〔一〇〕梁承聖中以縣屬盧陽郡。隋平陳，罷盧陽郡，仍省晉寧縣。開皇十一年又置，仍改名晉興。貞觀八年廢。咸亨三年復置，又改名資興。按今邑城南俯耒江，北帶長嶺。

石井山，在縣南二十里。

道人山，在縣南八十里。

秋溪水，在縣十里。〔一一〕西流入清要水。

平陽縣，西九十七里。九鄉。漢郴縣地。按桂陽記云：「東晉太興三年，陶侃於今理縣南九里置平陽郡及縣。〔一二〕陳太建十二年，郡縣俱廢。隋末，蕭銑析郴縣，於平陽故郡北置平陽縣。武德四年平蕭銑，因而不改；七年省；八年復置。

潭流山，在縣西北一百三十里。

石門山，在縣西南一百二十里。

鍾水，一名衡唐水。自西南來，穿石門山，東北流經縣東三十五步，又北入常寧縣界。

義昌縣，東南三百三十里。四鄉。本漢郴縣地，輿地志云：「晉太始元年分郴縣置汝城、晉寧二縣，〔一三〕屬桂陽郡。陳太建五年省併汝城、晉寧二縣，立廬陽郡，領廬陽一縣。」至隋平陳，郡廢，以縣屬郴州。天寶初改爲義昌縣。按縣東至虔州七百九十二里。

耒山，在縣南三十里。耒水源出北山，西流經縣西三里，又西北流入郴縣界。

烏龍白騎山。湘州記云：「汝城縣東有烏龍白騎山，遠望似有黑石如龍，〔一四〕白石如馬，兩面羅列，故號曰烏龍白騎山。」

義章縣，東南三百二十五里。〔一五〕五鄉。本漢郴縣地，隋末，蕭銑亂，分郴縣於今縣北三十五里立此縣。唐武德四年討平蕭銑，因此不改。其縣北臨章水，因以爲名；七年又廢；至八年復置，改爲高平縣。開元二十三年復爲義章。

嵐嶺山，一名東温嶺，在縣南七十五里。其山中斷，於其處架橋，以通行李。

章水，在縣北六十五里。源出黄岑山，東流入武水合。

連州

連州，連山郡。今理桂陽縣。春秋楚地。秦爲長沙郡之南境。二漢爲桂陽郡之桂陽縣也。吴屬始興郡。晉因之。宋明帝於此立宋安郡。後省宋安郡，屬廣興郡。按宋書州郡志云：「宋改始興郡爲廣興郡。」即今韶州也。齊如之。梁天監五年又分爲陽山郡。隋平陳，郡又廢。至大業中又立爲熙平郡。〔一六〕郡國志云「連州熙平郡管縣三」是也。唐武德四年平蕭銑，置連州，以郡南有黄連嶺爲名。天寶元年改爲連山郡。乾元元年復爲連州。又按十道記云：「連州自貞觀中屬江南道，開元、天寶中屬嶺南道，乾元後屬湖南管。〔一七〕」此州當郴州西南二百一十里，臨武縣西南古都龐嶺南湞水西二十步。其湞水東流，南經陽山、含湞二縣南，東至湞陽縣界合湞水，〔一八〕據嶺及湞水言之，合屬嶺南道。

元領縣三：桂陽，陽山，連山。

州境：東西二百九十五里。南北二百五十七里。

四至八到：西北至東京三千四百八十九里。西北至西京三千四百五里。西北至長安三千六百五十里。東至郴州高亭縣二百一十里。〔一九〕南取滙江沿流至廣州八百九十里。西至賀州疾路二百六十九里，取連山縣桂嶺路三百六十里。北至郴州藍山縣二百五里。

東南至韶州五百一十里。西南至封州六百里。東北渡嶺至郴州三百九十里。西北至道州水陸相兼五百七十里。

户：唐開元户八千三百。皇朝户主六千二百六，客七千五十四。

風俗：與郴州同。

人物：無。

土産：鍾乳，郡國志云：「連山縣出金及石碌、鍾乳」是也。細布，白苧，水銀，朱砂，白鑞。

桂陽縣，元十八鄉。舊漢縣在桂水之陽，以爲名。隋大業中移郡於此。

桂嶺。五嶺之一也。山上多桂，因以爲名。

黄石山。庾穆之荆州記：「山出銀礫，人常採之。」左思賦「金革銀朴」，蓋謂此。

黄蘗嶺。郡國志云：「盧水北出黄蘗嶺，復有進水出焉。」

乳穴。邑界有鍾乳穴三十七所，歲進貢。

湘穴。湘中記云：「斟溪西通江水，其穴若井，或涸彌年，或一日之間兩三盈。一日湘穴是也。」

泉水。始興記云：「泉巖河，一日十盈十竭，若湘水焉。又曰泉山，峭壁高竦，瀑布飛流。」又郡國志云：「白水出潭頭山，望之皓然也。」

靜福山，在縣北五十里。梁廖冲者，字清虚，爲本郡主簿、西曹、祭酒，湘東王國常侍，大同三年家於此山，先天二年飛昇於此山。後刺史蔣防仰慕高風，刻石爲碑。

貞女峽，在縣南一十五里。郡國志云：「貞女峽有石臨水，狀若婦人，云秦時女子採螺於此，遇暴風雨，晝晦，忽化爲石。」

方山。郡國志云：「方山對九疑山，高下相類。」

海陽池，在郡城西南隅。水自中子山激流至池，入于江。

温湯，在縣六十里。平地湧出泉水，四時常温，一邊冷，一邊温，流入湟水。

五溪水，在縣西合爲一江。倉眼水，〔二〇〕崑湖水，横溪白水，葉腐溪水，相思白水，過陽山縣入廣州。又有奉化等五水，奉化水，輔國水，上下盧水，高良水，銅官水，合爲一江，從縣東北流至州城下。

湟水，在縣南一里。漢書西南夷傳：「伏波將軍路博德出桂陽，下湟水。」即此也。

洭水，一名瀘水，出黄蘗嶺。

陽山縣，東南一百四十七里。元三鄉。漢縣，按郡國縣道記云「陽山縣理洭水之國」，即其故墟。本南越置關之邑，故關在縣西北四十里茂溪口是也。〔二一〕漢元帝封長沙孝王子宗爲陽山候。後漢省入含洭。晉平吴，又分含洭復置在洭水南。〔三〕太康地志云：「陽山縣屬始興郡。」宋、齊不改。梁天監六年於今含洭縣西二里置陽山郡，以縣屬焉。開皇十年廢郡，以縣屬連州。神龍元年，縣移於洭水北，即今縣也。郡國志云：「陽山縣若官長臨之，擢輒非次，太史觀云地勢使然，乃鑿斷連岡，流血成川，城因傾焉。」

乳穴，在縣界，諸山悉是。歲爲土貢。

陽山關。史記云：尉佗移檄陽山關曰：「盗兵且至，急絶道聚兵自守！」今縣北當騎田嶺路，秦於此立關。漢破南越，以爲縣。

箭山溪。郡國志云：「箭山溪有鸕鷀戍。狸頭礪石出焉。」

聖鼓。郡國志云：「秦伐樟樹，造大鼓，徑一丈二尺。一夕自飛至桂陽郡臨武界，因號爲聖鼓。」

連山縣，西北一百六十里。〔三〕舊二鄉，今一鄉。本漢桂陽縣地，梁武帝分桂陽縣西北置廣惠縣。隋開皇十年改爲廣澤。仁壽元年以太子諱改爲連山縣。邑界少有平陸，乃以連山爲名。

鍾乳穴，凡五十六所，三十七所在縣桂陽山，一十九所在陽山縣。

銅山，五所。

桂陽監

桂陽監，在桂陽洞之南。歷代已來，或爲監出銀之務也。晉天福四年割出郴州平陽、臨武兩縣人户屬監。

監境：東西一百一十五里。南北二百一十里。

四至八到：圖經上未有至東西京里數。東至郴州六十五里。西至道州一百七十里。南至連州二百三十里。北至衡州三百里。東南至韶州三百二十里。西南至賀州三百七十里。東北至潭州七百一十里。西北至永州三百五十里。

户：今管主客户四千四十七，丁九千一百六十，口只納銀，無秋夏税。主一千五，計丁三千三百四十二，每月係銀九百二兩零。客二千七百八十，計丁五千四百八十八，每月係銀一千四十二兩有零。又有山河户二百六十二，計丁四百三十，每月銀五十四兩有零。

風俗：與郴州同。

土産：古來貢銅、鉛，今出銀。

管烹銀冶處：

太宜坑，在監西南城内。

石鷰場，在監北城門外二里。

毛壽坑，在監西北二十里。

大龍、西塘、方倉、龍岡、武全等坑，共一處，在監西南晉嶺下八十里。

大湊岡，在縣監西。出銀、鉛鑛砂。

白竹岡，在監西南八十里。出銀、鉛鑛砂。

晉嶺，在監西南八十里。出銀、鉛鑛砂。

九鼎岡，在監北七十里。出銀、鉛鑛砂。今廢。

藍嶺，在監西一百里。出銀鑛。今廢。

潭流嶺，在監西北一百三十里。出銀鑛。今廢。

聖泉，在壇山，〔二四〕監西北九里。出聖泉，供一人至一百人亦足。

衡塘水，在監北三十里。通舟船，北流會湘源水，出衡州。

落星江，〔二五〕在監南九十里。下至韶州。

卷一百一十七校勘記

〔一〕梁元帝又分其地置桂陽廬陽二郡　原校：「按隋書地理志：郴縣，『舊置桂陽郡』。又廬陽縣，

『陳置盧陽郡，平陳，二郡廢。』與通典郴州所序略同，今記皆以爲梁元帝置，未詳所據。」按漢書卷二八地理志上、續漢書郡國志四皆載：桂陽郡，「高帝置」。又舊唐書卷四〇地理志三：陳立盧陽郡，領盧陽縣。本卷義昌縣序云：「陳太建五年立盧陽郡，領盧陽一縣。」此以梁元帝置桂陽、盧陽二郡，當誤。又「盧」，隋書卷三一地理志下、舊唐書地理志皆作「盧」。

〔二〕漢高帝立桂陽縣於此　按秦置郴縣，漢高帝置桂陽郡，治郴縣，即今湖南郴州市。漢置桂陽縣，屬桂陽郡，即今廣東連縣，本卷連州：「二漢爲桂陽郡之桂陽縣也。」舊唐書地理書三：連州桂陽縣，「漢縣，屬桂陽郡，今州理是也。」此誤。

〔三〕其山郴水所出　按嘉慶重修一統志卷三七七郴州引本書：「黄岑山，其東爲仰天湖，其北郴江水出焉，其同出者爲桂水，爲寒溪水。」此皆不載，未詳所據。

〔四〕重種可一年二熟也　按續漢書郡國志四郴縣劉昭注引荆州記曰：「常十二月下種，明年三月新穀便登，一年三熟。」太平御覽卷八三七引盛弘之荆州記曰：「常十二月一日種，至明年三月新穀便登，重種一年三熟。」此「二熟」之「二」蓋爲「三」字之誤。

〔五〕秦水東南至湞陽入匯　王念孫曰：「『匯』皆當爲『洭』字之誤也。『洭』讀若『匡』，隸省作『洭』，說文：『洭水出桂陽盧聚南，出洭浦關爲桂水。』從水匡聲。又曰：『溱水出桂陽臨武入洭。』『洭』字或作『匩』，形與『匯』相似，因訛而爲『匯』。」（見王先謙漢書補注）

〔六〕屬零陵　按漢書地理志上、續漢書郡國志四，便縣屬桂陽郡，此誤。

〔七〕晉初省　按晉書卷一五地理志下，桂陽郡統縣六，其一便縣。宋書卷三七州郡志三，桂陽郡無便縣。輿地廣記卷二六郴州：「漢便縣，屬桂陽郡，東漢、吴、晉因之，宋省焉。」則省於南朝宋，此云「晉初省」，蓋誤。

〔八〕在今縣東一百三十里　元和郡縣圖志卷二九郴州高亭縣：高亭山在縣東一百三十步。此「里」蓋爲「步」字之誤。

〔九〕東一十二里　元和郡縣圖志郴州資興縣：「西至州一百二十里。」按唐郴州治郴縣，即今湖南郴州市，資興縣在今資興縣南舊市，西去郴州里數，正合元和志記載，此「一十二」爲「一百二十」之誤。

〔一〇〕晉太始元年又改爲晉寧　宋書州郡志三：「吴改曰陽安，晉武帝太康元年改曰晉寧。」水經鍾水注：「陽安，晉太康元年改曰晉寧。」此疑誤，下義昌縣序同。

〔一一〕在縣十里　按「縣」下當脱「東」，或「南」，或「西」，或「北」一字。

〔一二〕陶侃於今理縣南九里置平陽郡及縣　按元和郡縣圖志郴州平陽縣：「東晉陶侃於今理南置。」此「縣」字疑衍，或「理縣」爲「縣理」之倒誤。

〔一三〕晉太始元年分郴縣置汝城晉寧二縣　按晉書地理志無「汝城縣」，宋書州郡志三：「汝城令，江左立。」元和郡縣圖志:「東晉分置汝城縣,屬桂陽郡。」此云西晉太始元年置,未詳所據,疑此誤。又晉寧縣爲晉太康元年改陽安縣置,此誤,參見本卷校勘記〔一〇〕。

〔一四〕湘州記至似有黑石如龍　按太平御覽卷四九引湘川記云:「汝城縣東南有烏龍白騎山,遠望似城,有黑石如龍。」此「州」爲「川」字之誤,「似」下脱「城」字。

〔一五〕東南三百二十五里　元豐九域志卷六郴州宜章縣(太平興國元年改義章縣爲宜章縣):「州南八十五里。」輿地紀勝郴州同。按隋末置縣,在今湖南宜章縣北三、四十里,唐開元二十三年移治今宜章縣,在郴州(即今郴州市)南八十余里,此所載里數誤。

〔一六〕大業中又立爲熙平郡　按隋書卷三一地理志下:「大業初置熙平郡。」元和郡縣圖志卷二九連州:大業初改連州爲熙平郡。通典卷一八三州郡一三:「煬帝初置熙平郡。」「煬帝初」,即「大業初」也,此「中」爲「初」字之誤。

〔一七〕乾元後屬湖南管　「後」,輿地紀勝卷九二連州總序引十道志作「中」。

〔一八〕東至湞陽縣界合洭水　水經洭水注:洭水東南逕陽山縣西,又逕含洭縣西,出洭浦關,「左合溱水,謂之洭口。山海經謂之湟水。徐廣曰:湟水,一名洭水。」輿地紀勝卷九五英德府:溱水,「亦名湞水,南流合光水。又云避仁廟嫌名,改爲真水。」又:「光水,在浛光縣(宋開寶五年改浛洭縣爲浛光縣)西,通湟水下流,至縣前,東南流至光口,合真水。」則洭水即湟水,東南流,合溱水，即唐宋湞水，此「洭水」蓋爲「溱水」，或「湞水」之誤。

〔一九〕東至郴州高亭縣二百一十里　按本卷下文載：連州「東北度嶺至郴州三百九十里。」高亭縣在郴州北九十里，則連州東北至高亭縣達四百八十里，此「東」下蓋脱「北」字，所記里數誤。

〔二〇〕倉眼水　輿地紀勝連州引本書作「滄浪水」，嘉慶重修一統志卷四五五連州引本書同，此「倉眼」蓋爲「滄浪」之形近而誤。

〔二一〕茂溪口　「溪」，元和郡縣圖志連州作「漢」，輿地紀勝連州引同。

〔二二〕晉平吴又分含洭復置在洭水南　按水經洭水注：陽山縣，「故含洭縣之桃鄉，孫皓分立爲縣也。」則爲吴復置，此云晉平吴復置，誤。

〔二三〕西北一百六十里　元和郡縣圖志連州連山縣：「東至州一百六十里。」元豐九域志卷九連州連山縣：「州西一百六十里。」輿地紀勝連州同。按唐宋連州治桂陽縣，即今廣東連縣，連山縣在今連山縣西北鍾山下，以方位推斷，在連州之西，上引諸書記述是，疑此「北」字衍。

〔二四〕在壇山　輿地紀勝卷六一桂陽軍：「聖泉，在藍山九十里。」與此不同，未知孰是。

〔二五〕落星江　按輿地紀勝桂陽軍作「靈星江」。

太平寰宇記卷之一百一十八

江南西道十六

澧州　朗州

澧州

澧州，澧陽郡。今理澧陽縣。春秋戰國時，其地屬楚。秦爲黔中郡。漢改黔中爲武陵郡，屬荆州。今州即武陵郡之零陽縣地。吴永安六年分武陵郡西界立天門郡，此即郡之境。晉爲南義陽郡。輿地志云：「晉末以義陽流人在南郡者，立爲南義陽郡，寄在荆州。」隋平陳，廢義陽郡置松州，尋改爲澧州，州在澧水之北，故取爲名。煬帝大業初廢澧州爲澧陽。〔一〕唐武德四年平蕭銑，置澧州，領孱陵、安鄉、澧陽、石門、慈利、崇義六縣。貞觀元年省孱陵縣。天寶元年改爲澧陽郡。乾元元年，復爲澧州。天寶初曾割屬山南東道。今屬江南西道。

元領縣四：澧陽，安鄉，石門，慈利。

州境：東西一千六百九十七里。南北一百六十里。

四至八到：北至東京一千六百五十五里。北至西京一千六百五里。西北至長安一千六百六十五里。東至岳州陸路四百四十里，水路六百二十里。南至朗州一百八十里。西至溪州水陸相兼一千三百里。西至黔州二千里。北至江陵府三百里。東南至朗州龍陽縣界四百五十里。西南至辰州一千三十八里。西北至峽州七百五十里。東北至江陵府公安縣五百七十里。

户：唐開元户二萬五千。皇朝户主六千一百三十六，客五千八百一十。

風俗：大同荆楚，然少雜夷、獠之風。

人物：無。

土産：龜甲綾，五紋綾，牛膝，紵練紗，光明沙。

澧陽縣，舊二十七鄉，今七鄉。本漢零陽縣地，漢書地理志屬武陵郡。在澧水之陽，故以爲名。

大浮山。谷中有自然石室户牖，上有青玉壇，方廣三丈。自非煉行精誠，莫能覩也。

嵩梁山。按此山在澧水之陽，望之如香爐之狀，今名石門。吴永安六年，自然洞開，玄朗如門，高三百丈，門角上各生一竹，倒垂下拂，謂之天帚。孫休以爲嘉祥，置郡，因山爲名。隋文帝改曰石門縣也。

崇山，在縣南七十里。書曰：「放驩兜于崇山。」

澧泉。漢書地理志云：「充縣歷山，澧水出焉。」又離騷云：「沅有芷兮澧有蘭」也。

澹水。王仲宣贈士孫文始詩云「悠悠澹、澧」是也。

黄溪。溪在澧陽縣西，泝流鑿石數丈，有石神，神靈頗有異，民嘗待冬以祀之。

洳溪。源出龍洳山，極清。

澧陽申明公城。皆楚大夫邑於郡地。

故崇義縣城。本漢充縣地，屬武陵郡。晉省充縣，立臨澧縣。太康地志云：「臨澧，屬天門郡。」隋開皇中分臨澧立崇義縣屬衡州，十八年改爲崇義縣，〔二〕即此城。

安鄉縣，東一百一十三里。依舊五鄉。本漢孱陵縣地，屬武陵郡。後漢爲漢壽縣地。晉末曾立爲義陽郡，〔三〕至梁廢之。隋平陳，分立爲安鄉縣，屬澧州。

石門縣西九十八里。依舊四鄉。本漢零陽縣地，屬武陵郡。吴分三縣，置天門郡。隋平陳，罷郡爲石門縣，屬澧州。

層山。盛弘之荆州記云：「此山外望，只如一山，入裏乃有二重，因號層山也。」又郡國志云：「層步山側有石，亭立三尺如人形，號曰層山神。」

漊水。出此邑界。

孱陵故城。郡國志云：「劉備妻孫夫人居處。」

慈利縣，西水路相接二百五十里。依舊五鄉。本漢零陽縣地，荆州圖副云：「以界内有零溪水爲名。」隋開皇十八年改零陽爲慈利縣。

九度山。郡國志云：「九度山有仙人石樓，其石形似樓，因以名。」

無子水。夷言施他水，漢音無子水。郡國志云：「此水飲之，令人無子。」

銅盤灘。郡國志云：「連錢、銅盤、石馬，〔四〕此澧陽之灘嶮也。大寒、鈷鉧，皆陂名。」

無窮山，道人山，赤崖山，瓊溪，石門，黄石溪，油水山，白石山，已上皆郡界之山水。〔五〕

朗　州

朗州，武陵郡。今理武陵縣。禹貢荆州之域。春秋及戰國時並屬楚，爲黔中郡。漢高帝五年更名武陵郡。武陵記云：「後漢梁松自義陵郡移居張若城。」今州東張若城是也。又武陵記云：「太常潘濬征樊伷，〔六〕平五溪還，以郡城大而難固，築障城，移郡居之。」輿地志云：「梁太清四年，湘東王承制於荆州割武陵郡置武州。陳文帝天嘉元年分武陵立沅陵郡。」隋文帝開皇九年改武州爲辰州，又改爲嵩州，十六年改嵩州爲朗州。煬帝初改爲武陵郡。唐武德四年平蕭銑，置朗州。天寶元年改爲武陵郡。乾元元年復爲朗州。天寶初曾割屬山南東道。今屬江南道。

元領縣二。今三：武陵，龍陽，桃源。新置。

州境：東西五百五十里。南北二百五十五里。

四至八到：東北至東京一千八百二十里。北至西京一千七百八十五里。西北至長安二千四十五里。東至岳州六百里。南至潭州界一百一十三里。西至辰州水路四百六十五里。北至澧州一百八十里。東南至潭州四百里。西南至辰州沅陵縣界二百九十六里。西南至邵州八百里。西北至澧州石門縣界一百里。東北至澧州安鄉縣界二十八里。東北水路至岳州五百三十里。

户：唐開元户二萬一千。皇朝户主一萬二千二百四十，〔七〕客三千四百五十一。

風俗：與澧州同。

人物：無。

土産：白紵布，芒消，蠟，紫苑，州出此藥，入貢，因名紫苑。五入簟。

武陵縣，舊一十二鄉，今八鄉。本漢臨沅、漢壽二縣地，〔八〕漢書地理志臨沅縣屬武陵郡。後漢建武二十四年，武陵蠻叛，遣伏波將軍馬援率四將軍征討，破之於臨沅，蠻悉散走入竹林中，即此地也。晉起居注云：「隆安三年，縣廨有石榴，六子同蔕，太守庾恬上書以聞。」

鹿山。武陵記云：「鹿山有鹿穴。昔宋元嘉初，武陵溪蠻人射鹿，逐入一石穴，穴才可容人，蠻人入穴，見有梯在其傍，因上梯，豁然開朗，桑果藹然，行人翱翔，不似戎境，此蠻乃批樹記之。其後尋之，莫知處所。」

壺頭山，在縣東一百六十里。邊有石窟，即馬援所穿室也。室内有蛇，如百斛船大，云是援之餘靈也。

天門山。按黄閔武陵記云：「上有葱，如人所種，畦壟成行。人欲取之，先禱山神乃取。氣味甚美，不然者不可得。巖中有書數千卷，人見而不可取。」

黄聞山。武陵記云：「昔有臨沅黄道真在此山側釣魚，因入桃花源。陶潛有桃花源記。今山下有潭，立名黄聞，此蓋聞道真所記，遂爲其名也。」

風門山。有石門，去地百餘丈。每將欲風起，此門先有黑氣若煙，隱隱而上，斯須風即竟天。

石帆山。石危起，若數百幅帆形。

陽山，在郡西八十里。有如麈，〔九〕前後有頭，嘗以一頭食，只一頭望視。又有陽山祠。

虎齒山。形如虎齒。民嘗六月祭之，不然即有虎害。按圖經云：「漢梁松爲征南將軍，死於此山下，遂爲神。」

移山，在汧陽界。本在江北岸，因風雨，一夕移度江南岸，後以此名之。

淳于山，與白雉山相近，在辰州、武陵二郡界。絶壑之半，有一白雉，遠望首尾可長二丈，伸足翔翼，若虚中翻飛。即上視之，乃有一石雉舒翅，綴着石上。山下有石室數畝，望室裏雖闇，猶見銅鍾高丈餘數十枚，其色甚光明。

武陵山。中有秦避世人居之，尋水號曰桃花源。故陶潛有桃花源記。又云山上有神母祠。

枉山，在郡東十七里。有枉水出焉。山西有溪，溪口有小灣，謂之枉渚山。上有楚祠存。

沅水。北流至長沙，入洞庭湖。酈元注云：「沅水又東帶緑蘿山，頹巖臨水，懸蘿釣渚，漁詠幽谷，浮響若鍾。」

朗水。其水西南自辰、錦州入郡界，經郡城入大江，謂之朗江。漢書謂何劭所封於此。

滄浪水，皆在縣西，二水合流。蓋出鐔城縣北界山谷。永初山川記云：「漢水古爲滄浪，即漁父所云滄浪之水清者。此蓋後人名之，非古滄浪。」

沚水。武陵記云：「即沅水之別派，還入沅水。其兩岸杜衡是産，仍以杜衡爲村名。」

三雅池。武陵記云：「舊臨此池者，於池内得銅器三枚，其題有伯雅、仲雅、季雅，即劉氏之三雅也。」

純純陂。〔一〇〕隋開皇中刺史喬難陀修，其利不減鄭、白二渠，今名白馬陂。陂中有千葉蓮花。

洞庭湖。按湖夏水泛漲，則接澧、朗、岳三州界。

丹砂井。泉水赤如絳。

明月池。郡國志云：「武陵明月池，深百丈，見底。」

龍池。謝承爲武陵郡時，〔一一〕有黄龍見於郡東水中，承拜而上賀，因目其處曰龍池。

鶴澤。按劉義慶説苑曰：「晉羊祜領荆州，於沅陵澤中得鶴，教其舞以娛賓，因名爲鶴澤。」〔一二〕

放鶴陂。郡國志云：「梁崔穆於此陂羅雙鶴，因放之，後鶴啣玉璧一雙送穆庭中。」

鼎口。沅州記云：「有水名鼎口，則沅、澧二江最深之處，尤多魚。」按朗陵地圖云：「昔有神鼎出乎其間。」又黄閔武陵源記曰：「武陵郡東有水，名鼎口，每望川中行舟，如樹之一葉。」

延溪。武陵記云：「延溪有柘樹千餘頃，枝條茂暢。昔有烏集其上，枝下垂着地，烏去，枝振殺之，〔一三〕群烏號嘯。楚人取其枝爲弓，名曰烏號。」楚子所造之弓，蓋此溪之柘也。

汎洲。水經注云汎洲者，「沅水東歷龍陽縣之汎洲，〔一四〕」故有此名。又按襄陽記云：「李衡，字叔平，於武陵龍陽縣之汎洲上作宅，種甘橘千株，臨終語其子曰：『洲上有木奴千頭，不責衣食，歲絹千匹。』」即此洲也。

魯子城。昔有女子李娥，死五日復活，故號曰女子城。後語訛，謂之魯子城。

採菱亭，屈到採菱亭也。

清陵館。郡國志云：「漢李陵爲臨沅令，後没匈奴。邑人思之，而立是館。」

娘子祠。郡國志云：「武陵娘子祠，即范蠡女之神也。」

石英渠。本名後鄉渠。唐穆宗朝，温造自起居舍人爲刺史，開渠九十七里，〔一五〕溉田二千頃。郡人名其郡渠曰石英渠。

桃源縣，西六十里。二鄉。本武陵縣地，皇朝乾德二年以朗州所管武陵龍陽二縣、敷餘一場人户不等，〔一六〕仍析武陵上下二鄉四千餘户，於延泉村别置一縣，以桃源爲名，并廢敷餘場入近縣，從轉運使張永錫之所請也。

龍陽縣，東南一百四十里。〔一七〕舊五鄉。今四鄉。本漢索縣地也，吴分其地立龍陽縣，吴録地理志屬武陵郡，後不改。酈元注水經云：「沅水歷龍陽縣之汎洲，洲長二十里，李衡種橘之所也。」〔一八〕

卷一百一十八校勘記

〔一〕煬帝大業初廢澧州爲澧陽　按隋書卷三一地理志下：澧陽郡，平陳，置松州，尋改爲澧州，大業初置郡。則此「澧陽」下脱「郡」字。

〔二〕十八年改爲崇義縣　按本書上文言「隋開皇中立崇義縣屬衡州」，既于開皇中立崇義縣，又云開皇「十八年改爲崇義縣」，豈非牴牾。隋書地理志：崇義縣，「後周置衡州。開皇中置縣，名焉。十八年改州曰崇州。」則隋開皇十八年改治于崇義縣之衡州爲崇州，此「崇義縣」爲「崇州」之誤，無疑。

〔三〕晉末曾立爲義陽郡　按本卷澧州總序引輿地志云：「晉末以義陽流人在南郡者，立爲南義陽郡。」宋書卷三七州郡志三：「南義陽太守，晉末以義陽流民僑立。」此「義陽」上脱「南」字。

〔四〕石馬　「馬」，原本作「焉」。按輿地紀勝卷七〇澧州引本書作「石馬」，讀史方輿紀要卷七七同，此「焉」蓋爲「馬」字形近而訛，據改。

〔五〕皆郡界之山水　按輿地紀勝澧州雙泉引本書云：「在澧陽縣。昔有僧修行於此，石碑缺落。」又獨浮山在澧陽縣南九十里，引本書云：「浮丘子修道於此，乘白鹿自此昇舉，有松塢石室遺跡。」又云上有青玉壇。」又茗溪山引本書云：「在澧陽，又云人多種茶。」又謝山在安鄉縣，引本書云：「謝晦終於此。」本書皆缺載，今附録於此。

〔六〕樊伷　「伷」，原本作「伸」，據三國志卷六一吴書潘濬傳裴松之注引江表傳、資治通鑑卷六八漢獻帝建安二十四年改。

〔七〕皇朝户主一萬二千二百四十　原本「四十」下有「里」字，當衍，據删。

〔八〕本漢臨沅漢壽二縣地　按續漢書郡國志四：「漢壽，故索，陽嘉三年更名。」則西漢索縣，東漢陽嘉三年改名漢壽縣，此云漢漢壽縣，不確。

〔九〕有如麈　按輿地紀勝卷六八常德府引本書作「有獸如麈」，此「有」下蓋脱「獸」字。

〔一〇〕純純陂　通典卷一八三州郡一三作「純紀陂」，未詳所據。

〔一一〕謝承爲武陵郡時　按輿地紀勝常德府引裴松之列瑞傳云：「謝承爲武陵太守日，有黄龍見此。」此「武陵郡」下疑脱「太守」二字。

〔一二〕鶴澤至因名爲鶴澤　輿地紀勝常德府：「象之竊謂羊祜在晉止屯襄陽，不應得鶴於此而有其地，及羊祜已没，杜預繼之，始平吴耳，其年月不相應。」

〔一三〕枝振殺之　輿地紀勝常德府引本書同；宋本方輿勝覽卷三〇常德府引本書作「枝偶振折」，嘉慶重修一統志卷三六四常德府引本書同。

〔一四〕汎洲水經注云汎洲者沅水東歷龍陽縣之汎洲　「汎」，資治通鑑卷一六二梁太清三年引水經注同，水經沅水注作「氾」，通典州郡一三、輿地紀勝常德府皆作「凡」。按「汎」、「凡」，形近，「氾」、「汎」，音同，下龍陽縣序同。

〔一五〕開渠九十七里　「七」，輿地紀勝常德府引本書作「九」。

〔一六〕乾德二年　「二年」，宋會要方域六之三四、輿地紀勝常德府引國朝會要同，元豐九域志卷六、輿地廣記卷二七、宋朝事實卷一九皆作「元年」。

〔一七〕東南一百四十里　元豐九域志鼎州（北宋大中祥符五年改朗州爲鼎州，南宋乾道元年升爲常德府）龍陽縣：「州東南八十五里。」輿地紀勝常德府龍陽縣下引九域志同。按唐朗州、北宋鼎州、南宋常德府皆治武陵縣，即今湖南常德市，龍陽縣即今漢壽縣，西北去州里距，正合九域志、紀勝記載，疑此里數誤。

〔一八〕李衡種橘之所也　按輿地紀勝常德府靈芝觀引本書云：「在武陵縣。梁大同中有女道士於此伏氣，芝草生其庭，太守奏立此觀。」安義王廟引本書云：「在武陵縣，謂之梁山安義王，即梁松也。」緑蘿山引本書云：「在桃源縣，下有緑蘿潭。」蠡湖引本書云：「在龍陽縣，傳范蠡曾游，故名。」本書皆缺載，今附録於此。

太平寰宇記卷之一百二十

江南西道十八

涪州　黔州

涪州

涪州，涪陵郡。今理涪陵縣。禹貢梁州之域。周省梁，又爲雍州之域。春秋時屬巴國。秦爲巴郡地。漢爲涪陵縣地。漢末爲赤甲兵所聚，故此有赤甲戍存焉。後漢亦然。至蜀先主以地控涪江之源，故於此立涪陵郡，〔一〕領漢平、漢葭二縣。按蜀志「劉威石爲涪陵太守」，即此地。又四夷縣道記云：「故城在蜀江之南，涪江之西。其涪江南自黔中來，由城之西，泝蜀江十五里，有雞鳴峽，上有枳城，即漢枳縣也。李雄據蜀後荒廢。東晉桓元子定蜀，别立枳縣于今郡東北一十里鄰溪口。又置故枳城郡，尋廢。」周武保定四年，涪陵首領田思鶴歸化，于故枳城又立涪陵鎮。開皇三年移漢平縣于鎮城，仍改漢平縣爲涪陵縣，〔二〕因鎮爲名，以隸渝州。大業三年又罷渝州爲巴郡，以涪陵之地又爲鎮焉。唐武德元年，鎮復爲涪州。天寶初爲涪陵郡。乾元元年又爲州。元和三年七月勅涪州可隸黔中道，以涪州疆理與黔州接近故也。至大中初又隸荆南道。〔三〕地理遥遠甚不便，尋復隸黔中。按華陽國志云：「涪陵，巴之南鄙，從枳縣入，泝涪水。秦將司馬錯由之取楚黔中地。漢興，恒爲都尉理。山嶮水灘，人多獽、蜑，唯出丹、漆。」枳縣，即今涪州所理是。獻帝建安中，涪陵謝本以涪陵廣大，白州牧劉璋分理丹興、漢葭二縣以爲郡。璋乃分涪陵立永寧，兼丹興、漢葭，合四縣置屬國都尉，理涪陵。蜀先主改爲涪陵郡，改永寧曰萬寧，又增立漢復縣。後主又立漢平縣。晉太康地記：「省丹興縣，郡移理漢復，領漢葭、涪陵、漢平、萬寧等五縣。」又言：「萬寧在郡南，水道九百里。」其萬寧，蓋今費州是。蜀後主延熙中，涪陵大姓徐巨叛，使將軍鄧芝討平之。漢涪陵，蓋在今涪州東南三百三十里，黔州是其故理。又言：「漢葭在郡東百里，澧源出縣界。」蓋今州東九十里故黔州城是。其省丹興縣，蓋在今黔州東二百里黔江縣是。張孟陽云：〔四〕「丹興、漢葭二縣並出丹砂。」今按漢平縣，蓋在今涪州東百二十里羅浮山之北，岷江之南，白水入江處側近。又按十三州志云：「枳在郡東。」按今黔州亦與巴郡東南相抵，據謝本所論，晉志所志，〔五〕今夷、費、思、播及黔南等五州，悉是涪陵故地。又隋圖經集記及貞觀地志云黔中是武陵郡酉陽地，按漢酉陽在今溪州大鄉界，與黔州約相去千餘里，今之三亭縣西北九百餘里别有酉陽城，乃劉蜀所置，非漢之酉陽，事已具武陵郡。隋圖經及貞觀地志並言劉蜀所置酉陽爲漢酉陽，蓋誤認漢涪陵之地也。自永嘉之後，没于夷獠，元魏之後，圖記不傳。至宇文周保定四年，涪陵首領田思鶴歸化，初于其地立奉州，續又改爲黔州。大業中又改爲黔安郡，因周、隋州郡之名，逐與秦、漢黔中郡交互難辨。其秦黔中郡所理，在今辰州西二十里黔中故郡城是。漢改黔中爲武陵郡，移理義陵，即今辰州敘浦縣是。後漢移理臨沅，即今朗州所理是也。今辰、錦、敘、獎、溪、澧、朗、施八州，即秦、漢黔中郡之地，與今黔中及夷、費、思、播，隔越峻嶺，東有沅江水及諸溪並合而東注洞庭湖，嶺西有巴江水，一名涪陵江，自牂柯北歷播、費、思、黔等州北注岷江，以山川言之，巴陵之涪陵與黔中故地炳然自分矣。

領縣四：〔六〕涪陵，賓化，武龍，樂温。

州境：東西六百九十里。南北九百一十里。

四至八到：東至東京歸峽路三千四百五十七里。東取江陵府路至西京三千六百五里。東取江陵府路至長安水陸路相兼三千三百二十五里。東至萬州水路六百一十里，自萬州取開州、通州、宣漢縣及洋州路至長安二千二百四十里。東至忠州三百五十里。南至黔州水路三百四十里。西至渝州四百六十里，水路三百四十里。北至忠州三百九十六里。東南至黔州四百九十里。〔七〕西北至渠州鄰山縣二百七十里。東北至忠州三十里。〔八〕東至江陵府水路一千七百七十里。

户：唐開元户一千六百。皇朝户主三千五百一，客八千五百四十七。

風俗：同黔州。

人物：無。

土產：連頭獠布，金，文鐵，席。〔九〕段氏蜀記云：「涪州出扇，爲時貴之。」

涪陵縣，五鄉。漢舊縣，屬巴郡。蜀立郡於此。隋廢郡，屬渝州。唐朝又于此立郡。

羅浮山，連互入南海。名山記云：「昔羅浮仙人居此山，故名之。」

石門。周地圖記云：「涪陵均堤東十三里有石門，門東有石鼓清臺，扣之聲遠。」

銅柱灘。周地圖記云：「涪陵江中有銅柱灘。昔人於此維舟，見水底有銅柱，故名爲銅柱灘。灘最峻急。一云馬援鑄柱于此。」〔一〇〕

錦繡洲。周地圖記云：「銅柱灘東有錦繡洲，巴土盛以此洲人能織錦罽，故以名之。」

横石灘，在郡北。後漢岑彭破公孫述將侯丹於黄石，即此。今謂之横石灘。〔一一〕

賓化縣，西南三百里。元五鄉。〔一二〕本秦爲枳縣地，後漢爲巴縣地，周明帝武成三年省桓元子所置枳縣入巴縣。唐貞觀十一年分渝州巴縣之地置隆化縣，〔一三〕以縣西二十里永隆山爲名。先天初以諱改爲賓化縣。按新圖經云：「此縣民並是夷獠，露頂跣足，不識州縣，不會文法，與諸縣户口不同。不務蠶桑，以茶蠟供輸。」

寡婦清臺，俗名貞女山。史記云：「巴寡婦清，其先得丹穴而擅其利，家富不貲，清能守其業，用財自衛。秦皇帝以爲貞婦而爲築女懷清臺。」〔一四〕

湖陽溪，在縣側。水西流入渝州南平縣界。

武龍縣，東南二百五十里。舊五鄉，今四鄉。漢涪陵、枳二縣地，唐武德元年分涪陵立縣，〔一五〕以邑界武龍山爲名。

内江，一名涪陵江，一名巴江，在縣南，屈曲北流，水自黔州信寧縣界入。李膺益州記云：「内江水自萬寧西北二百八十里至鬬頭灘，灘長百步，懸崖倒水，舟檝莫通。」

蜀江門灘，在縣前巴江水中。

樂温縣，西北一百一十里。舊六鄉，今四鄉。秦枳縣地，後周武成三年省桓元子所置枳縣入巴縣，此又爲巴縣之地。唐武德三年又析渝州巴縣地置，以縣南樂温山爲名。初置屬南潾州，九年方改屬涪州。縣地頗産荔枝，其味尤勝諸嶺。

樂温山，在縣南四十八里。

溶溪水，源出縣理北，南流經縣東，又南至廢永安縣東北二里注大江。

永安故城。武德元年析涪陵、巴二縣地，于今州西南一百五十里置，以縣北永安山爲名。開元二年，民以爲非便，遂廢。

黔州

黔州，黔中郡。今理彭水縣。歷古蠻夷之地。禹貢荆州之域。左傳「庸人率羣蠻叛楚」，即其地。〔一六〕戰國時，楚黔中地。秦惠王欲楚之黔中地，以武關外易之，即此土也。至昭王伐楚，得其地，因置黔中郡於今辰州是。故漢書通謂五溪之地，在漢爲武陵郡之西陽縣地，武帝於此置涪陵縣。按賈耽四夷述：「武陵，五溪蠻之西界也。後漢獻帝時分爲四縣，屬國都尉理。三國屬蜀，先主又增一縣。按蜀志云：『先主於五溪立黔安郡，領五縣，至後主又增置一縣。』晉平吴後，省一縣，猶領五縣。永嘉後，地没蠻夷，經二百五十六年。」吴録云：「黔陽屬武陵郡，今辰州三亭縣西黔陽故城，即漢之黔陽縣城也。」又黄閔武陵記云：〔一七〕「武陵郡境四千餘里。」即知黔中亦其土也。荆州圖副云：「巴東南浦縣與黔陽分界。」南浦，今屬萬州縣是也。後周保定四年，蠻帥田思鶴以地内附，因置奉州。建德三年改爲黔州。至隋初如之。大業三年又改爲黔安郡，領彭水、涪川二縣。唐武德元年又改置黔州，領彭水、都上、石城三縣；二年又分置盈隆、洪杜、相永、萬資四縣，於州置都督府，〔一八〕督務、施、業、辰、智、牂、充、應、莊九州；其年自今州東九十里故州城移於涪陵江東彭水南，〔一九〕以相永、萬資二縣屬費州，以都上一縣分置夷州；十年又以思州高富縣來屬；十一年又以高富屬夷州，以智州信寧來屬，督思、辰、施、牢、費、夷、巫、應、播、充、莊、牂、琰、池、矩十五州，黔州領彭水、石城、盈隆、洪杜、信寧五縣。聖曆元年罷都督府，以莊州爲都督府。景龍四年又罷莊州都督，〔二〇〕以播州爲都督府。先天二年罷播州都督府，復以黔州爲都督府。開元二十六年又於黔中置採訪處置使，以都督渾瑊爲使，〔二一〕又隸五溪諸州入黔中道，仍加置經畧使。天寶元年改黔州爲黔中郡，依舊都督施、夷、播、思、費、珍、溱、商九州，〔二二〕又領充、明、勞、義、福、犍、邦、琰、清、莊、峨、蠻、牂、鼓、儒、琳、鸞、令、那、〔二三〕暉、郝、總、敦、候、晃、柯、樊、稜、添、普寧、功、亮、茂龍、延、訓、卿、雙、整、懸、撫水、矩、思源、逸、殷、南平、勳、姜、襲等五十州，皆羈縻，寄治山谷。〔二四〕乾元元年復以黔中郡爲黔州都督府。自大順元年改爲武泰軍節度。天復三年之後，僞蜀割據，移黔南就涪州爲行府，以道路僻遠就便近也。皇朝因之不改。至太平興國三年因延火燒爇公署；五年卻歸黔州置理所，仍轄黔內思、南、費、溱、夷、播六州，只從黔州差衙前職員權知。按唐貞元十道圖云：「黔、涪、夷、費、思、播、溱、珍、南等九州，自分十道，屬江南道，其涪州，開元中改屬山南道。天寶中復屬江南道，乾元中又屬山南東道。古九州界，本漢巴郡之南鄙，雖在大江之南，而東與施、溪、錦、奬四州隔一高嶺，其南、溱、珍等三州又與劍南瀘州接境，風俗頗同，以山川言之，合屬劍南道。」

領縣六：〔二五〕彭水，黔江，洪杜，洋水，信寧，都濡。

州境：東西一千一百四里。南北八百三十里。

四至八到：西北至東京三千八百六十五里。西北至長安三千六百五十里，〔二六〕取萬州路二千五百七十里。西北至西京三千四百四十五里。東至澧州一千五百六十四里。南至夷州六百里。西至涪州五百五十里。北渡江山路至忠州六百里。東南至思州三百里。西南至播州八百里。西北水路至涪州武龍縣二百七十里。東北至施州七百四十里。

户：唐開元户四千二百。皇朝户主一千二百七十九，客二千五百四。

風俗：雜居溪洞，多是蠻獠，其性獷悍，其風淫祀，禮法之道，故不知之。開寶四年，黔南上言：「江心有石魚見，上有古記，云：『廣德元年二月，大江水退，石魚見。』部民相傳豐稔之兆。」

人物：無。

土產：麩金，水銀，朱砂，藥書謂「辰、錦丹砂」。黄蠟，粗麻布，〔二七〕竹布，紵布。

彭水縣，舊三鄉，今二鄉。本漢酉陽縣地，屬武陵郡。〔二八〕吴分酉陽之境置黔陽郡，〔二九〕地即屬焉。又縣道四夷述云：「蓋劉璋分涪陵置漢葭縣地，開皇十三年蠻帥内屬，於此地置彭水縣，屬黔州。大業三年罷州爲黔安郡，縣仍舊焉。」貞觀四年與州移于今理。有鹽井一，在縣東九十里，今煎。

伏牛山，在縣東一百里。山左右有鹽泉，州人現置竈煮，以充軍用。

壺頭山。山形似壺，馬援曾戰於此。

三峿山。鄧芝曾此大戰。

更始水，又名涪陵，今名内江水。水經注云：「更始水，即延江支津也。〔三〇〕」言水下入涪陵，〔三一〕别名涪陵水。

涪陵水，一名内江水，在州西五十步。西北至涪州，〔三二〕入蜀江。

可通水，源出黔江縣界武陵山，西流百餘里，經州理北，注内江水。

彭水。按九州要記云：「黔州有彭水，在侯寧縣，即古之黔中地。」

朗溪，漢縣名。〔三三〕其地有朗山，〔三四〕山有野狼，兩眼在背上，能餐諸獸。

五溪。謂酉、辰、巫、武、沅等五溪。古老相傳云楚子滅巴，巴子兄弟五人流入五溪，各爲一溪之長；一説五溪蠻皆盤瓠子孫，自爲統長，故有五溪之號焉。古謂之蠻蜑聚落。

黔江縣，東三百里。〔三五〕元三鄉。隋開皇五年置石城縣，屬庸州。大業二年廢，以地入彭水縣。唐武德元年再置，移就無慈城。貞觀四年又移于今所。天寶元年改爲黔江縣。

羽人山，一名神仙山，在縣東四百三十里。山頂與澧州分界。

阿蓬水，一名太平水，東北自施州清江縣界來，〔三六〕西南流經縣北一里，又南入洪杜縣界。

仙掌，在縣東二里崖面上。指掌如畫，土人傳爲仙掌。

洪杜縣東南一百三十里。元一鄉。唐武德二年析彭水、石城之地，于今縣北八十里置，以縣東洪杜山爲名。貞觀三年又北移於洪杜溪。麟德二年移理龔湍，〔三七〕即今縣理。

涪陵江，在縣西一百步。北流入彭水縣界。

洋水縣，西南一百六十里。元一鄉。唐武德二年於今縣東一百六十里置盈隆縣。貞觀十年移于今理。先天元年以諱改爲盈川縣。天寶元年改爲洋水縣，以界内洋水爲名。

羅奈水，在縣南一百里。〔三八〕

洋水，在縣西三十里。北流入信寧縣界。

都東水，〔三九〕在縣南七十里。

信寧縣，西北一百三十里。元一鄉。隋大業十二年于今縣西南七里置，〔四〇〕以地居信安山，遂以信安爲名。唐武德二年改爲信寧，屬義州，五年改義州爲智州。貞觀四年自故城移于今理，十一年改屬黔州。

百頃山，在縣東南八十里。

涪陵江，在縣東二里。北流入涪州武龍界。〔四一〕

都濡縣，南二百里，元二鄉。唐貞觀二十年析盈隆縣置，因界内都濡水爲名也。

丹陽山，在縣南二十五里。有丹陽水出焉。

波溥水，〔四二〕在縣西南一百里。又南流注丹陽水。

蒟醤山。已上郡界之山水。蒟，音矩。〔四三〕

控臨蕃種落：

牂柯，昆明，柯蠻，桂州，提㐌〔四四〕，蠻蜑，葛獠，沒夷，巴，尚抽，勃儺，新柯，俚人，莫猺，白虎。

管番州五十三：

九州每年朝貢：

南寧州，本清溪鎮，唐末置，在黔州西南，二十九日行，從南寧州至羅殿王部落，八日行，與雲南接界。

充州。　琰州。　犍州。　莊州。　明州。　牂州。　矩州。

清州。

四十四州洞内羈縻州：

柯州。　襲州。　峨州。　蠻州。　邦州。　鶴州。　勞州。

羲州。　福州。　鼓州。　儒州。　鸞州。　令州。　郝州。

普寧州。　總州。　鄘州。〔四五〕　勳州。　功州。　敦州。　候州。

晃州。　茂龍州。　整州。　懸州。　樂善州。　契州。〔四六〕　添州。

延州。　雙城州。〔四七〕　訓州。　卿州。　撫水州。　思源州。　逸州。

殷州。　南平州。　盧州。　姜州。　稜州。　鴻州。　和武州。

暉州。〔四八〕　亮州。

卷一百二十校勘記

〔一〕蜀先主以地控涪江之源故於此立涪陵郡　按輿地紀勝卷一七四涪州風俗形勢「地控涪江之源」

前引本書云「與楚商於之地接」，宋本方輿勝覽卷六一涪州引本書云「與荆、楚接境」，此處當脱。又元和郡縣圖志卷三〇涪州總序亦云蜀先主置涪陵郡，輿地廣記卷三三及輿地紀勝涪州總序引晏公類要皆載東漢建安二十二十一年蜀置。劉琳華陽國志校注卷一巴志：「考蜀志後主傳：延熙十一年秋，『涪陵屬國民夷反，車騎將軍鄧芝往討』；鄧芝傳亦云『涪陵國人殺都尉叛』。涪陵屬國即巴東屬國，是其時尚未改爲郡。又考蜀志龐統傳，統子宏『輕傲尚書令陳祇，爲祇所抑，卒於涪陵太守』。陳祇爲尚書令在延熙十四年至景耀元年之間，則涪陵郡之立應在延熙十一年以後，景耀元年之前。本書下文涪陵郡漢平縣下云延熙十三年置，疑改郡即在此時。」

〔二〕開皇三年移漢平縣于鎮城仍改漢平縣爲涪陵縣　隋書卷二九地理志上：「涪陵，舊曰漢平，置涪陵郡。開皇初郡廢，十三年，縣改名焉。」則開皇十三年改漢平縣爲涪陵縣，此「三」上蓋脱「十」字。萬本、庫本無「爲涪陵縣」四字，誤。

〔三〕荆南道　萬本、庫本作「荆州南道」。唐會要卷七一州縣改置下：「元和三年七月復以涪州隸黔中道，涪州案疆理，以黔管接近，頃年割附荆州。」據此「荆」下有「州」字。又輿地紀勝卷一七四涪州總序：唐「或隸山南，武德中；或隸夔府，景雲中；或隸荆南。」則云「荆南」，無「州」字，亦是。

〔四〕張孟陽　萬本、中大本、庫本皆無「張」字，傅校删。

〔五〕晉志所志　「志」，萬本、庫本作「説」，傅校改。

〔六〕領縣四　萬本、中大本、庫本「領」上有「元」字。

〔七〕東南至黔州四百九十里　「九十」，萬本、中大本、庫本皆作「九十九」，此蓋脱「九」字。

〔八〕東北至忠州三十里　按元豐九域志卷八涪州：「東北至本州界八十里，自界首至忠州二百五十里。」此誤。

〔九〕席　萬本、中大本、庫本皆無，傅校删。按嘉慶重修一統志卷三八九重慶府引本書云「涪州有席」。又輿地紀勝涪州引本書云：「地産荔枝，其味尤勝諸嶺。」宋本方輿勝覽涪州引本書云：「地産荔支，尤勝諸郡。」此當脱。

〔一〇〕一云馬援鑄柱于此　萬本、庫本「馬援」下有「始」字。輿地紀勝涪州引周地圖記作「一云馬援始欲鑄銅柱于此」，傅校增補「始欲」二字。

〔一一〕後漢岑彭破公孫述將侯丹於黄石即此今謂之横石灘　庫本無「即此」二字，余同。萬本「後漢」下有「建武十一年」五字；「今謂之横石灘」，萬本作「章懷太子曰即横石灘」，同後漢書卷一光武帝紀及注。

〔一二〕西南三百里元五鄉　「三」，萬本、中大本、庫本皆作「四」；「元」，庫本同，萬本、中大本作「今」。

按元和郡縣圖志涪州賓化縣:「東北至州三百里。」則與此同。

〔一三〕分渝州巴縣之地置隆化縣　底本「地」下有「北」字,萬本、庫本無。按唐巴縣即今四川重慶市,隆化縣即今南川縣,位於重慶市東南,不在「北」,元和郡縣圖志賓化縣云「貞觀十一年分巴縣置隆化縣」,是也,傅校删「北」字,是,據删。

〔一四〕巴寡婦清其先得丹穴至爲築女懷清臺　「巴」,底本脱,萬本同,庫本有;「其」,底本作「臺」,萬本同,庫本作「其」;「帝」,底本脱,萬本同,庫本有;「女懷清臺」,底本作「女清臺」,萬本、庫本作「女懷清臺」。按史記卷一二九貨殖列傳:「巴寡婦清,其先得丹穴,而擅其利數世,家亦不訾。清,寡婦也,能守其業,用財自衞,不見侵犯。秦皇帝以爲貞婦而客之,爲築女懷清臺。」據以改補。

〔一五〕武德元年　輿地紀勝涪州同,新唐書卷四〇地理志四、輿地廣記卷三三皆作「武德二年」,元和郡縣圖志涪州作「武德九年」。

〔一六〕左傳庸人率羣蠻叛楚即其地　輿地紀勝卷一七六黔州總序:「象之謹按左傳文公十六年:『庸人叛楚』,注云:『庸,今上庸縣,屬楚之小國。』『楚又使廬戢棃侵庸,及庸方城。』注云:『方城,庸地,上庸縣東有方城亭。』則庸人叛楚乃今之房州,非黔中也,黔州在岷江之南,房州在岷江之北,相去二千餘里,强指以爲上庸,非其實也。」按春秋庸在今湖北竹山縣西南,唐宋黔州即今四川彭水縣，二地北南相去甚遠，樂史以爲一地，非也，王象之説確是。

〔一七〕黄閔武陵記　「閔」，底本作「閏」，萬本、庫本同，據後漢書卷八六南蠻西南夷列傳注、太平御覽經史圖史綱目改。

〔一八〕於州置都督府　按舊唐書卷四〇地理志三黔州彭水縣、元和郡縣圖志卷三〇黔州總序皆載「貞觀四年於州置都督府」，此「於州」之前當脱「貞觀四年」四字。

〔一九〕自今州東九十里故州城移於涪陵江東彭水南　「南」，底本作「東」，萬本、庫本同。按元和郡縣圖志黔州：「自今州東九十里故州城移於涪陵江東彭水之南。」輿地紀勝黔州引同。本書州治彭水縣序載：「貞觀四年，與州移于今理。」移治後彭水縣，即今彭水縣，位於涪陵江（即今烏江）之東，彭水（即今郁江）之南。此「東」爲「南」字之誤。據改。

〔二〇〕景龍四年　「四年」，舊唐書地理志三同，元和郡縣圖志黔州作「二年」。

〔二一〕以都督渾瑊爲使　「渾瑊」，底本作「可朱渾城」，庫本作「尔朱渾城」，據元和郡縣圖志黔州總序改。

〔二二〕依舊都督施夷播思費珍溱商九州　舊唐書地理志三同，按云九州而實數八，當有訛誤。

〔二三〕郍　本卷後文所載番州名及輿地紀勝黔州記載同，萬本及舊唐書地理志三、新唐書卷四三地理志七、元豐九域志卷一〇、宋史卷八八地理志五皆作「那」，此「郍」蓋爲「那」字之誤。

〔二四〕又領充明勞義至寄治山谷　原校：「按今記所載五十州，實四十八州，其二州闕，與舊唐書地理志合，然新唐書地理志乃五十一州，黔州圖經又五十三州，皆未知孰是，今取新唐志與圖經合而今記誤者改正，餘悉仍其故以存疑。」按本書云五十州，實四十八州，與舊唐書地理志三同。新唐書地理志七爲五十一州，本書柯州，新唐志無，新唐志有而本書無者爲應、蔦、竇、鴻四州。四十八州中「郝州」，新唐志作「都州」；「雙州」，本書後文所載番州及新唐志作「雙城州」。

〔二五〕領縣六　萬本、中大本、庫本「領」上皆有「元」字，傅校補。

〔二六〕西北至長安三千六百五十里　「五十」，萬本、庫本作「五十五」，傅校改同。按元和郡縣圖志黔州：「西北至上都取江陵府路三千六百五十里。」上都即長安，疑萬本、庫本誤。

〔二七〕粗麻布　「粗」，底本作「鹿」，據萬本、庫本及傅校改。

〔二八〕本漢酉陽縣地屬武陵郡　據續漢書郡國志四記載，漢高帝五年更黔中郡置武陵郡，又據漢書地理志上載，漢武陵郡領縣十三，其一酉陽。以水經沅水注證之，其地在酉水之北，酉水即今湖南永順、古文二縣交界之鳳灘河，古縣址在今永順縣南鳳灘河北岸。漢高帝五年割黔中郡之西北部以益巴郡，水經沅水注云漢高帝「割黔中故治爲武陵郡」，即割黔中郡西北部以與巴郡，并更黔中郡爲武陵郡。漢武帝於巴郡東南部，即漢高帝初之黔中郡（武陵郡）西北部置涪陵縣，唐宋黔州治彭水縣，故本書黔州總序云：「在漢爲武陵郡之酉陽縣地，武帝於此置涪陵縣。」而此處不記漢武帝置涪陵縣，則屬疏誤。

〔二九〕吴分西陽之境置黔陽郡　舊唐書地理志三載同，元和郡縣圖志黔州彭水縣序載：「自吴至梁、陳，並爲黔陽地。」輿地紀勝黔州引同，與此不同。

〔三〇〕更始水即延江支津也　「支」，底本作「文」，萬本同，庫本作「支」。按水經江水注：「涪陵水乃延江之枝津，分水北注，逕涪陵入江。」同書延江水注：「更始水，即延江枝分之始也。」此「文」乃「支」字之形訛，庫本是，據改。

〔三一〕言水下入涪陵　「言」，萬本同，庫本作「延」，與文意合，蓋是。

〔三二〕西北至涪州　「至」，底本作「注」，據萬本、庫本及傅校改。按輿地紀勝黔州引圖經云：涪陵江「入涪州三百二十里，入蜀江。」宋本方輿勝覽卷六〇紹慶府載同，則作「入」亦合。

〔三三〕朗溪漢縣名　按兩漢無「朗溪」縣名，此當誤。

〔三四〕朗山　「朗」，庫本、輿地紀勝黔州引本書同，萬本作「狼」，宋本方輿勝覽同。

〔三五〕東三百里　按元和郡縣圖志黔州黔江縣：「西至州二百里。」元豐九域志黔州黔江縣：「州東一百八十三里。」輿地紀勝黔州黔江縣：「在州東一百八十里。」此「三」蓋爲「二」字之誤。

〔三六〕東北自施州清江縣界來　「來」，底本作「東」，萬本、庫本同，嘉慶重修一統志卷四一七酉陽州引本書作「來」，據一統志記載，阿逢水在黔江縣東南，自湖北恩施縣界流入，西南經酉陽州西北界入黔江，即今四川黔江縣東南之唐巖河，其水自施州治恩施縣界西南流，經黔江縣(今縣東南)北，入於涪陵江。此「東」爲「來」字之誤，據改。

〔三七〕于今縣北八十里置至麟德二年移理龔湍　「八十」，萬本、庫本同，元和郡縣圖志黔州作「十八」，疑此誤。「龔」，底本作「襲」，庫本同，據萬本、嘉慶重修一統志酉陽州引本書及舊唐書地理志三改。

〔三八〕在縣南一百里　「一」，萬本、中大本、庫本皆作「二」。

〔三九〕都東水　「都」，底本作「郤」，據萬本、中大本、嘉慶重修一統志酉陽州引本書及傅校改。據一統志記載，元和郡縣圖志名都濡水，清名長溪，即今彭水縣南長溪河。

〔四〇〕大業十二年　嘉慶重修一統志酉陽州引本書作「大業十一年」，元和郡縣圖志黔州作「大業十年」。

〔四一〕北流入涪州武龍界　「龍」，底本作「陽」，萬本、庫本同，嘉慶重修一統志酉陽州引本書作「龍」。按涪州領有武龍縣，無「武陽縣」。本書涪州武龍縣：涪陵江，「自黔州信寧縣界入。」正與此涪陵江「入涪州武龍界」合。此「陽」爲「龍」字之誤，據改。

〔四二〕波溥水　「溥」，底本作「溥」，據萬本、庫本及輿地紀勝黔州改。

〔四三〕蒟音矩　萬本、庫本無此三字，傅校删，蓋非樂史原文。

〔四四〕提㐌　「㐌」，底本作「光」，據輿地紀勝黔州引本書改。萬本、中大本、庫本作「拖」，傅校改同。

〔四五〕郍州　「郍」，庫本同，萬本作「那」，蓋爲「那」字之誤，參見本卷校勘記〔三〕。

〔四六〕契州　按本書黔州總序及舊唐書地理志、新唐志地理志皆作「樊州」。

〔四七〕雙城州　按本書黔州總序及舊唐書地理志作「雙州」，新唐書地理志、元豐九域志、宋史地理志同此。

〔四八〕暉州　「暉」，底本作「渾」，據萬本、庫本及本書黔州總序、舊唐書地理志、新唐書地理志、元豐九域志、宋史地理志改。

太平寰宇記卷之一百二十一

江南西道十九

夷州　播州　費州

夷州

夷州，義泉郡。今理綏陽縣。禹貢荆州之域外。古蠻夷荒徼之地，漢爲牂柯郡境。歷代恃險，不聞臣附。隋大業七年始招慰置綏陽縣，屬明陽郡。今夷寧縣西北八十里舊明陽郡是也，〔一〕以縣屬焉。唐武德四年罷郡，置夷州于思州寧夷縣，領夜郎、神泉、〔二〕豐樂、綏養、雞翁、伏遠、明陽、高富、寧夷、思義、丹川、宣慈、慈岳十三縣；六年廢雞翁縣。貞觀元年廢夷州，仍省夜郎、神泉、豐樂三縣，以伏遠、明陽、高富、寧夷、思義、丹川六縣隸務州，宣慈、慈岳二縣隸溪州，綏養縣屬智州；四年於黔州都上縣復置夷州；六年復分置雞翁縣，十一年以義州之綏陽、黔州之高富二縣來屬；其年又自都上縣移于今理，領綏陽、都上、高富、雞翁四縣。貞觀十七年又以廢牢州義泉、洋川二縣來屬。天寶元年改爲義泉郡。乾元元年復爲夷州。

領縣五：〔三〕綏陽，都上，義泉，洋川，寧夷。

州境：舊闕。東西。南北。〔四〕

四至八到：北至東京四千一百三十五里。北至西京三千九百三十五里。東北至長安取江陵府路四千一百五十五里，北取萬州路至長安三千七十里。東至思州六百里。南至涪州五百二十三里。〔五〕西南至播州二百四十里。北至黔州六百里。東南至費州，闕。〔六〕東南至思州五百八十里。東北至思州四百里。

户：唐開元户一千二百八十四。

風俗：同黔中，而蠻夷之俗頗有不通。

土産：茶，硃砂，水銀，蠟燭，犀角。

綏陽縣，四鄉。漢牂柯郡地，隋大業四年招慰置綏陽縣。〔七〕古徼外夷也。唐武德三年屬義州。貞觀十二年改屬夷州。〔八〕

波利山，在縣北二十里。

安微水，一名孤微水，西自綏養故縣來，東流經縣南八里，又東入都上縣界。

涪江水，在縣東十八里。南流注安微水。

綏陽故城，在今縣西三里。貞觀十二年移于今理。廢城存。〔九〕

都上縣，東南五十二里。〔一〇〕元四鄉。隋置。唐武德元年屬黔州。貞觀四年置夷州，爲理所，十一年州移治綏陽縣。

涪水，一名洑野水，西北自綏陽縣界流入，經縣西十四里，又析西南流，入廢雞翁縣界。

義泉縣，西南一百里。元管三鄉。本牂柯地，隋大業十一年置，初屬明陽郡。唐武德二年改屬義州，五年改義州爲智州。貞觀十一年又於縣理置牢州；十七年廢牢州，復爲縣，屬夷州。

離支水，東北自廢綏養縣流入，西流經縣理西，又東南流入廢樂安縣界。

洋川縣，西北一百里。元三鄉。本牂柯地，唐武德二年于縣東北七十里置洋川縣，屬義州。〔一一〕貞觀元年改屬思州。開元二十五年復屬夷州。

小水，西南自廢高富縣流入，東北經縣七十里，又北入務川縣界。

寧夷縣，〔一二〕元管三鄉。舊屬思州，唐開元二十五年屬夷州。

廢高富縣，在今州東北一百一十里。隋大業七年于廢縣南三十里置，屬明陽郡，末年陷夷獠。唐武德四年安撫再置，屬夷州。貞觀元年改屬務州，十年又改屬黔州，十一年復屬夷州，其年自縣南三十里故城移于廢縣。復有小水，在故縣南三十里，東入寧夷縣界。其縣永徽後廢。

廢雞翁縣城，在縣西南七十里。唐武德四年置，屬夷州，六年廢。貞觀十八年再置。并有洑野水，一名涪水，東自都上縣界流入，經縣南三里，又南入費州城樂縣界。其縣永徽後廢。

播州

播州，播川郡。今理遵義縣。按郡地即秦夜郎、且蘭二郡西南隅之地。〔三〕秦惠王十四年欲得楚黔中地，以武關關外之地易之。今疑黔府即總謂黔中地，其地分合屬於楚。至漢武元鼎六年平西南夷，置牂柯郡，其地屬焉。漢書：「唐蒙上書説武帝曰：『竊聞夜郎國所有精兵可得十萬，浮船牂柯，出其不意，此制越一奇也。』上乃拜蒙爲郎中將，從巴筰關入，見夜郎侯，厚賜，諭以威德，約爲置吏。夜郎旁小邑，皆貪漢繒帛，以爲漢道險，終不能有也，迺且聽蒙約。還報，乃以爲犍爲郡，發巴蜀卒治道，自僰道指牂柯江。司馬相如又往諭意，皆不聽命，數反叛。及南越反，上使馳義侯因犍爲發南夷兵，且蘭君乃反，殺使者。會越已破，引兵誅且蘭，遂平南夷，置牂柯郡。」以且蘭有椓船牂柯處，〔一四〕因以此立郡以名焉。其後以蠻夷隔越，莫詳廢置。唐貞觀九年于牂柯北界分置郎州，領恭水、高山、貢山、柯盈、邪施、釋鷰六縣；十一年省郎州及六縣；十三年又于其地置播州，以其地有播川爲名，仍再置恭水等六縣；十四年改恭水爲羅蒙縣，高山爲舍月縣，貢山爲胡江縣，〔一五〕柯盈爲帶水縣，邪施爲羅爲縣，釋鷰爲胡刀縣；十六年又改羅蒙爲遵義縣；二十年以夷州之芙蓉、琊川二縣來屬。顯慶五年廢舍月、胡江、羅爲三縣。景龍三年廢莊州都督府，以播州爲都督府。先天二年罷都督，以黔州爲都督府。開元二十六年又廢胡刀、琊川兩縣。天寶元年改爲播川郡。乾元元年復爲播州。

領縣三：〔一六〕遵義，帶水，芙蓉。

州境：舊闕。東西。南北。

四至八到：東北至東京。闕。東北至西京四千一百四十五里。西北至長安取江陵府路四千三百五十五里，北取開州路至長安三千二百七十里。〔一七〕東北至黔州八百里。東南至牂柯北界巴江鎮七十里。東南至牂柯琰州三百二十里。東北至費州四百里。西北至珍州二百里。

户：唐開元户一百。長慶户四千七百，口二萬三千。皇朝管户。闕。

風俗：同黔州。

人物：無。

土產：元貢：蠟。生黄茶。

遵義縣，元三鄉。唐貞觀九年置恭水縣，屬郎州，十一年省；十三年復置，屬播州；十四年改爲羅蒙縣；十六年改爲遵義。

畲陵山，〔一八〕在縣東四十五里。

夷牢水，西自帶水縣來，東流經縣北一里，又屈曲南流，入廢胡刀縣界。

帶水縣，西七十里。四鄉。唐貞觀九年于縣西北八十里置。天寶中移于今理。

帶水，源出故縣西大山，東流經縣城北，又東流至廢胡刀縣界，注胡江水。

夷牢水，在故縣北二十里，東流。

芙蓉縣，東北六十里。元三鄉。唐貞觀五年置，屬邪州，尋以縣屬牢州；十六年廢牢州，改屬夷州；二十年又改屬播州。初置在芙蓉山上爲名，後移于縣東南三里。

邪音于。〔一九〕水，在縣東三十里，南流。

仁水，在縣西南一里，東南流注邪水。〔二〇〕

廢舍月縣，在州東南九十里。唐貞觀九年于縣理置高山縣，十四年改爲舍月縣，以界内舍月山爲名。又有涪陵江，在縣東九十里。

廢胡江縣，在州東南四十里。唐貞觀九年于縣置貢山縣，十四年改爲湖江縣，以界内江名邑。又有巴水，在縣南三十四里。

廢羅爲縣，在縣西南二百里。唐貞觀九年于縣理置邪施縣，十四年改立羅爲縣，以界内羅爲水爲名。按水源自縣西一百里羅爲山出，流經縣南一里，又東流至胡江縣界入涪陵水。至顯慶五年廢。今廢城見存。

廢胡刀縣，在縣西南五十里。唐貞觀九年于縣理置釋鷰縣，十四年改爲胡刀縣，因胡刀水在縣南一里，東流合胡江水，在縣理東北流，以爲名。開元二十六年又廢。

費州

費州，涪川郡。今理涪川縣。春秋時屬楚。漢元鼎六年建牂柯郡，其地屬焉。江山阻遠，久不臣附。至後周宣政元年，信州總管、龍門公裕、王述招慰生獠王元殊、多質等歸國，〔三〕遂肇立爲費州，因州界費水以立郡名。按九州要記云「九丘之外有費州」是也。按賈氏縣道記云：「隋開皇五年于州理置涪川縣，屬黔州。唐武德元年又以涪川、扶陽二縣屬思州。」貞觀四年分思州涪川、扶陽二縣置費州，其年又割黔中之相永、萬資二縣來屬，八年又割思州多田、城樂二縣來屬，十二年廢相永、萬資二縣。天寶元年改爲涪川郡。乾元元年復爲費州。

領縣四：〔二〕涪川，城樂，多田，扶陽。

州境：舊闕。東西。南北。

四至八到：西北至東京。舊闕。西北至西京三千五百里。西北至長安取江陵府路四千三百三十五里，若取萬州路三千二百五十里。東至安南獠二百三十五里。東至獎州水陸相兼六百里。南至思州思王縣二十七里。正南微西至牂柯充州一百九十里。西至城樂縣二百四十里。北至思州水路五百里。西至播州四百里。正北微西至珍州一百九十里。

户：唐開元户四千二百二十九。〔三〕

風俗：地同黔中，尤雜生獠。

土産：貢：朱砂。水銀，犀角。

涪川縣，三鄉。隋開皇五年于今縣北十二里涪陵江岸置縣。唐武德四年屬務州。貞觀四年于此置州，縣至十一年與州同移今理。

蒙籠山，涪陵山，涪水，皆邑界之山水。

城樂縣，西北一百五十里。元三鄉。唐武德四年，山南道大使趙郡王孝恭招慰生獠置，始築城，人歌舞之，遂以爲名。初置屬思州。貞觀八年割屬費州。

蒙籠山，在縣南十里。

涪陵水，在縣南一百五十里。

多田縣，西北四十五里。二鄉。〔二四〕唐武德三年，務州刺史奏置，以地土稍平，田堪種植，故以多田爲名。

畬湅山，在縣西北一里。

涪陵水，自西南來，經縣南五十步，又北流入思王縣界。

扶陽縣，西北八十五里。元二鄉。〔二五〕隋仁壽四年，庸州刺史奏置于扶水之北，因此爲名。唐武德四年隸思州。貞觀四年改屬費州。

涪水，源出縣西大山中，東流經縣理西四里，又東入涪川縣界。

卷一百二十一校勘記

〔一〕今夷寧縣西北八十里舊明陽郡是也　「郡」，底本作「縣」，據萬本、中大本、庫本及蜀中名勝記卷二〇綏陽縣引本書改。

〔二〕神泉　「泉」，底本作「鳳」，中大本、庫本同，據萬本及舊唐書卷四〇地理志三、新唐書卷四一地理志五改。下同。

〔三〕領縣五　萬本、中大本、庫本「領」上有「元」字，傅校補。

〔四〕東西南北　按元和郡縣圖志卷三〇夷州領縣同，州境：「東西二百九十里。南北二百九十里。」萬本補同。

〔五〕南至涪州五百二十三里　按唐夷州治綏陽縣，即今貴州鳳岡縣，涪州治涪陵縣，即今四川涪陵市，在鳳岡縣北。元和郡縣圖志夷州：「東北至涪州四百里。」此「南」爲「北」字之誤。

〔六〕東南至費州闕　萬本「費州」下有「三百里」，同元和郡縣圖志夷州。

〔七〕隋大業四年招慰置綏陽縣　「四年」，本書夷州總序作「七年」，自相牴牾。元和郡縣圖志夷州作「十二年」。

〔八〕貞觀十二年改屬夷州　「十二年」，本書夷州總序及舊唐書地理志三皆載「十一年改屬夷州」，本書下都上縣及新唐書地理志五皆載「十一年夷州移治綏陽」，此「十二」蓋爲「十一」之誤。

〔九〕廢城存　「廢」，底本作「故」，據萬本、庫本、傅校及蜀中名勝記引方輿改。

〔一〇〕東南五十二里　「東南」，萬本、中大本、庫本皆作「西南」。按元和郡縣圖志夷州都上縣：「西北至州五十里。」則底本是。

〔一一〕屬義州　庫本及新唐書地理志五同，元和郡縣圖志夷州云：武德二年置洋川縣，「屬牢州」。舊唐書地理志三同，萬本「屬義州」改爲「屬牢州」。

〔一二〕寧夷縣　庫本同，萬本此下據元和郡縣圖志補入「東南一百九里」，此當脱。

〔一三〕按郡地即秦夜郎且蘭二郡西南隅之地　按史記卷一一六西南夷列傳、漢書卷九五西南夷傳載，秦、漢初爲夜郎國、且蘭國，漢武帝元鼎六年擊且蘭，誅其君，「遂平南夷爲牂柯郡」。於且蘭故地設故且蘭縣，爲牂柯郡治，東漢末改爲且蘭縣，三國蜀、晉因襲。水經温水注載，夜郎縣，「唐蒙開以爲縣」，時在漢武帝建元六年，屬牂柯郡。華陽國志卷四南中志載，東晉元帝置夜郎郡。據此，夜郎郡置於東晉元帝，且蘭無郡，此「秦夜郎、且蘭二郡」之「郡」蓋爲「國」字之誤。

〔一四〕以且蘭有椓船牂柯處　「椓」，底本作「椓」，萬本、庫本同。水經温水注：「楚將莊蹻泝沅伐夜郎，椓牂柯繫船，因名且蘭爲牂柯矣。」華陽國志卷四南中志：「楚頃襄王遣將軍莊蹻泝沅水，出且蘭，以伐夜郎，椓牂柯繫舡於且蘭。既克夜郎，而秦奪楚黔中地，無路得歸，遂留王之，號爲莊王。以且蘭有椓舡牂柯處，乃改其名爲牂柯。」此「椓」乃「椓」字之誤，據改。

〔一五〕胡江縣　「胡」，蜀中名勝記卷二〇引本書及舊唐書卷四〇地理志三、元和郡縣圖志卷三〇播州同；萬本、庫本作「湖」，新唐書卷四一地理志五同。下同。

〔一六〕領縣三　萬本、中大本、庫本「領」上有「元」字，傅校補。

〔一七〕北取開州路至長安三千二百七十里　庫本同，萬本據元和郡縣圖志播州「開州」上補「萬」字。

〔一八〕龠陵山　「龠」，底本作「禽」，據萬本、中大本、庫本及蜀中名勝紀卷二〇、嘉慶重修一統志卷五一一遵義府引本書改。

〔一九〕音于　中大本同，萬本、庫本無此二字。

〔二〇〕在縣西南一里東南流注邪水　「注」，底本作「經」，據萬本、中大本、庫本及嘉慶重修一統志遵義府引本書改。又「西南」，一統志引本書作「西」，無「南」字。

〔二一〕信州總管龍門公裕王述招慰生獠王元殊多質等歸國　舊唐書地理志三：「周宣政元年，信州總管、龍門公裕招慰生獠王元殊、多質等歸國，乃置費州。」無「王述」二字。隋書卷五四王長述傳：「封龍門郡公，隋高祖楊堅爲周武帝丞相，『授信州總管，部内夷、獠猶有未賓，長述討平之。』」王仲犖北周地理志卷四：「『龍門公，王長述也，舊唐志作『龍門公裕』，譌。』則此『裕』字沿襲舊唐志而誤，『王述』應作『王長述』，脱『長』字。

〔二二〕領縣四　萬本、中大本、庫本「領」上皆有「元」，傅校補。

〔二三〕唐開元户四千二十九　「千」，萬本、中大本、庫本皆作「百」。按舊唐書地理志三費州：「舊領縣四，户二千七百九，『天寶户四百二十九。』新唐書地理志五費州「户四百二十九」，此「千」蓋爲「百」字之誤。

〔二四〕二鄉　萬本、庫本「二」上有「元」字，此蓋脱。

〔二五〕元二鄉　「二」，萬本、中大本、庫本皆作「三」，此「二」蓋爲「三」字之誤。

太平寰宇記卷之一百二十二

江南西道二十

思州　南州　西高州　溱州　牂州自牂以下六州舊廢。
莊州　琰州　沅州　充州　業州

思州

思州，寧夷郡。今理務川縣。春秋時楚地。自戰國以後，土地與黔中同。晉陷蠻夷，無復郡縣。至後周方得其地，未爲郡縣。隋初，其地屬清江郡。至開皇十九年于此置務川縣，屬庸州。庸州，即今黔江縣是也。大業二年廢庸州，以縣屬巴東郡。唐武德四年，招慰使冉安昌以務川當牂柯要路，須置郡以撫之，復于縣理置務州，領務川、涪川、扶陽三縣。至貞觀元年以廢夷州之伏遠、寧夷、思義、高富、明陽、丹川六縣，廢思州之丹陽、城樂、感化、思王、多田五縣來屬；其年省思義、明陽、丹川三縣；二年又省丹陽一縣；四年改務州爲思州，以界内思邛水爲名；其年以涪川、扶陽二縣割入費州；八年又以多田、城樂二縣割入費州，又廢感化縣；十年又以高富縣割入黔州；十一年又省伏遠縣，但領務川、思王、寧夷三縣。開元四年又以州東立思邛縣，二十五年割寧夷縣屬夷州。天寶元年改爲寧夷郡。乾元元年復爲思州。

領縣三：〔一〕務川，思王，思邛。

州境：闕。東西。南北。〔二〕

四至八到：西北至東京四千三百七十里。西北至西京三千九百五十里。西北至長安取江陵府路三千九百三十五里，取萬州路二千八百五十里。東至溪州三百里。南至費州水路四百里。南至涪州五百里。〔三〕西至夷州六百里。北至黔州二百八十七里，水路三百五十里。東南至錦州常豐縣五百里。東南至辰州麻陽縣一千六百里。西南至夷州都上縣五百四十里。西北水路至黔州三百一十里。東北至黔州黔江縣一百九十里。

户：唐開元户一千五百九十九。皇朝户。闕。

風俗：同黔中，地在荒徼之外，蠻獠雜居，言語各異。

土産：朱砂，元貢。水銀，茶，蠟。常賦。〔四〕

務川縣，二鄉。漢西陽縣地，屬武陵郡。隋朝招慰置務川縣。唐武德元年，招慰使冉安昌以務川當牂柯要路，請置務州。貞觀八年改爲思州，以思邛水爲名。

思唐山，在州東四里。南連河只水，北枕内江水。

白茶水，在州東一百七十里。北接黔州黔江縣。

暗山，在州西北二百八十里。接夷州寧夷縣。其山常雨霧昏冥，故曰暗山。

巴江水，出西南牂柯界，經費州，從當州西過。

河只水，在縣東二十一里。〔五〕河只者，獠之姓名。

羅多水，在縣東八十里。羅多者，獠之姓名。

河渝水，在州北十九里。自獠山流來。〔六〕

都來水，在縣西北二百五里，從寧夷縣來。

思王縣，南水路三百里。三鄉。唐武德三年置，屬思州。貞觀元年改屬務州。四年還思州。

守慈山，在州南三百五十里。接費州多田縣東臨内江水慈喉灘。

思王山，在州西南三百七十里，與費州扶陽縣分界。本名龍門山，改名思王山。

思邛山，在縣東南。連思邛水。

思邛水，在州南三百里。出思邛山，流入内江。

思邛縣，東南三百九十里。四鄉。唐開元四年招集生夷獠以置。按縣道四夷述云：「此邑最僻遠，東至溪州三亭縣四百五十里，東南至錦州常豐縣二百里。」

無黨山，在縣西十里。四面懸絶。

都來山，在縣東二十五里。接錦州常豐縣。

都波山，在縣東。至錦州洛浦縣，北連溪州三亭縣。

思邛水，本出錦州洛浦縣界，經本縣四十步，至思王縣流入内江水。〔七〕

南州

南州，南川郡。今理南川縣。禹貢梁州之域。周省梁入雍。戰國時爲巴國之界。秦則巴郡之地。漢爲江州之境。唐武德二年割渝州之東界地置州，領隆陽、扶化、隆巫、丹溪、靈水、南川六縣；三年又改爲僰州；四年又改爲南州。貞觀五年又置三溪縣，七年又置當山、嵐山、歸德、汶溪四縣，八年又廢當山、嵐山、歸德、汶溪四縣，十一年又廢扶化、隆巫、靈水三縣，但領隆陽、丹溪、三溪三縣。貞觀十七年又廢三溪縣。〔八〕先天元年改隆陽爲南川縣。天寶元年改州爲南川郡。乾元元年復爲南州。又按九州要記云「僰溪生獠招慰以置之」，即此郡也。

領縣二：〔九〕南川，三溪。

州境：闕。東西。南北。〔一〇〕

四至八到：東北至洛京四千二百二十里。東北至長安三千一百六十里。東至渝州界丹上山六十里。〔一一〕南至溱州界五十里。西至黔州界四百里，〔一二〕水路一千里。北至渝州江津縣二百三十里。東南至溱州界三百五十里。西至波汀州八十里。〔一三〕西南至溱州界七十里。東北至渝州五十七里。〔一四〕

户：唐開元户四百四十三。皇朝户。闕。

風俗：同渝州。

土産：象牙，犀角，班布。

南川縣，五鄉。漢江州縣之地，漢書地理志江州縣屬巴郡。自漢迄齊，仍爲江州之地。周閔帝元年改爲江陽縣，其地仍屬不改。隋開皇三年改江陽爲江津縣，其地又屬。唐立郡于此，又改爲隆陽縣，後避諱改爲南川縣。

羅緣山，〔一五〕在縣南十二里。

棘溪水，南自廢丹溪縣來，北流經縣東南四十步，又北入渝州江津縣界。

廢丹溪縣，在縣東南三十里。武德二年于丹溪水曲置，因以爲名。又有盈山，在廢縣東七十六里。

三溪縣，東二百一里。〔一六〕三鄉。唐貞觀五年置。按縣地有僰溪、東溪、葛溪三溪水合流，因以爲名。其縣理城，俗名石城，甚高險。

僰溪水，在縣西北，流入蜀江。

西高州

西高州，夜郎郡。今理夜郎縣。州即同夷州。古山獠夜郎國之地。按九州志云：「夜郎自古非臣服州郡之地，昔漢武帝開拓南邊，始置夜郎縣，屬牂柯，都尉居之。」八郡志云：「夜郎之西岳，去郡四百里，司馬相如所開之處。」後漢書曰：「夜郎者，臨牂柯江，江廣百餘步，足以行船。唐蒙發巴蜀卒治道，自僰道抵牂柯江。」〔一七〕即謂此地。十三州志云：「牂柯者，江中山名。」晉永嘉二年分牂柯置夜郎郡，〔一八〕兼置充州。唐貞觀十七年廓闢邊夷，置播州鎮。後因州中有降珍山，〔一九〕乃以鎮爲珍州，取山名郡也。長安四年又改爲舞州。開元十三年改爲鶴州，十四年復爲珍州。至皇朝乾德四年，刺史田遷上言：「自給賜珍州郡名以來，連罹火災，乞改州名。」因改爲高州。尋以嶺南有高州，故加「西」字。

領縣四：〔三〇〕夜郎，麗皐，榮德，樂源。

州境：闕。東西。南北。

四至八到：東至東京。闕。西北至西京四千三百三十五里。西北至長安取江陵府路四千五百五十五里，取開州路三千四百七十里。東南至播州三百里。〔三一〕正東微北至夷州二百里。〔三二〕北至溱州二百四十里。西接夷獠界。

户：唐開元户二百六十三。

風俗：其俗多雜，生獠語言或通。

土産：貢金及象齒。

夜郎縣，二鄉。唐武德二年以梓潼縣爲充州，與牂柯同置。開元十五年改爲夜郎縣。

麗皐縣。二鄉。

榮德縣。四鄉。

樂源縣。

以上三縣，皆唐貞觀十六年開山洞，分夜郎之地以置。其縣並在州側近，或十里，或二十里，隨所畬田處爲寄理移轉，不定其所。

溱州

溱州，溱溪郡。今理榮懿縣。土地所屬，與夷州同。唐貞觀八年開拓南蠻，至十七年置溱州及榮懿、扶歡、樂來三縣。〔三〕咸亨元年廢樂來。天寶元年改爲溱溪郡。乾元元年復爲溱州。

領縣二：榮懿，扶歡。

州境。東西。南北。

四至八到：東北至洛陽四千二百九十里。東北至長安三千四百三十里。正南微東至珍州二百里。北至南州二百七十里。東至涪州賓化縣接界，山險不通，無里數。西至瀘州合江縣接界。東北取珍、播、夷路至黔府一千三百里。

户：唐開元户八百九十二。

風俗：闕。

土産：文龜，班竹，象牙。入貢。

榮懿縣，四鄉。唐貞觀十七年與州同置，以領獠户。

扶歡縣，西南五十里。一鄉。唐貞觀十七年與州同置，以縣東扶歡山爲名也。

牂州

牂州，牂川郡。今理建安縣。按其地即與播州同。漢武時，唐蒙因上書説武帝：「以奇制越，誠以漢之强，巴蜀之饒，爲置吏甚易。」上許之。唐武德二年立充州，因是置播、牂等郡焉。〔三四〕按梁氏十道志云：「在開元初，猶有此郡。後之郡國記録，乃無此州之名。」

領縣三：建安，賓化，新興。

州境：闕。東西。南北。

四至八到：東北至西京六千二百三十七里。東北至長安五千六百三十七里。

户：天寶領户二萬三千八百四十九。〔三五〕

風俗。闕。

土産：熊羆，狐狸之皮，隔織，麝香。

建安縣，三鄉。漢牂柯郡也，國志曰：「京西南五千六百三十七里，即牂柯是也。

高連山。〔三六〕

石門山。

四十九頭山。

木瓜山。

古牂柯郡城。華陽國志云：「牂柯郡上當天井，故多雨潦。」今有古城在郡西，即漢未伏之時，所保于此。

石潼關。華陽國志云：「且蘭縣西南有地名石潼關。」

柱蒲關。漢書云：「牂柯郡有柱蒲關。」

賓化縣。

新興縣。

已上三縣，並唐武德中因州置。〔二七〕

莊州

莊州，自古與夷、珍等郡地同，漢武始關西南夷，即此，爲犍爲、牂柯郡地。後漢吴霸爲郡守，有善政，至今人猶祠之，號爲「侯神」。隋平陳，分牂柯郡立南壽州。貞觀中改爲莊州，隸黔中。天授三年升爲都督府，〔二八〕統三十六州。或云楚威王時，有莊蹻將甲士二萬人入牂柯，故取「莊」爲州名。按開元十道記云有此郡額，後之志録則廢之。州境、四至、户口、人物、風俗、土産，貞觀以來記誌並不述。

領縣八：石牛，南陽，輕水，多樂，樂安，石城，新安，賓化。〔二九〕

已上八縣，皆唐貞觀以來相次建置，永徽以後併省。

琰州

琰州，與莊州同置。〔三〇〕

領縣五：武侯，望仁，應江，始安，東南。〔三一〕

已上五縣，皆貞觀中置，永徽以後併省。

沅州

沅州，潭陽郡。今理龍標縣。禹貢荆州之域。戰國時，楚黔中地。秦置黔中郡，其地又屬焉。漢爲舞陽縣地，〔三二〕屬武陵郡。盛弘之荆州記云：「舞陽縣北拒天門漊中縣，南極邵陽武岡縣，西接寧州牂柯，在舞水之陰。」隋開皇九年平陳，省入辰溪縣。荆州記云：「舞陽有詹辰、新豐二縣，烏滸萬餘家，噉蛇鼠之肉，能鼻飲。」唐貞觀八年分辰州龍標縣置巫州，其年置夜郎、沅溪、舊唐志爲郎溪。〔三三〕思徵三縣，九年廢思徵縣。天授三年，〔三四〕風俗使、右肅政臺御史席元明奏巫山不在州界，請爲沅州，分夜郎置渭溪縣。長安二年割夜郎、渭溪二縣置舞州。先天二年又置潭陽縣。開元十三年改沅州爲巫州。天寶元年改爲潭陽郡。乾元元年復爲沅州。

領縣二：龍標，沅溪。

四至：東北至西京五千八百三十里。東南至長安三千一百五十八里。〔三五〕

户：天寶户五千三百六十八，口二萬二千七百三十八。〔三六〕

風俗：有烏滸之民，噉蛇鼠之肉。

土産：朱砂。

龍標縣，州理漢舞陽縣地，五溪蠻之境，屬武陵郡。後漢省入辰陽，又爲辰陽縣地。晉太康中復置舞陽縣。隋平陳，置辰州，又屬焉。

沅溪縣，漢鐔成縣地，唐貞觀八年置，取縣界沅溪水爲名。

沅溪，又名滂流水，〔三七〕西南自獠界流入夜郎縣。漢舞陽縣地，屬武陵郡。後漢省入辰陽，又爲辰陽之地。

砂窟，朱砂井小，黑不及辰溪者。〔三八〕

舞陽水，〔三九〕出故且蘭縣。郡國志云：「龍標有小西山。武陽山有美人，〔四〇〕每土人聚即來，人衆莫能辨。唯脚指向後而踵向前，以刀斧斬之不死，唯以杉木爲刀，擬之即去。」

充州

充州，故夜郎侯邑，牂柯都尉居之，屬牂柯南中八郡，悉夜郎之西垂，去郡四百里，是司馬相如所開之處。漢書曰：「夜郎者，臨牂柯江，江廣百餘步，足以行舟。」又云：「唐蒙發卒治道，〔四一〕自僰道抵牂柯。」土地十三州志云：「牂柯者，江中山名也。」晉懷帝永嘉五年分牂柯置夜郎郡。〔四二〕

領縣四：梓潼，底水，思王，思渝。〔四三〕

業州

業州，龍溪郡。〔四四〕今理峨山縣。長安四年分沅州二縣置舞州。開元十三年又改爲業州。〔四五〕天寶元年改爲龍溪郡。乾元元年復爲業州。

領縣三：峨山，渭溪，梓薑。

四至：東北至洛京三千九百里。東北至長安四千一百九十七里。

户：舊管户一千六百七十二，口七千二百八十四。

風俗。

土產。

已上與沅州同。

峨山縣，唐貞觀八年置夜郎縣，屬巫州。長安四年置舞州。開元二十年改夜郎爲峨山縣。

渭溪縣，天授二年分夜郎置，屬沅州。長安四年改屬業州。

梓薑縣，舊于縣置充州。天寶三年以充州荒廢，以梓薑屬業州，其充州爲羈縻州。

卷一百二十二校勘記

〔一〕領縣三　萬本、中大本、庫本「領」上皆有「元」字，傅校補。

〔二〕東西南北　庫本同，萬本據元和郡縣圖志卷三〇思州州境補：「東西六百三十里。南北五十二里。」按其所據補爲武英殿本，金陵書局本作「東西二百三十里。南北五百十二里」。

〔三〕南至涪州五百里　按唐宋初思州治務川縣，在今貴州沿河縣東北，涪州治涪陵縣，即今四川涪陵市，在思州西北，此云「南」，誤。

〔四〕常賦　庫本同，萬本無「常」字。

〔五〕在縣東二十一里　「二十一」，萬本、中大本、庫本皆作「二十」，無「一」字，傅校删。按輿地紀勝卷一七八思州亦作「二十一」，嘉慶重修一統志卷五〇四思南府引本書同，則底本是。

〔六〕獠山　庫本作「寮山」，輿地紀勝思州作「奈山」，未知孰是。

〔七〕經本縣四十步至思王縣流入内江水　按輿地紀勝思州作「經本縣四十步，至思王縣下流入内江」，嘉慶重修一統志思南府引本書作「流逕思邛縣南四十步，至思王縣界，入内江」，此「本縣」下疑脱「南」字，「思王縣」下疑脱「界」字。

〔八〕貞觀十七年又廢三溪縣　萬本、庫本皆無此文。元和郡縣圖志卷三〇、舊唐書卷四〇地理志三、新唐書卷四一地理志五南州皆領三溪縣，云貞觀五年置，本書三溪縣序文同。嘉慶重修一統志卷三八八重慶府：「三溪廢縣，唐置，『宋初廢。』」則此文衍誤。

〔九〕領縣二　萬本、中大本、庫本「領」上皆有「元」字，傅校補。

〔一〇〕東西南北　中大本、庫本同，萬本作「東西二百一十里。南北一百八十九里」，蓋據元和郡縣圖志卷三〇南州州境而補。

〔一一〕丹上山　庫本同，萬本作「丹山」。

〔一二〕西至黔州界四百里　按唐宋初南州治南川縣，在今四川綦江縣北綦江北岸，黔州治彭水縣，即今彭水縣，位於南州東北，此「西」疑爲「東」或「東北」之誤。「界」，萬本、庫本無，此「界」蓋衍字。

〔一三〕波汀州　元和郡縣圖志南州作「没丁山」。

〔一四〕東北至渝州五十七里　萬本、庫本無「七」字。按唐渝州治巴縣，即今四川重慶市，南州治南川縣，在今綦江縣北綦江北岸，位於渝州南偏東約近二百里，此當有誤，或疑「渝州」下脱一「界」字。

〔一五〕羅緣山　「羅」，庫本及元豐九域志卷八南平軍同，萬本作「蘿」，元和郡縣圖志南州、輿地紀勝卷一八〇南平軍同。

〔一六〕東二百一里　「一」，萬本、庫本作「十三」，中大本作「十」。按元和郡縣圖志南州作「二百四十里」，輿地紀勝南平軍引同，此「一」蓋爲「四十」之誤。

〔一七〕後漢書曰至僰道抵牂柯江　按所謂「夜郎者」云云，載於漢書卷九五西南夷傳，後漢書不載，本卷下充州引作「漢書」，是也，此「後漢書」爲「漢書」之誤。

〔一八〕晉永嘉二年分牂柯置夜郎郡　「二年」，晉書卷一四地理志上同；宋書卷三八州郡志四作「五年」，太平御覽卷一七一引十道志同。晉書卷八一王遜傳：元帝「累加散騎常侍、安南將軍、假節，校尉、刺史如故，賜爵褒中縣公。遜以地勢形便，上分牂柯爲平夷郡，分朱提爲南廣郡，分建寧爲夜郎郡。」華陽國志卷四南中志：晉元帝世，刺史王遜「分鱉半爲平夷郡，夜郎以南爲夜郎郡。」則東晉元帝時設夜郎郡。

〔一九〕降珍山　「降」，太平御覽卷一七一引十道志同，舊唐書卷四〇地理志三作「隆」，未知孰是。

〔二〇〕領縣四　萬本、中大本、庫本「領」上皆有「元」字，傅校補。後列溱州、牂州、莊州、琰州、沅州、充州、業州同。

〔二一〕東南至播州三百里　按西高州治夜郎縣，在今貴州正安縣西北，播州治遵義縣，即今遵義市，位於西高州西南，此云「東南」疑爲「西南」之誤。

〔二二〕正東微北至夷州二百里　「正東微北」，萬本、中大本、庫本皆作「正北微東」。按西高州治夜郎縣，在今貴州正定縣西北，夷州治綏陽縣，即今鳳岡縣，在正定縣東南，宜作「正南微東」，諸本蓋誤。

〔二三〕十七年置溱州及榮懿扶歡樂來三縣　「十七年」，萬本及元和郡縣圖志卷三〇溱州同，庫本及舊唐書卷四〇地理志三、新唐書卷四一地理志五皆作「十六年」。下榮懿、扶歡二縣同。

〔二四〕唐武德二年立充州因是置播牂等郡焉　新唐書卷四三地理志七載充州、牂州，武德三年置。

〔二五〕天寶領户二萬三千八百四十九　「三千」，萬本、中大本、庫本皆作「二千」，傅校改。

〔二六〕高連山　「連」，萬本、庫本作「運」，疑是。

〔二七〕並唐武德中因州置　按本書牂州總序云牂州置於唐武德二年，此云武德中置，自相牴牾。舊唐書地理志三云「國初置」，新唐書地理志七載牂州置於武德三年，建安縣，「本牂柯，武德二年更名。新興與州同置。」則宜作「武德初」置。

〔二八〕隋平陳至升爲都督府　按新唐書地理志七載：「莊州，本南壽州，貞觀三年以南謝蠻首領謝彊地置，四年更名，十一年爲都督府，景龍二年罷都督府。故隋牂柯郡地。」隸黔州都督府。疑此載有誤。

〔二九〕賓化　按新唐書地理志七載，莊州領縣七，縣名皆同本書記載，無賓化縣，又云「貞觀中又領清蘭縣，後省。」

〔三〇〕琰州與莊州同置　按新唐書地理志七載，貞觀四年置琰州，則與莊州非同時置。

〔三一〕東南　「南」，底本作「安」，據萬本、中大本、庫本及新唐書地理志七改。

〔三二〕漢爲舞陽縣地　「舞」，漢書卷二八地理志上作「無」，晉書卷一五地理志下、水經沅水注同，宋書卷三七州郡志三作「舞」。輿地紀勝卷七一沅州引新經曰：「巫、無、潕、舞、澕，聲之變耳。」

〔三三〕沅溪舊唐志爲郎溪　按舊唐書卷四〇地理志三：「貞觀八年「置夜郎、朗溪、思徵三縣」。新唐書卷四一地理志五同，唯「思徵」作「思微」，通典卷一八三州郡一三、元和郡縣圖志卷三〇敍州皆作「朗溪」，無「沅溪」，後列縣名同。此「郎」應作「朗」。

〔三四〕天授三年　舊唐書地理志三、新唐書地理志七及元和郡縣圖志敍州皆載，改巫州爲沅州在天授二年。

〔三五〕東南至長安三千一百五十八里　按元和郡縣圖志敍州（大曆五年改巫州爲敍州）：「北至上都三千四十八里。」按上都即長安，此「東南」爲「東北」，或「北」字之誤。

〔三六〕口二萬二千七百三十八　「八」，底本脱，據萬本、中大本、庫本、傅校及舊唐書地理志三補。

〔三七〕又名滂流水　「滂」，萬本作「旁」。按水經沅水注：「沅水出牂柯且蘭縣，爲旁溝水。」此「滂流」疑爲「旁溝」之誤。

〔三八〕朱砂井小黑不及辰溪者　萬本、庫本皆無「黑」字，此「黑」字疑衍。

〔三九〕舞陽水　萬本、庫本同，中大本無「陽」字。按漢書地理志武陵郡無陽縣：「無水首受故且蘭，南入沅。」水經沅水注：「無水出故且蘭，南流至無陽故縣，縣對無水，因以氏縣。無水又東，南入沅。」元和郡縣圖志敍州作無水，輿地紀勝沅州、宋本方輿勝覽卷三一沅州皆作㵲水，此「陽」字衍。

〔四〇〕武陽山有美人　「美人」，輿地紀勝沅州引本書無「美」字，宋本方輿勝覽沅州引郡國志作「仙人」。

〔四一〕唐蒙發卒治道　萬本「發」下有「巴」字，傅校補。按漢書卷九五西南夷傳：「發巴蜀卒治道，自僰道指牂柯江。」此蓋脱「巴蜀」二字。

〔四二〕晉懷帝永嘉五年分牂柯置夜郎郡　按夜郎郡置於東晉元帝，參見本卷校勘記〔一八〕

〔四三〕領縣四梓潼底水思王思渝　按元豐九域志卷一〇充州領縣數與縣名並同，新唐書地理志七充州領縣七：「平蠻、東停、韶明、牂柯、東陵、辰水、思王。」較本書多三縣，縣名除思王外，它皆不同，難以考覈。

〔四四〕龍溪郡　「溪」，新唐書地理志五、元和郡縣圖志獎州同，舊唐書地理志三、通典卷一八三州郡一三作「標」。

〔四五〕開元十三年又改爲業州　按舊唐書地理志三、新唐書地理志五、元和郡縣圖志皆載，開元十三年改爲鶴州，二十年改爲業州，此「十三年」下脱「改爲鶴州，二十年」七字。